भाषा और व्यवहार

भाषा और व्यवहार

डॉ. ब्रजमोहन

वाणी प्रकाशन

वाणी प्रकाशन

4695, 21-ए, दरियागंज, नयी दिल्ली 110 002

फ़ोन : +91 11 23273167 फ़ैक्स : +91 11 23275710

शाखाएँ

अशोक राजपथ, पटना 800 004, बिहार

कॉफ़ी हाउस कैम्पस, महात्मा गांधी मार्ग, इलाहाबाद 211 001, उत्तर प्रदेश

महात्मा गांधी अन्तरराष्ट्रीय हिन्दी विश्वविद्यालय, वर्धा 442 001, महाराष्ट्र

सुल्तानिया रोड, मोतिया पार्क, भोपाल 462 001, मध्य प्रदेश

www.vaniprakashan.com
marketing@vaniprakashan.in
sales@vaniprakashan.in

BHASHA AUR VYAVHAR
by Dr. Brij Mohan

ISBN : 978-81-7055-299-4
Linguistics

संस्करण 1993, 2010
तृतीय संस्करण 2021

मूल्य : ₹ 495

एशियन ऑफ़सेट प्रेस, दिल्ली-110 093 में मुद्रित

वाणी प्रकाशन का लोगो मक़बूल फ़िदा हुसेन की कूची से

हिंदी भाषा के व्यवहार-पक्ष को लेकर हिंदी में जिन कतिपय विद्वानों ने कार्य किया है, डॉ० ब्रजमोहन का नाम उन्हीं की प्रथम पंक्ति में समादृत है। भाषा-व्यवहार के जितने भी अंग-उपांग हैं, उन्हें अत्यंत सरल, सुसंगत और रोचक शैली में पाठकों के समक्ष रखने में उन्हें महारत हासिल थी। इस दिशा में उन्होंने जो अध्ययन किया, यह महत्त्वपूर्ण पुस्तक उसी का प्रमाण है।

प्रमुख रूप से यह पुस्तक तीन खंडों में नियोजित है : 1. संज्ञा-प्रयोग, 2. क्रिया-प्रयोग और 3. वर्तनी और उच्चारण। जैसा कि तीनों खंडों से स्वतः ध्वनित है, यह कृति व्यावहारिक भाषा विज्ञान के अत्यंत महत्त्वपूर्ण पक्षों पर एक साथ विचार करती है। संज्ञा, क्रिया तथा वर्तनी और उच्चारण किसी भी भाषा के लिखित और मौखिक व्यवहार में अपना बुनियादी महत्त्व रखते हैं। डॉ० ब्रजमोहन ने इस पुस्तक में इन पक्षों से जुड़ी तमाम बारीकियों पर विस्तार से विचार किया है।

हमें खुशी है कि हम इस पुस्तक को हिंदी जगत से सम्बद्ध विशाल पाठक वर्ग के अध्ययनार्थ प्रस्तुत कर पा रहे हैं। आशा है, राष्ट्रभाषा हिंदी के वास्तविक विकास की दिशा में किसी भी तरह का योगदान करने वाले विद्वानो, अध्येताओं, शोधार्थियों, छात्रों और पाठकों के लिए यह एक मूल्यवान कृति सिद्ध होगी।

—अरुण माहेश्वरी
प्रकाशक

अनुक्रम

संज्ञा-प्रयोग

1

परिभाषा और भेद

संज्ञा की परिभाषा

संज्ञा उस विकारी शब्द को कहते हैं जिससे किसी व्यक्ति, वस्तु, स्थान, कार्य या भाव का पता चलता है। जैसे—

गंगा एक पवित्र नदी है।

इस घोड़े का रंग लाल है।

सूरज पूरब में निकलता है।

इतने दिन साबुन मला, कौन-सी सफेदी निकल आई।

तुम्हें अपनी रईसी मुबारक, हमें अपनी गरीबी।

घर की मुर्गी, दाल बराबर।

कमलिनी रामप्रसाद की बहन है।

इन वाक्यों में गंगा नदी का नाम है। कमलिनी और रामप्रसाद व्यक्तियों के नाम हैं। सूरज, साबुन वस्तुओं के नाम हैं। घोड़ा और मुर्गी, पशु-पक्षी के नाम हैं। रईसी, गरीबी और सफेदी स्थिति अथवा भाव के सूचक हैं। अतः ये सब संज्ञाएँ हैं।

संज्ञा सदैव शब्द के लिए प्रयुक्त होती है, वस्तु के लिए नहीं। जिस कुर्सी पर हम बैठते हैं, वह संज्ञा नहीं है वरन् 'कुर्सी' शब्द संज्ञा है। छदम्मीलाल नाम का व्यक्ति संज्ञा नहीं है, वरन् 'छदम्मीलाल' नाम संज्ञा है।

संज्ञा के भेद

संज्ञा के मुख्य रूप से तीन भेद होते हैं : (क) व्यक्तिवाचक, (ख) जातिवाचक, (ग) भाववाचक।

(क) व्यक्तिवाचक संज्ञा—जिस शब्द से किसी व्यक्ति, स्थान अथवा वस्तु के नाम का ज्ञान होता है, उसे व्यक्तिवाचक संज्ञा कहते हैं, जैसे राम, रावण,

महाभारत, गोदावरी। प्राय: व्यक्तिवाचक संज्ञाएँ इस प्रकार की होती हैं—

(1) व्यक्तियों के निजी नाम, जैसे—
रामस्वरूप, कृष्णचंद्र, भैरवप्रसाद।

(2) देशों और नगरों के नाम, जैसे—
भारत, चीन, बंबई, पेरिस।

(3) पर्वतों के नाम, जैसे—
हिमालय, आल्प्स, नीलगिरी।

(4) समुद्रों और नदियों के नाम, जैसे—
हिंद महासागर, गंगा, अरब सागर, डैन्यूब।

(5) पुस्तकों, पत्रिकाओं, समाचारपत्रों के नाम, जैसे—
रामायण, रंगभूमि, दैनिक जागरण, आज।

इनके अतिरिक्त दिनों, महीनों, त्योहारों के नाम भी व्यक्तिवाचक संज्ञाओं के अंतर्गत ही आते हैं।

(ख) जातिवाचक संज्ञा—जिस शब्द से एक जाति के समस्त सदस्यों अथवा उनके समूहों का बोध होता है, उसे जातिवाचक संज्ञा कहते हैं, जैसे—

पशु-पक्षियों के नाम—बकरी, घोड़ा, कौआ, शेर।
व्यावसायिक नाम—नेता, मंत्री, अध्यापक।
वस्तुओं के नाम—ऐनक, पुस्तक, चाँदी।
फल, फूल, सब्जी के नाम—बंदगोभी, गुलाब, टमाटर।
मौसम संबंधी नाम—जाड़ा, गर्मी, वर्षा, आँधी, तूफान, झंझावात।

इनके अतिरिक्त सैकड़ों प्रकार के नाम इसी वर्ग के अंतर्गत आते हैं, जैसे—
नगर, नदी, मुहल्ला, कुटुंब।

(ग) भाववाचक संज्ञा—जो शब्द किसी पदार्थ के धर्म, गुण, दशा, अवस्था, कार्य अथवा चेष्टा सूचित करता है, वह भाववाचक कहलाता है, जैसे—

अमूर्त भाव—क्रोध, क्लेश, भय, घबराहट।
गुण-दोष—स्नेह, शत्रुता, मित्रता।
रंग—सफेदी, कालिमा, लालिमा।
अवस्था—जवानी, बुढ़ापा, शैशव।

खाना, खेलना, पीटना में खा, खेल, पीट क्रमश: क्रियाओं के मूल रूप कहलाते हैं। इनकी गिनती भी भाववाचक संज्ञाओं में ही होती है।

संज्ञा शब्द अर्थवान भी हो सकते हैं, अर्थहीन भी। आत्माराम, ईश्वरीप्रसाद, अभयचंद सार्थक नाम हैं। किट्टू, पिट्टू, हौली, दागड़िया निरर्थक नाम हैं।

किंतु यह आवश्यक नहीं है कि सार्थक नाम से किसी व्यक्ति के किसी गुण

का बोध भी हो। दौलतराम किसी कंगाल का नाम हो सकता है और भिखारीदास किसी संपन्न व्यक्ति का। यह संभव है कि लाहौर में पैदा हुए किसी केरल निवासी का नाम मथुरादास हो।

तैमूर लंग लंगड़ा था। उसके दरबार में एक अंधी नर्तकी आई, जिसका नाम लक्ष्मी था। तैमूर ने कहा, "क्या लक्ष्मी अंधी होती है ?" लक्ष्मी बोली, "यदि लक्ष्मी अंधी न होती तो लंगड़े के घर क्यों आती ?"

एक प्रश्न यह भी है कि कुछ काल्पनिक पात्र होते हैं, जैसे—भूत-प्रेत, परियों और स्वप्न में दीखने वाले पात्र। क्या इनके नाम भी संज्ञाओं के वर्ग में रखे जाएँगे ? हमारे विचार में यह प्रश्न ही अनावश्यक है, क्योंकि हमारा संबंध पात्रों से तो है नहीं। हमारा संबंध तो उनके नामों से है जो सदैव शब्द ही होते हैं, अतः संज्ञाएँ तो हैं ही।

इसी प्रकार कुछ लोग, जिनकी संतान जीती नहीं, अपने बच्चों के निरर्थक और गंदे नाम रखते हैं, जैसे—ढैया, पसेरी, ईंटें, पत्थर, चिपड़ू, चमारू। किंतु हमारे लिए ये सब भी संज्ञाएँ ही हैं।

अंग्रेजी व्याकरण में दो अन्य वर्गों की संज्ञाएँ दी जाती हैं—

(1) द्रव्यवाचक संज्ञा, (2) समूहवाचक संज्ञा।

द्रव्यवाचक संज्ञा—जिस शब्द से किसी द्रव्य अथवा धातु का ज्ञान होता है, जैसे लोहा, सोना, ताँबा, काँसा।

समूहवाचक संज्ञा—जो शब्द किसी समूह को प्रकट करता है जैसे—सभा, मंडली, सेना, श्रेणी। किंतु हिंदी व्याकरण में ऐसे शब्द जातिवाचक शब्दों के अंतर्गत ही लिए जाते हैं।

सामान्यतः व्यक्तिवाचक संज्ञा केवल एक ही व्यक्ति, वस्तु अथवा समूह के लिए प्रयुक्त होती है। राम का अर्थ भगवान राम ही होगा, गंगा हमारे लिए एक ही नदी का नाम है। यह संभव है कि हमारे नगर में कई भोलानाथ हों परंतु जब हम भोलानाथ का उल्लेख करेंगे तो हमारा तात्पर्य उस भोलानाथ से होगा, जिससे हमारी घनिष्टता हो। यदि कई व्यक्तियों का नाम एक-सा हो तो भी भ्रम की गुंजाइश कम ही रहती है, क्योंकि प्रसंग से पता चल जाता है कि किस व्यक्ति का उल्लेख कर रहे हैं।

अतएव हमारे लिए 'नागरी प्रचारिणी सभा' एक ही संस्था का नाम है जो काशी में स्थित है। सिंध एक ही नदी का नाम है जो पंजाब में बहती है। यदि दूसरी 'सिंध' का उल्लेख करना होगा, जो मध्य प्रदेश में बहती है, तो उसका स्पष्ट रूप से उल्लेख करना पड़ेगा।

'महाभारत' में द्रोणाचार्य जब युधिष्ठिर से पूछते हैं कि क्या अश्वत्थामा

मारा गया, तो उनका संकेत अपने पुत्र की ओर है। और युधिष्ठिर उत्तर देते हैं, 'अश्वत्थामा हतो, नरो वा कुंजरो वा।' अर्थात 'अश्वत्थामा मर गया, पता नहीं पुरुष या हाथी।' यहाँ यह भ्रम उत्पन्न हो गया है कि दोनों में से कौन-सा अश्वत्थामा मारा गया, किंतु मारा एक ही गया है। अतः अश्वत्थामा व्यक्तिवाचक संज्ञा है।

परंतु कभी-कभी व्यक्तिवाचक संज्ञा जातिवाचक की भाँति भी प्रयुक्त होती है, जहाँ तत्संबंधी व्यक्ति की प्रधानता नहीं होती वरन उसके गुणों की प्रधानता होती है। जैसे—

(1) उससे कौन लड़े। वह तो साक्षात भीम है। कहने का तात्पर्य यह है कि वह भीम जैसा शक्तिशाली है।

(2) इस देश में घर-घर में एक राम मिलेंगे, घर-घर में एक सीता।

(3) ये नए हरिश्चंद्र पैदा हुए हैं।

(4) राम के भक्त पुकार करते हैं :

मुद्दत हुई है अब तो ऐ प्यारे राम आजा।
बिगड़ा हुआ है भारत का इन्तजाम आजा।

भगवान राम उत्तर देते हैं :

गर बुलाते हो मुझे, होश में आओ तो सही।
मुझसे पहले कोई कौशल्या बनाओ तो सही।

(5) 'रामायण' में बालि-सुग्रीव युद्ध में भगवान राम भ्रम में पड़ जाते हैं कि बालि कौन-सा है और सुग्रीव कौन-सा। वह बाण का प्रयोग कर नहीं पाते। सुग्रीव बालि के पंजे से छूटकर आता है और राम से कहता है :

हे राम तुम्हारे कहने से मैंने यह झगड़ा मोल लिया।
वह तो मेरा यमदूत ही है, बल मैंने उसका तोल लिया।

कभी-कभी जातिवाचक शब्द भी व्यक्तिवाचक के रूप में प्रयुक्त होते हैं, जब वे किसी वर्ग के बदले विशिष्ट व्यक्तियों को सूचित करते हैं, जैसे—

(क) मैंने 'अग्रवाल' को बता दिया था। यहाँ किसी विशिष्ट 'अग्रवाल' से तात्पर्य है।

(ख) 'गांधी' तो पूरा गांधी ही है।

क्रियार्थक संज्ञा

जब कोई क्रिया संज्ञा के रूप में प्रयक्त होती है, अर्थात किसी क्रिया की कर्ता अथवा कर्म हो अथवा किसी विभक्ति के साथ प्रयुक्त हो तो क्रिया के उस रूप को

क्रियार्थक संज्ञा कहते हैं। उदाहरणस्वरूप—

(1) यह भी कोई गाने में गाना है।

(2) कहना आसान है, करना कठिन।

(3) आना-जाना लगा ही रहता है।

(4) कल हमारा उधर जाना नहीं हुआ।

(5) हाथी के दाँत खाने के और, दिखाने के और।

(6) भारत वीरो की याद में यह गाना भी रोना है।
पानी भी नहीं है पात्र में, आँसुओं से मुंह को धोना है।

(7) चलना भला न कोस का, दुहिता भली न एक।
मँगना भला न बाप से, जो प्रभु राखे टेक।

(8) न था कुछ तो ख़ुदा था, न होता तो ख़ुदा होता
डुबोया मुझको होने ने, न मैं होता तो क्या होता।—ग़ालिब

(9) बच्चे का बहलाना क्या, फकीर का टहलाना क्या।

(10) आलसी की उक्ति—
दुनिया में हाथ-पाँव हिलाना नहीं अच्छा।
मर जाना पर उठकर कहीं जाना नहीं अच्छा।

भाववाचक संज्ञाएँ

भाववाचक संज्ञाएँ दो प्रकार की होती हैं : (1) जो स्वतंत्र होती हैं, जैसे—दया, धर्म, स्नेह, प्रेम। (2) जो अन्य शब्दों से मिल-कर बनती हैं। ऐसी भाववाचक संज्ञाएँ पाँच प्रकार की होती हैं—

(क) जातिवाचक संज्ञा से—जैसे हिंदू से हिंदुत्व, लड़का से लड़कपन, बुड्ढा से बुढ़ापा।

(ख) सर्वनाम से—अपना से अपनत्व, निज से निजत्व, अहं से अहंभाव।

(ग) विशेषण से—कला से कालिमा, मीठा से मिठास, खट्टा से खटास।

(घ) क्रिया से—रोना से रुलाई, हंसना से हंसाई, कमाना से कमाई।

(ङ) अव्यव से—देर से देरी, दूर से दूरी, समीप से समीपता।

कुछ लोग एक भाववाचक से दूसरा भाववाचक बना लेते हैं, जैसे—अज्ञान से अज्ञानता, बुजुर्गी से बुजुर्गीपन। बड़े-बड़े दिग्गज भी इस प्रकार की गलतियों से अछूते नहीं रहते।

(क) 'आधिक्यता' : महादेवी वर्मा—स्मृति की रेखाएँ, पृ. 74

(ख) 'तारतम्यता' : महादेवी वर्मा—स्मृति की रेखाएँ, पृ. 81

(ग) कुछ लेखक गलत भाववाचक संज्ञा बना डालते हैं, जैसे—

'इस गंभीरता ने पर्याप्त ठोसपन ला दी थी।' निबंध-संग्रह की भूमिका, (हजारीप्रसाद द्विवेदी और श्रीकृष्णलाल)।

संज्ञा के रूप में प्रयुक्त होने वाले शब्द

विशेषण—(क) मैंने अच्छे-अच्छों को देख लिया। (ख) क्षमा बड़िन को चाहिए छोटन को अपराध। (ग) उस दुष्ट की तो माया ही निराली है।

क्रिया-विशेषण—(क) बदमाश कहीं का।

(ख) मन काला, तन ऊजरा, बगुले का-सा भेस।
तो से तो कागा भला, भीतर बाहर एक ॥

(ग) कहाँ की बात थी लेकिन कहाँ-कहाँ पहुँची।

अव्यय—कैसी हाय-तौबा मची हुई है। दिन-भर की हाय-हाय अच्छी नहीं।

कोई भी अक्षर या शब्द—'आ' एकाकी अक्षर है, 'ए' सन्ध्यक्षर। 'अपना' एक सर्वनाम है। 'मैं' के गले पर छुरी।

कुछ लोग संज्ञाओं के प्रयोग में गलती कर जाते हैं। यहाँ तक कि कभी-कभी बड़े-बड़े दिग्गज भी संज्ञाओं की गलत वर्तनी दे देते हैं। प्रेमचंद की एक कहानी का शीर्षक है 'स्तीफा'। हमारे पास जितने शब्दकोश हैं, सब देख डाले। सब में इस शब्द की जो वर्तनी है, वह 'इस्तीफा' है, न कि स्तीफा। 'इस्तीफा' अरबी का शब्द है।

प्रेमचंद की एक अन्य कहानी 'फातिहा' में यह वाक्य आता है: 'सरदार की बात सुनकर मेरे प्राण में प्राण आए। शुद्ध मुहावरा है, 'जान में जान आई।'

2

लिंग

संज्ञा के जिस रूपांतर से यह पता चलता है कि वह—पुरुष या स्त्री किस जाति की है, उसे लिंग कहते हैं।

हिंदी में दो लिंग होते हैं : पुल्लिग और स्त्रीलिंग। बहुत-से शब्दों के विषय में तो स्पष्ट रूप से पता चल जाता है कि किस लिंग के हैं, जैसे—

पुल्लिग—पुरुष, पिता, मामा, लड़का।

स्त्रीलिंग—स्त्री, माता, मामी, लड़की।

हिंदी में लिंग-निर्णय के विषय में कोई व्यापक नियम नहीं दिए जा सकते, जो सार्वत्रिक हों। हर नियम के पालन के जितने उदाहरण मिलेंगे, उतने ही अपवाद मिल जाएंगे। सामान्यत: लिंग-निर्णय के दो आधार होते हैं : (1) शब्द का अर्थ। (2) शब्द का रूप।

बहुधा प्राणिवाचक शब्दों का लिंग अर्थ के अनुसार, और अप्राणिवाचक शब्दों का रूप के अनुसार होता है।

(क) जिन प्राणिवाचक संज्ञाओं से जोड़े का ज्ञान होता है, उनमें पुरुषबोधक संज्ञाएँ पुल्लिग मानी जाती हैं और स्त्रीबोधक संज्ञाएँ स्त्रीलिंग। उदाहरण—

पुल्लिग—लड़का, भाई, ताऊ, मामा, हाथी, कुत्ता, पिता।

स्त्रीलिंग—लड़की, बहिन, ताई, मामी, हथिनी, कुतिया, माता।

(ख) कुछ मनुष्येत्तर प्राणिवाचक संज्ञाएँ नित्य पुल्लिग रूप में प्रयुक्त होती हैं और कुछ स्त्रीलिंग रूप में। उदाहरण—

पुल्लिग—तोता, चीता, खटमल, उल्लू, पशु।

स्त्रीलिंग—चील, कोयल, लोमड़ी, मैना, तितली।

(ग) कुछ समूहवाचक संज्ञाएँ पुल्लिग और कुछ स्त्रीलिंग मानी जाती हैं, जैसे—

पुल्लिग—वंश, परिवार, समूह, दल, समाज, परिषद्।
स्त्रीलिंग—सेना, संसद, सभा, टोली, समिति, परिषद।

(घ) कुछ प्राणिवाचक शब्द सदैव स्त्रीलिंग रूप में ही प्रयुक्त होते हैं, जैसे—सती, सवारी, आसामी, संतान।

(ङ) स्थानीय प्रयोगों से भी कुछ संज्ञाओं की जाति पर अंतर पड़ता है। पश्चिमी उत्तर प्रदेश में गेहूँ, दही, राग, गाल पुल्लिग माने जाते हैं, पूर्वी उत्तर प्रदेश में स्त्रीलिंग। इसके विपरीत 'तौलिया' पश्चिमी भाग में स्त्रीलिंग है, पूर्वी भाग में पुल्लिग।

(च) लिंग-विधान में असंगतियाँ भरी पड़ी हैं। एक ही अर्थ के अलग-अलग शब्द अलग-अलग लिंग के हैं। 'नेत्र' पुल्लिग किंतु 'आँख' स्त्रीलिंग; 'रास्ता' पुल्लिग, 'सड़क' स्त्रीलिंग; 'मार्ग' पुल्लिग, 'बाट' स्त्रीलिंग।

(छ) कैसी विडंबना है: (स्त्री के) 'बाल' पुल्लिग किंतु मर्द की 'मूँछ' स्त्रीलिंग! हमारे शरीर के भिन्न-भिन्न अवयव, जो पास-पास स्थित हैं, भिन्न-भिन्न लिंगों के हैं। कुछ उदाहरण देते हैं—

होंठ, जीभ	गाल, ठोड़ी	नाक, नथुने
कान, कनपटी	गला, गर्दन	बाँह, कोहनी
हाथ, हथेली	अंगूठा, उँगली	टाँग, पैर
पंजा, कलाई	एड़ी, तलुआ	पेट, पीठ।

यहाँ तक कि चश्मा पुल्लिग और ऐनक स्त्रीलिंग।

(ज) कुछ पद-बोधक उभयलिंगी होते हैं—पुरुषों के संसर्ग में पुल्लिग बन जाते हैं और स्त्रियों के संसर्ग में स्त्रीलिंग। जैसे—मंत्री, प्रोफेसर, प्रिंसिपल।

(झ) संस्कृत के अधिकतर शब्द, जिनके अंत में 'आ' आता है स्त्रीलिंग होते हैं, जैसे—वृद्धा, श्रद्धा, दया, क्षमा। किंतु हिंदी के इस प्रकार के देशज शब्द पुल्लिग होते हैं, जैसे—दादा, लड़का, नाना।

हिंदी में लिंग-निर्णय के नियम बनाना बहुत कठिन है। श्री कामताप्रसाद गुरु के व्याकरण से निम्नलिखित अंश (पृ. 129) पठनीय हैं—

225—जिस संज्ञा से (यथार्थ या कल्पित) पुरुषत्व का बोध होता है, उसे पुल्लिग कहते हैं, जैसे—लड़का, बैल, पेड़, नगर इत्यादि। इन उदाहरणों में लड़का और बैल यथार्थ पुरुषत्व सूचित करते हैं और पेड़ तथा नगर से कल्पित पुरुषत्व का बोध होता है, इसलिए ये सब शब्द पुल्लिग हैं।

256—जिस संज्ञा से (यथार्थ या कल्पित) स्त्रीत्व का बोध होता है उसे स्त्रीलिंग कहते हैं, जैसे—लड़की, गाय, लता, पुरी आदि। इन उदाहरणों में लड़की

और गाय से यथार्थ स्त्रीत्व का और लता तथा पुरी से कल्पित स्त्रीत्व का बोध होता है, इसलिए ये शब्द स्त्रीलिंग हैं।

हमारी समझ में गुरुजी के उपर्युक्त सिद्धांत का कोई अर्थ नहीं निकलता। क्या 'पेड़' की वर्तनी में कोई ऐसी विशेषता है जिससे पुरुषत्व झलकता हो। यह विशेषता हमने उसमें आरोपित की है। हम मुद्दत से उसे पुल्लिग मानते चले आए हैं, इसीलिए हमें उसमें पुरुषत्व दिखाई देता है। यदि हमने उसे आरंभ से ही स्त्रीलिंग माना होता तो हमें उसमें स्त्रीत्व दिखाई देता।

इसी प्रकार, प्रयोग के ही कारण हमें 'लता' में स्त्रीत्व दिखाई देता है, अन्यथा उसमें पुरुषत्व है न स्त्रीत्व।

एक पक्षी हवा में उड़ रहा है। एक व्यक्ति पूछता है कि कैसे पता लगाओगे कि वह कबूतर है या कबूतरी ?

दूसरा व्यक्ति उत्तर देता है—यह तो बहुत आसान है। यदि उड़ रहा है तो कबूतर है और यदि उड़ रही है तो कबूतरी है !

इसी प्रकार की कसौटी गुरुजी ने दी है।

लिंग के प्रयोग में बहुत-से लेखक असावधानी बरतते हैं। हम यहाँ कुछ नमूने देते हैं—

(1) 'नाक में बाली पहनना पड़ा होगा।'—महादेवी वर्मा—स्मृति की रेखाएँ, पृ. 133।

(2) 'सोडावाटर का बोतल मुँह में लगाया।'—बालकृष्ण भट्ट (निबन्ध संग्रह—'रुचि')।

(3) 'अनगिनत किस्म के पोशाक।'—बालकृष्ण भट्ठ (निबन्ध संग्रह—'रुचि')।

(4) 'मर्त्य के हृदय में स्वर्ग की बिंब है।'—सुमित्रानंदन पंत (ब्रजभाषा बनाम खड़ी बोली—निबंध संग्रह)।

(5) 'वह चीज क्या थी। पूरा आत्मसमर्पण, और उसे यह न मिलती थी।' प्रेमचंद ('मिस पद्मा')।

(6) कुछ लेखक तो एक ही शब्द को कभी पुल्लिग रूप में लिखते हैं, कभी स्त्रीलिंग रूप में। श्रीमती सुभद्राकुमारी चौहान की कहानी 'गौरी' में ये दो वाक्य आते हैं, 'सभी हठ पूरे हुआ करते थे।' 'जिस बात की हठ पकड़ती है, छोड़ती नहीं।'

(7) प्रश्न—गेंद का पुल्लिग क्या है ?
उत्तर—गेंदा।

(8) एक सज्जन व्याख्यान दे रहे थे : 'आजकल लड़के लड़कियों की पोशाक पहनते हैं, लड़कियाँ लड़कों की। अब देखिए उन सज्जन को। उनके वेष से पता ही नहीं चल रहा कि वे युवक हैं या युवती।

उन सज्जन के बगल में एक अन्य व्यक्ति बैठे हुए थे। वे बोले, 'क्षमा करें। वह मेरी पुत्री है।'

व्याख्याता—'ओहो ! मुझे पता नहीं था कि आप ही उसके पिता हैं।'

वह व्यक्ति बोला—'मैं पिता नहीं हूँ। उसकी माता हूँ।'

नामों की लंबाई की कोई सीमा नहीं है। कानूनी कागजों में प्रायः प्रत्येक व्यक्ति का नाम पिता के नाम के साथ लिखा जाता है। उर्दू में राम वल्द श्याम, अर्थात राम जो श्याम का बेटा है। हिंदी में लिखा जाता है : होता, पुत्र जुझारू। परंतु बहुत-से स्थानों पर पिता और पुत्र अथवा माता और पुत्र के नाम एक साथ दिए जाते हैं, जैसे—मोहनदास करमचन्द गांधी अथवा श्यामलाल पुत्र मुन्नी देवी।

कभी-कभी ऐसा भी होता है कि जो वंश-नाम होता है, वही व्यक्तिगत नाम भी होता है। ऐसे नाम अंग्रेजों में बहुत पाए जाते हैं, जैसे—Edward K. Edward। कभी-कभी हिंदुस्तान में भी ऐसे उदाहरण मिलते हैं, जैसे—रुस्तम लाल रुस्तम। अधिकतर व्यावसायिक प्रतिष्ठानों के नामों में दो साझियों के नाम समाविष्ट रहते हैं, जैसे—भोरेलाल श्यामसुंदर। कभी-कभी दोनों साझियों के नाम एक-से होते हैं, ऐसी स्थिति में इस प्रकार के नाम भी देखने को मिलते हैं, जैसे—स्वरूप और स्वरूप अथवा माधो और माधो।

एक व्यक्ति का नाम था, रामबहोरि राम और जिस प्रतिष्ठान में वह काम करता था उसका नाम था राम और राम। एक बार उसको किसी व्यावसायिक काम से किसी कार्यालय में जाना पड़ा। कार्यालय के व्यवस्थापक ने पूछा—'आपका शुभ नाम और आप कहाँ से आए हैं।'

वह बोला—राम और राम वाला रामबहोरि राम।

व्यवस्थापक बोला—तो बैठिए, बैठिए, बैठिए, बैठिए।

अरब देश में लंबे-लंबे नाम रखे जाते हैं। एक गणितज्ञ तूसनगर का निवासी था, इसलिए वह अपने नाम के आगे तूस ही लिखा करता था। हिंदुस्तान में भी बहुत से लोग अपने नाम के आगे नगर का नाम देते हैं, जैसे फिराक गोरखपुरी, जोश मलीहाबादी।

उक्त गणितज्ञ का नाम तो यूं ही लंबा था, तूसी लिखने से और भी लंबा हो गया था, अतएव उसका पूरा नाम हो गया—

'अल मुज़फ्फर इब्न अल-मुज़फ्फर शरफुद्दीन अल तूसी।'

अभी तक दुनिया का सबसे लंबा नाम एक अमरीका निवासी का समझा जाता था। परंतु अब नई दिल्ली के दरियागंज निवासी एक डॉक्टर ने नया कीर्तिमान स्थापित किया है। उक्त डॉक्टर का पूरा नाम 32 पंक्तियों में आता है। उक्त नाम का संक्षिप्त रूप है—

डॉ. हुमन एन ब्रह्मात्मा।

यह नाम 1990 की गिनीज बुक ऑफ वर्ल्ड रिकार्ड्स में शामिल कर लिया गया है। इसमें दो कीर्तिमानों का समावेश है—

(1) नाम की लंबाई।

(2) वंश-नाम का अनूठापन।

3

वचन

दैनिक जीवन में वचन का अर्थ है कोई कही हुई बात या किया हुआ वायदा। जैसे गीता में भगवान कृष्ण के वचन अथवा किसी भी पुस्तक में संकलित किए हुए अन-मोल वचन। वायदे के अर्थ में वचन का प्रयोग इन पंक्तियों में मिलेगा—

1. रघुकुल रीति सदा चलि आई। प्राण जाएँ पर वचन न जाई।
2. दशरथ ने अपने प्राण देकर भी अपने वचन का पालन किया।

परंतु व्याकरण में किसी विकारी शब्द के उस रूप को वचन कहते हैं, जिससे एकता या अनेकता का ज्ञान होता है। यों समझना चाहिए कि 'संख्या वचन' का संक्षिप्त रूप ही वचन कहलाता है। जैसे—रोटी, रोटियाँ, नदी, नदियाँ, लड़का, लड़के।

हिंदी में वचन दो होते हैं—**एकवचन** और **बहुवचन**।

(1) **एकवचन**—शब्द के जिस रूप से एक पदार्थ या वस्तु का ज्ञान होता है, उसे एकवचन कहते हैं। अर्थात एकवचन से एकत्व का भान होता है। जैसे—कमरा, मकान, मनुष्य, शेर।

(2) **बहुवचन**—किसी शब्द के जिस रूप से एक से अधिक पदार्थों या वस्तुओं का ज्ञान होता है, उसे बहुवचन कहते हैं। अर्थात बहुवचन से अनेकत्व का भान होता है। जैसे—कमरे, मकानों, मकान, पुस्तकें, मनुष्य, मनुष्यों, शेरों, आदि।

संस्कृत में तीन वचन होते हैं—(1) एकवचन, (2) द्विवचन, (3) बहुवचन।

किंतु अधिकतर आधुनिक भाषाओं ने द्विवचन को अलग नहीं माना है। उसका समावेश बहुवचन में ही माना जाता है। यही पद्धति हिंदी ने भी अपनाई है।

जिस दिन से मनुष्य ने संसार में पदार्पण किया है, उसी दिन से उसके

मस्तिष्क में संख्या-बुद्धि की उत्पत्ति हुई है। कुछ लोगों की संख्या-बुद्धि तीव्र होती है, कुछ लोगों की मंद। एक अध्यापक ने अपने तीन विद्यार्थियों की संख्या-बुद्धि की परीक्षा लेनी चाही। उन तीनों विद्यार्थियों में से एक ब्राह्मण-पुत्र था, दूसरा क्षत्रिय और तीसरा वैश्य। अध्यापक ने मैदान में तीस फुट लंबा एक बाँस गाड़ दिया और तीनों लड़कों से बारी-बारी से पूछा कि उनके विचार में बाँस की लंबाई कितनी होगी। ब्राह्मण-पुत्र ने कहा कि लंबाई होगी पचास-साठ फुट या कदाचित सत्तर-अस्सी फुट। क्षत्रिय-पुत्र ने बताया कि बाँस की लंबाई होगी चालीस-पैंतालीस फुट। वैश्य-पुत्र का उत्तर था कि लंबाई होगी कोई पोने सत्ताईस, या सवा सत्ताईस फुट।

प्रत्यक्ष है कि तीनों लड़कों में से वैश्य-पुत्र की संख्या-बुद्धि सब से तीव्र थी। इसके विपरीत बहुत-से लोगों की संख्या-बुद्धि बहुत मंद होती है। कभी आप किसी दूरस्थ स्थान को पैदल जा रहे हों। रास्ते में कहीं किसी गाँव वाले से पूछिए कि अमुक स्थान कितनी दूर है। वह कहेगा कि कोस-डेढ़ कोस है। मील-दो मील आगे निकल जाइए और फिर किसी से प्रश्न कीजिए कि अमुक गाँव कितनी दूर है, तो वही उत्तर मिलेगा—कोस-डेढ़ कोस है। रास्ते-भर आपका गंतव्य कोस-डेढ़ कोस ही रहेगा। कभी-कभी तो गाँव वाले कहेंगे—अरे! वह देखो, सामने दिखता है! इसी संकेत के भरोसे आप मीलों चले जाएँगे और आपका लक्षित स्थान नहीं आएगा।

स्वभावतः बच्चों की संख्या-बुद्धि बहुत अविकसित रहती है। किसी बच्चे से पूछिए कि दो, तीन कितने होंगे। जो ऊँची-से-ऊँची संख्या उसे याद होगी, वही कहेगा। यदि उसको सबसे ऊँची संख्या आठ स्मरण है तो वह आठ ही कहेगा। यदि आप उससे पूछें कि चार और पाँच कितने होते हैं, तो भी उसका उत्तर आठ ही रहेगा। बच्चा जब कुछ बड़ा होता है तो पूरी गिनती तो उसे आती नहीं, किंतु दो सौ, तीन सौ, ये दो-चार शब्द उसे याद हो जाते हैं। यद्यपि वह इनका मतलब नहीं समझता, तब भी उसे जब कभी किसी बहुत बड़ी संख्या का भान कराना होता है, वह सौ, दो सौ ही कहता है।

किसी ग्रामीण बालक ने अपने पिता से कहा—'बाबूजी, आज मैंने गाँव में कोई 500 कुत्ते देखे।' बच्चा कुछ समझदार हो चुका था, बाप को उसकी मूर्खता पर बड़ा क्रोध आया। उसने कहा—'तू अभी से इतना झूठ बोलता है। इस गाँव में तो क्या, आसपास के दस-पाँच गाँवों के समस्त कुत्ते भी इकट्ठे कर लिए जाएँ तब भी पाँच सौ न होंगे। सच-सच बता, तूने कितने कुत्ते देखे थे?' बच्चा बेचारा सहम गया। उसने कहा—'बाबूजी, 500 नहीं तो कम-से-कम दो कुत्ते थे!'

पुराने जमाने में संसार की कुछ जातियों की संख्या-बुद्धि बहुत ही तुच्छ थी, बल्कि नहीं के बराबर थी। अब भी संसार में कुछ प्रतिगामी जातियाँ ऐसी हैं, जिनकी संख्या-बुद्धि नगण्य है। अमेरिका में एक प्रदेश है बोलीविया, जिसमें चिकिट्टो नाम की एक जाति रहती है। इस जाति की भाषा में संख्या-सूचक कोई शब्द है ही नहीं। जब कभी इन्हें '1' का भाव प्रदर्शित करना होता है तो वह एक शब्द 'ऐतम' का प्रयोग करते हैं। यह शब्द हिंदी शब्द 'आत्म' से बहुत कुछ मिलता-जुलता है। इस 'ऐतम' के अतिरिक्त इन लोगों की भाषा में संख्या संबंधी कोई शब्द है ही नहीं। अत: यह लोग 2 तक भी नहीं गिन सकते। अमेरिका में एक कबिलाई परिवार है, जिसका नाम है 'ग्वायकुरु' परिवार। इन लोगों की भाषा में भी संख्यात्मक-शब्द बहुत ही कम हैं। इसी परिवार के एक कबीले का नाम है बोतो सूडो। इन लोगों की बोली में केवल दो संख्यात्मक शब्द हैं—'मोकेनम' और 'उरूह्'। मोकेनम का अर्थ है '1' और उरूह् का अर्थ है 'बहुत'। अत: ये लोग 2 या 3 भी नहीं कह सकते, केवल 'बहुत' ही कह सकते हैं।

इन तथ्यों से इस बात का पता चल जाता है कि संसार के समस्त प्राणियों में '1' की कल्पना अवश्य ही विद्यमान है। इसका कारण यह है कि प्रत्येक प्राणी में 'अहं' अर्थात अपनेपन का भाव मौजूद है। प्रत्येक प्राणी समस्त विश्व को दो भागों में बाँटता है। एक तो 'अपने आप' अर्थात 'मैं' और दूसरा 'शेष सारा विश्व'। प्रत्येक प्राणी पहले अपने स्वार्थ की रक्षा करता है, तत्पश्चात दूसरों की आवश्यकता पर विचार करता है। धार्मिक क्षेत्र में इस 'एक' का अर्थ है 'ब्रह्म', 'सत्य' अथवा 'ईश्वर'। इस एक की कल्पना का महत्त्व है कि अंग्रेजी में '1' के लिए अनेक शब्दों का प्रयोग होता है : A, An, One, Unit, Unity.

हिंदी में भी एक के द्योतक बहुत-से शब्द हैं : एक, एकता, इकाई, एकाकी, एकोएक, अकेला, इकलौता।

संसार में कुछ जातियाँ ऐसी हैं, जिन्हें 2 तक की ही गिनती आती है। अमेरिका में एक जाति है जिसका नाम है अन्सा बलाडा। इनकी भाषा में दो संख्यात्मक शब्द हैं—'ते' और 'कयापा'। 'ते' का अर्थ है 'एक' और 'कयापा' का अर्थ है 'दो'। इसी देश में एक बोली है मोबोकोबी। इस भाषा में एक अक्षर ऐसा है, जिसका उच्चारण हिंदी के 'ा' से बहुत कुछ मिलता-जुलता है। इस बोली में भी संख्या संबंधी दो ही शब्द हैं—'यांत्वक' जिसका अर्थ है 'एक' और 'यांका', जिसका अर्थ है 'दो'।

पाठक सहज ही अनुमान लगा सकते हैं कि मनुष्य को जोड़े का भान कहाँ से हुआ। संसार में जिधर भी दृष्टि डालिए, आपको जोड़े ही दिखाई देंगे। अपने शरीर को ही देखिए। हमारे शरीर में दो हाथ हैं, दो पैर हैं, दो आँखें हैं, दो

कान हैं इत्यादि। अन्यत्र भी आप जोड़े ही जोड़े देखते हैं। कैंची को अंग्रेजी में कहते हैं Pair of Scissors; ऐनक को कहते हैं Pair of Spectacles; चीमटे को कहते हैं Pair of Tongs। परंतु इन वस्तुओं में जोड़े की कल्पना परोक्ष रूप में है। कुछ वस्तुओं में जोड़े की कल्पना प्रत्यक्ष रूप में होती है। मुगदर की जोड़ी, गुलदस्ते की जोड़ी और चुगल जोड़ी आदि।

उत्तर प्रदेश के पश्चिमी प्रांत में दो शब्दों का प्रयोग होता है—फुट और जोड़ी। फुट का अर्थ है अकेला। रईस लोग अपने साईस से पूछते हैं कि आज गाड़ी में फुट लगाया है या जोड़ी। इसका अर्थ है कि एक घोड़ा जोता है या दो।

संसार में कुछ जातियाँ सभ्यता के उस चरण में हैं, जहाँ तीन तक की गिनती होती है। फूगन एक जाति है जिसकी बोली में केवल तीन संख्यात्मक शब्द हैं। पहला शब्द 'कउली', जिसका अर्थ है 1। यह शब्द हिंदी शब्द 'कौड़ी' से बहुत मिलता-जुलता है। दूसरा शब्द है 'कमपायपी', जिसका अर्थ है 2 और तीसरा 'मातेन', जिसका अर्थ है 3। एक अन्य जाति है जिसका नाम है 'बरोरो'। इस जाति की बोली में भी संख्या-सूचक केवल तीन ही शब्द हैं—कउए, मकउए और उअउए।

कुछ पक्षियों को 3 तक की संख्या का बोध होता है। एक विशेषज्ञ थे गाल्टन (Galton), जिन्होंने पक्षियों के स्वभाव का अध्ययन किया था। इनका कथन है कि कुछ पक्षियों को तीन तक की संख्या-चेतना होती है। किसी पक्षी के घोंसले में 3 अंडे हों और यदि आप उनमें से एक अंडा उठा लें तो पक्षी को इस बात का भान हो जाएगा कि एक अंडा चोरी हो गया है और वह घोंसला छोड़ देगा। परंतु यदि किसी पक्षी के घोंसले में चार अंडे हैं तो आप बिना खटके उनमें से एक अंडा उठा सकते हैं। पक्षी को इस चोरी का पता नहीं चलेगा, क्योंकि वह 3 और 4 का भेद नहीं जानता।

सब बातों पर विचार करके हम इसी निष्कर्ष पर पहुँचते हैं कि व्यावहारिक दृष्टि से सुविधा इसी में है कि वचन दो ही माने जाएँ।

बहुवचन दो प्रकार के होते हैं—

(1) साधारण बहुवचन, (2) आदरार्थक बहुवचन।

एक से अधिक वस्तुओं की अभिव्यक्ति के लिए बहुवचन को साधारण बहुवचन कहते हैं, जैसे—उसकी दो बहनें हैं। उक्त लेखक ने दस पुस्तकें लिखी हैं। मकान पर पाँच कौए बैठे हैं।

कभी-कभी गुरुओं, बड़ों अथवा देवताओं के प्रति आदर प्रकट करने के लिए एक विशेष प्रकार के बहुवचन का प्रयोग किया जाता है, जैसे—माताजी रामायण पढ़ रही हैं। आप लाला रामदास के पुत्र हैं। लालाजी तो आठों याम

देते ही रहते हैं।—रामनरेश त्रिपाठी (कविता कौमुदी, भाग 1—कौमुदी कुंज)।

कभी-कभी आदर-सूचक बहुवचन के प्रयोग से भ्रम भी उत्पन्न हो जाता है, जैसे—रुस्तम जी रणछोड़ जी आ रहे हैं। इस वाक्य में, संभव है कि यह एक ही व्यक्ति का नाम हो जो परिपाटी के अनुसार अपने नाम के बाद अपने पिता का नाम भी दिया करता है और यह भी संभव है कि रुस्तम जी और रणछोड़ जी अलग-अलग दो व्यक्ति हों। ऐसे वाक्यों का प्रयोग करते समय लेखक अथवा वक्ता को सावधानी से काम लेना चाहिए। यदि रुस्तम जी के बाद कौमा (,) लगा दिया जाए, या 'और' लिख दिया जाए तो भ्रम की कोई गुंजायश न रहे।

कुछ लोग बच्चों के नाम में ही 'जी' लगा देते हैं। अर्थात 'जी' को नाम का अंग बना लेते हैं। यदि किसी बच्चे का नाम रामजी हो, तब तो कहना पड़ेगा कि रामजी आ रहा है। यह वाक्य बहुत भद्दा लगेगा। ऐसे भ्रम उत्पन्न न होने पाएँ, इसका उपाय यह है कि किसी के नाम में जी न लगाया जाए। 'जी' का प्रयोग तभी किया जाए, जब आदर-भाव सूचित करना हो।

विशेष आदर प्रकट करने के लिए संबोधन में 'तुम' के बदले 'आप' का प्रयोग किया जाता है, जैसे—आप ही ने तो कहा था। कभी-कभी आदर के बदले अपनत्व का भाव सूचित करने के लिए भी 'आप' का प्रयोग होता है, जैसे—आप ही बोले चले जा रहे हैं, मुझे तो कुछ कहने ही नहीं देते। आप ठहरे बड़े आदमी, मैं ठहरा एक गरीब किसान। कहाँ आप, कहाँ मैं।

कुछ संज्ञाएँ एकवचन में ही प्रयुक्त होती हैं—

(क) द्रव्य पदार्थ के सूचक शब्द, जैसे—आजकल चाँदी का भाव बढ़ा हुआ है। इस गाय का दूध बहुत मीठा होता है। इस साल पानी बहुत कम बरसा है। जरा-सी कुटिया में एक मन लोहा लग गया।

(ख) समूह-सूचक शब्द, जैसे—विपक्षी वर्ग बहुत ऊधम मचा रहा है। टिड्डी-दल आन पहुँचा। सुग्रीव की सेवा में एक से एक योद्धा पड़ा हुआ था।

(ग) जोड़ी-सूचक शब्द, जैसे—उसकी ऐनक खो गई है। यह जूता क्या कलकत्ते से खरीदा है? राम और श्याम की जोड़ी देखने योग्य है।

कभी-कभी जातिवाचक शब्द भी बहुवचन की अभिव्यक्ति के लिए एकवचन में ही प्रयुक्त होते हैं, जैसे—बाजार में केला पड़ा है। उसका दोष नहीं है, यह जाति ही कृतघ्न होती हैं। विवाह में एक लाख का खर्च हो चुका है और अभी कदाचित इतना ही और खर्च होगा।

(घ) कभी-कभी व्यक्तिवाचक और भाववाचक संज्ञाएँ भी एकवचन में ही प्रयुक्त होती हैं, जैसे—अंत में जीत सच्चाई की ही होती है। प्रेम अंधा होता है। बुढ़ापा बुरा आपा कहलाता है।

कुछ संज्ञाएँ सदैव बहुवचन में ही प्रयुक्त होती हैं, जैसे—प्राण, हस्ताक्षर, लोग, दर्शन। उदाहरण—

(1) जी चाहता है कि उस पर अपने प्राण न्योछावर कर दें।
(2) क्या आपने कागज पर हस्ताक्षर कर दिए ?
(3) वहाँ दर्जनों लोग बैठे हुए थे।
(4) क्या परमहंस को भगवान के दर्शन हुए थे ?

श्री ओमप्रकाश शर्मा ने अपनी पुस्तक 'हिंदी व्याकरण—नव मूल्यांकन' में उपरिलिखित सूची में तीन शब्द और दिए हैं : बाल, होश, आँसू।

हम उनसे सहमत नहीं हैं। हमारे विचार में इन तीनों शब्दों का प्रयोग एकवचन में भी होता है। देखिए—

(1) उसका एक बाल भी काला नहीं है।
(2) रोगी को होश आया या नहीं।
(3) इतनी बड़ी दुर्घटना हो गई। एक आँसू भी न निकला।

सामान्यत: प्रत्येक संज्ञा के बहुवचन के तीन रूप होते हैं : (1) संबोधन प्रत्यय सहित। (2) विभक्ति सहित। (3) विभक्ति रहित।

(1) संबोधन प्रत्यय सहित रूप

किसी संज्ञा के एकवचन-रूप को संबोधन-रूप देने के लिए प्राय: किसी प्रत्यय की आवश्यकता नहीं रहती। हम जिससे बात करना चाहते हैं, केवल उसका नाम अथवा उपाधि लेकर पुकारते हैं, जैसे—

(1) राम कृपाल, इधर आना।
(2) राजन्, मैं आपकी सेवा में उपस्थित हूँ।
(3) ओ भिखारी, ले, पैसा ले।

कभी-कभी प्रेम अथवा लाड़ अथवा घनिष्ठता के कारण लोग अपने आत्मीय जनों के नाम विकृत कर लेते हैं, जैसे दुलारी का दुल्लो, दमयंती का दम्मो, राधा का रधिया, नवल का नवलू।

(4) रूप का भंडार, वाले, तुम कौन हो।
(5) सीता-हरण के बाद अपने आश्रम को जानकी जी से रहित देखकर श्रीराम जी साधारण मनुष्य की भाँति व्याकुल होकर विलाप करने लगे।

'हा, गुणों की खान जानकी ! हा, रूप, शील, व्रत और नियमों में पवित्र सीते…'

—'रामचरितमानस', अरण्यकांड, दो० 29 (ख), चौ० 4

बहुवचन बनाने के नियम—

(क) अकारांत शब्दों के अंत में 'ओ' जोड़ने से बहुवचन का संबोधन-रूप बन जाता है, जैसे—

मित्रो, मेरी बात सुनो। बालको, यहाँ बैठो। बच्चो, कहना मानो।

(ख) अकारांत, उकारांत और ओकारांत शब्दों पर भी यही नियम लागू होता है, जैसे—

राजाओ, नेताओ, सखाओ, साधुओ, गौओ।

अपवाद—कुछ आकारांत, पुल्लिग शब्दों का 'आ' तोड़कर 'ओ' लगाया जाता है, जैसे—

लड़का से लड़को, बेटा से बेटो, गधा से गधो।

(ग) इकारांत शब्दों में 'यो' जोड़ने से संबोधन कारक बहुवचन बनता है, जैसे—ऋषियो, कवियो।

ईकारांत शब्दों में 'यो' जोड़ने से पहले 'ई' के स्थान पर 'इ' कर दिया जाता है, जैसे—लड़कियो, ज्ञानियो, स्त्रियो।

(घ) ऊकारांत शब्दों में 'ऊ' करके 'यो' जोड़ा जाता है, जैसे—बहुओ, बाबुओ, डाकुओ।

उदाहरण—

(1) गोकुल के बादलों, कान्हा से जा कहो।
छलिया, तेरे वियोग में राधा रही है रो॥

(2) महाभारत में जब अर्जुन जयद्रथ को मारने की प्रतिज्ञा पूरी न कर सका तो चिता में जलने को तैयार हो गया। उस समय अर्जुन कहता है—

हो गया, होना था, जो कुछ हो गया।
ब्याज क्या, अब मूल धन भी खो गया॥

× ×

जाग जाओ, गीदड़ो, चमगादड़ो।
मुँद गया दिन, सूर्य पश्चिम को गया॥

(3) बुलबुलो, मत रो यहाँ आँसू बहाना है मना।
इस क़फ़स के क़ैदियों को आबो-दाना है मना॥

(4) हम लाए हैं तूफ़ान से किश्ती निकाल के।
इस देश को रखना मेरे बच्चो सँभाल के।।

(5) सीता-हरण के पश्चात भगवान राम साधारण मनुष्य की भाँति विलाप करते हैं—

हे पक्षियो ! हे पशुओ ! हे भौरों की पंक्तियो ! तुमने कहीं मृग-नयनी सीता को देखा है ?

—'रामचरितमानस', अरण्यकांड, दो० 29 (29) चौ० 5

(2) विभक्ति रहित रूप

पुल्लिग

(1) सामान्यतः पुल्लिग शब्द—अकारांत, इकारांत, ईकारांत, उकारांत, ऊकारांत—सब एकवचन और बहुवचन में एक-से रहते हैं।

एकवचन	बहुवचन
एक मेंढक बैठा है,	दस मेंढक बैठे हैं।
एक ऋषि,	दो ऋषि।
एक आदमी,	तीन आदमी।
एक साधु,	चार साधु।
एक डाकू नगर में आ गया है,	कई डाकू नगर में आ गए हैं।

(2) कुछ आकारांत शब्द भी दोनों वचनों में ज्यों के त्यों रहते हैं—

(क) संस्कृत के तत्सम शब्द—पिता, देवता, दाता, योद्धा।

(ख) संबोधनवाचक शब्द—दादा, चाचा, नाना, मामा।

(ग) कुछ अन्य शब्द—मुखिया, खानसामा, राजा।

(3) शेष आकारांत पुल्लिग शब्दों का बहुवचन बनाने में अंतिम 'आ' का 'ए' कर देते हैं, जैसे—

लड़का—लड़के।	कपड़ा—कपड़े।
थाना—थाने।	गोला—गोले।

स्त्रीलिंग

(क) अकारांत स्त्रीलिंग शब्दों के अंतिम 'अ' को 'एँ' कर देने से वे बहुवचन बन जाते हैं, जैसे—

ढोलक—ढोलकें।	बहन—बहनें।	गाय—गायें।
चादर—चादरें।	कील—कीलें।	टाँग—टाँगें।

(ख) आकारांत स्त्रीलिंग शब्दों के अंतिम 'आ' में 'ए' जोड़ने से वे बहुवचन बन जाते हैं, जैसे—

माता—माताएँ। प्रार्थना—प्रार्थनाएँ। आत्मा—आत्माएँ।
महिला—महिलाएँ। माला—मालाएँ। उपमा—उपमाएँ।

(ग) इकारांत स्त्रीलिंग शब्दों के अंत में 'याँ' जोड़ने से बहुवचन-रूप बन जाता है, जैसे—

नीति—नीतियाँ। संधि—संधियाँ। योनि—योनियाँ।

ईकारांत शब्दों में 'ई' के स्थान पर 'इ' रखकर 'याँ' जोड़ा जाता है, जैसे—

नदी—नदियाँ। लड़की—लड़कियाँ। देवी—देवियाँ।

(घ) उकारांत तथा ओकारांत शब्दों के अंत में 'एँ' जोड़ना चाहिए, जैसे—

वस्तु—वस्तुएँ। बाहु—बाहुएँ। गौ—गौएँ।

उकारांत शब्दों में 'एँ' जोड़ने से पहले 'ऊ' के स्थान पर 'उ' कर देना चाहिए, जैसे—

बहु—बहुएँ वधु—वधुएँ

(ङ) जिन स्त्रीलिंग शब्दों के अंत में 'या' होता है, उनमें केवल 'या' के बदले 'याँ' लिख देना होता है, जैसे—

बुढ़िया—बुढ़ियाँ। चिड़िया—चिड़ियाँ। डिबिया—डिबियाँ।

(3) विभक्ति सहित रूप

(क) कुछ अकारांत और आकारांत शब्दों के अंतिम 'अ' तथा 'आ' को 'यों' में परिवर्तित करने से बहुवचन बन जाता है, जैसे—
वनों में, कबूतरों को, बंदरों से, ललनाओं के, गदाओं पर।

(ख) आकारांत, उकारांत और ओकारांत शब्दों के अंत में 'ओं' जोड़ने से बहुवचन-रूप बन जाता है, जैसे—

साधुओं ने, लालाओं को, पिताओं से, गौओं ने।

(ग) इकारांत शब्दों के अंत में 'यों' जोड़ने से बहुवचन-रूप बन जाता है, जैसे—

पंक्तियों में, रश्मियों से, अतिथियों को।

ईकारांत शब्दों में यों जोड़ने से पहले 'ई' का 'इ' कर लिया जाता है, जैसे—

गलियों में, धोबियों को, रानियों से।

(घ) अकारांत शब्दों में 'अ' के बदले 'उ' करके 'ओं' लगाया जाता है, जैसे—

भालुओं ने, बाबुओं को, चाकुओं से।

(ङ) याकारांत शब्दों में 'या' के स्थान पर 'यों' करने से बहुवचन बन जाता है, जैसे—

डिबियों में, बुढ़ियों ने, बिंदियों को।

स्पष्ट है कि सामान्यतः संज्ञाओं के बहुवचन के तीन रूप होते हैं—

संबोधन रूप, विभिक्ति रहित रूप, विभक्ति सहित रूप।

ऐ लड़को ! ये लड़के उन लड़कों को मार रहे हैं।

ऐ महिलाओ ! यहाँ की महिलाएँ वहाँ की महिलाओं से बात करने गई हैं।

ऐ सदस्याओ ! ये सदस्याएँ उन सदस्याओं पर ही सारा दोष लगा रही हैं।

एकवचन पुल्लिग शब्दों का एक विशेष रूप होता है, जिसे तिर्यक-रूप कहते हैं जो बहुवचन-रूप जैसा ही होता है, जैसे—

लड़के ने, लड़के को, लड़के से, लड़के पर।

भैंसे ने, भैंसे को, भैंसे से, भैंसे पर।

यह रूप सदैव विभक्ति के साथ ही प्रयुक्त होता है।

लेखक एकवचन और बहुवचन के प्रयोग में असावधानी बर्तते हैं। कुछ नमूने देखिए—

(1) देवेन्द्रकुमार शास्त्री की पुस्तक 'भाषाशास्त्र तथा भाषा की रूपरेखा' के पूर्ववचन पृ. 1 पर यह वाक्य आता है—

'केवल कवि, लेखक, कहानीकार, उपन्यासकार आदि साहित्यिक अध्यापकों और दार्शनिकों आदि के लिए ही भाषा का महत्त्व नहीं है।'

पहली चार संज्ञाएँ एकवचन में और अंतिम दो बहुवचन-रूप में दी गई हैं। इसी ढंग की गलती अगले दो उदाहरणों में भी दिखाई देती है—

(2) 'शोरी मियाँ इत्यादि संगीतकार और गायकों के हम चिर कृतज्ञ रहेंगे।—सुनीतिकुमार चाटुर्ज्या (निबंध संग्रह : कविवर तानसेन)।

(3) 'उनके गुण और दोषों की विवेचना'—काका साहब कालेलकर (निबंध संग्रह : प्राचीन साहित्य)।

कुछ लेखक बहुवचन के स्थान पर एकवचन का प्रयोग कर जाते हैं—

(4) 'इंगलैंड और अमरीका की अंग्रेजी में कुछ शब्दों में वर्तनी-भेद दोनों देशों में शब्द-विशेष के दो उच्चारण के कारण हैं।'

(5) 'जब दो (व्यक्ति या वर्ग) में बनती नहीं।'—भोलानाथ तिवारी (अच्छी हिन्दी कैसे बोलें, कैसे लिखें, पृ. 174)।

(6) 'आकाश के बीचोंबीच चंद्रमा अपनी सोलहों कला से चमक रहा था।' प्रेमचंद (फातिहा)।

(7) 'अकबर की दो राजधानी—आगरा और दिल्ली।'—सुनीतिकुमार चाटुर्ज्या (निबंध संग्रह : कविवर तानसेन)।

(8) 'दो महीना हुआ।'—भगवतीचरण वर्मा (प्रायश्चित)।

अब बहुवचन के गलत रूप का प्रयोग देखिए—

(9) 'विराम चिह्नों और उनका प्रयोग।'—भोलानाथ तिवारी (मानक हिंदी का स्वरूप : अनुक्रम)।

(10) 'झाड़-झंखाड़ों और कूड़ा-कर्कट।'—बनारसीदास चतुर्वेदी (साहित्य और जीवन : निबंध संग्रह) 239, 242।

(11) 'इन तीनों बरसों में पूरा वेतन तो कभी मिला नहीं।'—प्रेमचंद ('जुर्माना')।

(12) अब तनिक इस वाक्य पर विचार कीजिए, जो प्रेमचंद की 'फातिहा' कहानी से लिया गया है—

'मेरी लंबाई पूरी 6 फीट 9 इंच थी।'

विदेशी शब्दों के बहुवचन-रूप पर हम अपने विचार विस्तृत रूप से अपनी पुस्तक 'मानक हिंदी के संज्ञा प्रयोग' नामक अध्याय में दे चुके हैं। यहाँ हम केवल इतना कहेंगे कि 'फूट' का बहुवचन-रूप हिंदी व्याकरण के अनुसार 'फुट' अथवा 'फुटों' होगा, न कि 'फीट'।

इस संदर्भ में कुछ दिलचस्प उदाहरण—

(क) गुरु : सींक का बहुवचन बताओ।
शिष्य : झाड़ू।

(ख) गुरु : तिनके का बहुवचन क्या होगा ?
शिष्य : घोंसला।

(ग) गुरु : पाजामा किस प्रकार की संज्ञा है ?
शिष्य : पाजामा बड़ी विचित्र संज्ञा है। ऊपर से एकवचन, नीचे से बहुवचन।

4

कारक

एक वाक्य लीजिए—

'अध्यापक ने शिष्य को छड़ी से मारा।'

इस वाक्य में तीन संज्ञाएँ हैं : अध्यापक, शिष्य, छड़ी। एक क्रिया है : मारा। शेष तीन शब्द ये हैं : ने, को, से।

यदि ये शेष तीनों शब्द न रहें तो अन्य शब्द ये रहेंगे—अध्यापक, शिष्य, छड़ी, मारा। इस कथन का कोई अर्थ नहीं निकलेगा। अतः उपरिलिखित तीनों शब्दों —ने, को, से का मुख्य कार्य है किसी कथन को स्पष्ट करना। यदि इन शब्दों का प्रयोग न किया जाए तो उपरिलिखित कथन को वाक्य ही नहीं कह सकेंगे। ये शब्द वाक्य के भिन्न-भिन्न भागों को एक-दूसरे से विभक्त करते हैं, अतः इन्हें विभक्तियाँ कहते हैं और विभक्तियुक्त संज्ञाओं और सर्वनामों को पद कहते हैं। उपरिलिखित वाक्य में तीन पद हैं—

अध्यापक ने, शिष्य को, छड़ी से।

यों समझना चाहिए कि संज्ञाओं और सर्वनामों के वे रूप, जिनमें वे वाक्य में प्रयुक्त होते हैं, पद-संज्ञा कहलाते हैं। यही शब्द-रूप कारक भी कहलाते हैं।

उपरिलिखित तीनों पदों का संबंध 'मारा' क्रिया से है। अतः हम कह सकते हैं कि—

'कारक संज्ञा अथवा सर्वनाम के उस रूप को कहते हैं जो उसका क्रिया से संबंध व्यक्त करता है।'

विभक्तियों के प्रकार

विभक्तियाँ दो प्रकार की होती हैं—

(1) विश्लिष्ट।

(2) संश्लिष्ट।

(1) जो विभक्तियाँ शब्दों से अलग लिखी जाती हैं, विश्लिष्ट कहलाती हैं, जैसे—

राम ने, रावण को, कटोरे में, लड़की से (यहाँ ने, को, में, से विश्लिष्ट विभक्तियाँ हैं)।

(2) जो विभक्तियाँ शब्दों से सटाकर लिखी जाती हैं, संश्लिष्ट विभक्तियाँ कहलाती हैं, जैसे—

रे, ने, इ।

मेरे, हमारे, तुम्हारे : पिता जी आ रहे हैं।

अपने : घर जा रहा हूँ।

इसे (इस इ) : घर से निकाल दो।

हिंदी में मुख्य कारक छह माने गए हैं। सामान्यतः प्रत्येक कारक के साथ कोई-न-कोई विभक्ति-चिन्ह लगा रहता है। हम यहाँ विभक्ति-चिह्नों सहित छहों कारकों के उदाहरण देते हैं—

कारक	विभक्ति-चिह्न	प्रयोग
1. कर्ता	शून्य, ने	बालक बालिका को मारता है।
		बालक ने बालिका को मारा।

यह बात ध्यान देने की है कि यह 'ने' विभक्ति उस 'ने' विभक्ति से भिन्न है जो 'अपने' सर्वनाम में समाविष्ट है।

कारक	विभक्ति-चिह्न	प्रयोग
2. कर्म	शून्य, को	ब्राह्मण क्या बाँचता है ?
		उसने लड़की को गाली दी।
3. करण	से, के द्वारा	खुरपी से घास छील दो।
4. संप्रदान	को, के लिए	गरीब को दान दो।
		बहन के लिए पुस्तक ले आओ।
5. अपादान	से	पेड़ से पत्ता गिरा।
6. अधिकरण	में, पर	क्या घड़े में पानी है।
		चिड़िया पेड़ पर बैठी है।

उपरिलिखित तालिका से विभक्तियों के विषय में तीन बातें स्पष्ट हो जाती हैं—

(1) कर्ता और कर्म विभक्तियों के बिना भी प्रयुक्त होते हैं।

(2) विभक्तियाँ सदैव तत्संबंधी शब्दों के बाद प्रयुक्त होती हैं।

(3) विभक्तियों के रूप नहीं बदलते।

(1) कर्ता कारक

प्राचीन समय से यह परिपाटी चली आई है कि घर का जो कोई बुड्ढा होता था, वही घर के ऊपरी काम किया करता था, जैसे—नाज लाना, बच्चों के इलाज की व्यवस्था करना, मुकदमे लड़ना, तरकारी आदि की व्यवस्था करना। उक्त व्यक्ति, जो सामान्यतः घर का सबसे बड़ा पुरुष होता था, कर्ता कहलाता था। 'कर्ता-धर्ता' पद आज भी बहुत कुछ इसी अर्थ में चलता है।

कर्ता का अर्थ है 'करने वाला'। किसी वाक्य में संज्ञा अथवा सर्वनाम के जिस रूप से क्रिया के करने वाले का बोध होता है, उसे 'कर्ता कारक' कहते हैं।

लड़की स्कूल गई, भाई ने बहन को मारा, मैंने पुस्तक पढ़ी, जयकिशन ने चित्र फाड़ डाला, वह सो गया।

इन पाँचों वाक्यों में मुख्य काम—स्कूल जाना, मारना, पढ़ना, चित्र फाड़ना, सोना—क्रमशः लड़की, भाई, मैं, जयकिशन और 'वह' करते हैं। अतः ये पाँचों कर्ता कारक हैं।

(क) अकर्मक क्रियाओं के साथ प्रायः कोई विभक्ति नहीं आता, जैसे—लड़का आया, पड़ोसी नहा चुका, बच्ची खेल रही है।

(ख) विभक्तिरहित कर्ता की पहचान के लिए मुख्य क्रिया से पूछना चाहिए 'कौन'। उसका उत्तर ही कर्ता होगा। ऊपर दिए हुए वाक्यों में देखिए—

प्रश्न	उत्तर
कौन आया	लड़का
कौन नहा चुका	पड़ोसी
कौन खेल रहा है	बच्ची

(ग) सकर्मक क्रियाओं के कर्ता में भी वर्तमान और भविष्य काल में विभक्ति नहीं लगती, जैसे—

वह खाना खाता है, वह खाना खा रहा है, वह खाना खाएगा। लड़की पुस्तक पढ़ती है, लड़की पुस्तक पढ़ रही है, लड़की पुस्तक पढ़ेगी।

(घ) सकर्मक क्रियाओं में भी कुछ ऐसी हैं जिनके साथ कर्ता विभक्तिरहित आते हैं, जैसे—

बोलना—वह क्या बोला ?

बकना—पहलवान कुछ बक गया, उसे बकने दो।

समझना—वह न जाने क्या समझा ?

परंतु कभी-कभी इन क्रियाओं के साथ विभक्ति का प्रयोग हो भी जाता है, जैसे—

'उसने जाने क्या समझा कि वह गाली देने लगा।'

भूलना—मैं तो कल की बात भी भूल गया।

जानना—श्री कामताप्रसाद गुरु ने 'जानना' क्रिया को भी इसी वर्ग में रखा है। किंतु हम उनसे सहमत नहीं हैं। जानना के साथ बहुत बार 'ने' विभक्ति लगती है, जैसे—

(1) हमने जाना था कि हम इल्म से कुछ जानेंगे।
जाना तो जाना कि न जाना कुछ भी।।

(2) तेरे-मेरे बीच में कैसा है यह बंधन अनजाना।
मैंने नहीं जाना, तूने नहीं जाना।

(3) सकर्मक क्रियाओं के साथ सविभक्ति कर्ता का प्रयोग होता है, किंतु उसके लिए भी नपा-तुला-नियम है, जिसका विवेचन अगले अनुच्छेद में होगा।

सविभक्तिक प्रयोग

कर्ता कारक की मुख्य विभक्ति 'ने' है। यह सकर्मक क्रियाओं के भूतकाल में ही प्रयुक्त होती है, वह भी कुछ विशिष्ट स्थितियों में। भूतकाल के छः भेद हैं—

(1) सामान्य भूतकाल—उसने दान दिया, मैंने पुस्तक पढ़ी, लड़की ने गाना गाया।

(2) आसन्न भूतकाल—उसने दान दिया है, मैंने पुस्तक पढ़ी है, लड़की ने गाना गया है।

(3) पूर्ण भूतकाल - उसने दान दिया था, मैंने पुस्तक पढ़ी थी, लड़की ने गाना गाया था।

(4) अपूर्ण भूतकाल—वह दान दे रहा था, मैं पुस्तक पढ़ रहा था, लड़की गाना गा रही थी।

'वह दान देता था' जैसे प्रयोग भी इसी के अंतर्गत आते हैं।

(5) संदिग्ध भूतकाल—उसने दान दिया होगा, मैंने पुस्तक पढ़ी होगी, लड़की ने गाना गाया होगा।

(6) उसने दान दिया होता, मैंने पुस्तक पढ़ी होती। लड़की ने गाना गया होता।

हम देखते हैं कि अपूर्ण भूतकाल को छोड़कर शेष सबमें 'ने' का प्रयोग होता

है। इस बात को यों भी कह सकते हैं कि सकर्मक क्रिया के भूतकालिक कृदंत रूपों में कर्ता का प्रयोग विभक्तिसहित होता है।

कुछ ज्ञातव्य बातें

(क) कभी-कभी सकर्मक क्रियाओं के साथ 'ने' के अतिरिक्त अन्य विभक्तियाँ भी आती हैं, जैसे—

(1) मुझे बाजार से सौदा लाना है। कैलाश को दवा पीनी है।

(2) राम से तो यह काम होने से रहा। उसे आता ही क्या है।

(ख) श्री कामताप्रसाद गुरु ने अपने 'हिंदी व्याकरण' में लिखा है कि नहाना, छींकना, खाँसना आदि अकर्मक क्रियाओं के भूतकालिक कृदंत से बने हुए कालों के साथ सप्रत्यय कर्ता कारक आता है। उदाहरण के लिए उन्होंने ये वाक्य दिए हैं—

हमने अभी नहाया है। तुमने क्यों छींका। हमने सो लिया।

हम जानते हैं कि कुछ लोग ऐसे प्रयोग करने लगे हैं, परंतु ये प्रयोग शिष्ट नहीं हैं।

स्वतंत्र कर्ता

गुरुजी अपने व्याकरण में लिखते हैं—जिस संज्ञा या सर्वनाम का वाक्य के किसी शब्द से संबंध नहीं रहता अथवा जो केवल पूर्वकालिक अथवा अपूर्ण क्रिया-द्योतक—कृदंत से संबंध रखता है और कर्ता कारक में आता है उसे स्वतंत्र कर्ता कहते हैं। हिंदी में इस स्वतंत्र कर्ता कारक का प्रयोग अधिक नहीं होता। कभी-कभी क्रियार्थक संज्ञा के साथ भी स्वतंत्र कर्ता आता है, जैसे—

मालवे पर गुजरात वालों का अधिकार होना सिद्ध है।

गुरुजी ने इस परिभाषा के पश्चात स्वतंत्र कर्ता के कई उदाहरण दिए हैं, जिनमें से चार इस प्रकार हैं—

(1) इस भगवती की कृपा से सब चिंताएँ दूर होकर बुद्धि निर्मल हुई।

इस वाक्य के दो स्वतंत्र टुकड़े किए जा सकते हैं—

(क) 'इस भगवती की कृपा से सब चिंताएँ दूर हो गईं' और

(ख) 'बुद्धि निर्मल हुई'।

पहले वाक्य में पूर्वकालिक कृदंत आया है। इस वाक्य को हम शुद्ध मानते हैं।

(2) रात बीतकर आसमान के किनारों पर लाली दौड़ आई थी।

(3) इससे आहार पचकर उदर हल्का हो जाता है।

इन दोनों वाक्यों में भी वही बात है। दूसरे वाक्य में रात बीत गई और लाली दौड़ गई, यह दोनों वाक्य एक-दूसरे से स्वतंत्र हैं। इसी प्रकार तीसरे वाक्य

में भी आहार पच गया, और उदर हल्का हो गया। इससे भी दोनों कर्ता, आहार और उदर एक-दूसरे से बिलकुल अलग हैं।

इस वाक्य को हम अशुद्ध मानते हैं। यदि इसके दो टुकड़े किए जाएँ तो इस प्रकार होंगे—

कोयला जल गया और कोयला राख भई।

दोनों के कर्ता एक ही हैं और कोयला पुल्लिग है, भई स्त्रीलिंग। इसे हम स्वतंत्र कर्ता का उदाहरण नहीं मान सकते। इस वाक्य का शुद्ध रूप होगा—कोयला जल भया राख। अर्थात कोयला जलकर राख हो गया। यह सीधे-सीधे वाक्य का उदाहरण है। इसका कर्ता कोयला है। इसमें स्वतंत्र कर्ता का कोई प्रश्न ही नहीं है।

(2) कर्म कारक

संज्ञा अथवा सर्वनाम के जिस रूप पर क्रिया का फल पड़ता अथवा समाप्त होता है, उसे कर्म कारक कहते हैं, जैसे—

सिपाही ने गुंडे को गाली दी।
कृष्ण जी ने कंस को मारा था।
वह मेरा भेद खोल देगा।

इन वाक्यों में 'गाली देना' का फल गुंडे पर पड़ता है, 'मारा' का कंस पर और 'खोल देगा' का भेद पर। अतः गुंडा, कंस और भेद कर्म कहलाएँगे।

(1) कर्म कारक भी विभक्तिरहित और विभक्तिसहित दोनों रूपों में प्रयुक्त होता है, जैसे—

पुष्पा रोटी पकाती है।
नंदन चित्र देख रहा है।
वह साँप को मार रहा है।
भिखारी को आटा दे दो।

(2) द्विकर्मक क्रिया में मुख्य कर्म विभक्तिरहित ही प्रयुक्त होता है, जैसे—

माँ बेटी को आशीर्वाद देती है।
भाई ने बहन को टीका भेजा।
कल मुझे छोटे भाई को एक पत्र लिखना है।

(3) प्रेरणार्थक क्रिया में भी मुख्य कर्म विभक्तिरहित ही प्रयोग में आता है, जैसे—

वह इतनी छोटी लड़की से पानी भरवाती है।
मोहन ने होटल से रोटी मँगवाई।

उसने चोर के हंटर लगवाए।

यह बात ध्यान देने योग्य है कि उपरिलिखित दोनों अवस्थाओं में मुख्य कर्म बेजान वस्तु होता है। किंतु हम यह सार्वत्रिक नियम नहीं बना सकते कि बेजान वस्तु में सदैव विभक्तिरहित कर्म का ही प्रयोग होता है, जैसे—

मैं उसके चित्र को देखकर हक्का-बक्का रह गया।

न हम यही नियम बना सकते हैं कि सजीव प्राणियों के लिए सदैव विभक्ति का प्रयोग होता है, जैसे—

'क्या तुमने कुर्ता पहने हाथी देखा है?'

श्री ओमप्रकाश शर्मा ने सकर्मक क्रियाओं के प्रयोग के लिए तीन वाक्य उदाहरणस्वरूप दिए हैं—

(1) वो फिल्म देखता है।
(2) मैं घर जाऊँगा।
(3) गीता ने खाना खाया था।

इन वाक्यों में से पहले और तीसरे तो ठीक हैं। पहले में देखने का फल फिल्म है। तीसरे में खाना क्रिया का फल भोजन अर्थात 'खाना' है। परंतु दूसरे वाक्य की क्रिया को हम सकर्मक कदापि नहीं मान सकते। पहले और तीसरे वाक्यों को हम कर्मवाच्य रूप में रख सकते हैं, जैसे—फिल्म उसके द्वारा देखी जा रही है और भोजन (अर्थात खाना) गीता के द्वारा खाया जा रहा है। किंतु दूसरे वाक्य को हम इस रूप में नहीं रख सकते—घर मेरे द्वारा जाया जा रहा है।

सविभक्तिक प्रयोग

(क) कर्म कारक की मुख्य विभक्ति 'को' है, जैसे—

राम ने उक्त संस्था को दान दिया।

क्या तुमने कल मुझे (मुझ को) सिनेमा में बैठे देखा था?

(ख) कभी-कभी 'को' के अतिरिक्त अन्य विभक्तियाँ भी कर्म कारक रूप में प्रयुक्त होती हैं, जैसे—

(1) वह दुष्टों से घृणा करती है। तुमने उससे क्या कह दिया जो उसने बोलना ही बंद कर दिया। मुझसे ही कहे जा रहे हो, कुछ उससे भी तो कहो।

(2) उसने मुझे गाली दी।

वास्तव में ये विभक्ति 'को' से भिन्न नहीं है, क्योंकि 'मुझे' भी 'मुझको' का ही रूपांतर है।

श्री ओमप्रकाश शर्मा ने एक अन्य उदाहरण दिया है, वो मुझसे बता गई थी।

स्पष्ट है कि यह उदाहरण गलत है, क्योंकि यहाँ 'मुझसे' के बदले 'मुझको' होना चाहिए।

(3) शर्मा जी लिखते हैं कि—

> वाक्य में विभक्तिरहित कर्म की पहचान के लिए वाक्य की मुख्य क्रिया से 'क्या' अथवा 'कहाँ' (आधार, आधेय संबंधरहित की स्थिति में) तथा विभक्तिसहित के लिए 'किसको' (देना क्रिया को छोड़कर) प्रश्न करने चाहिए। उत्तर कर्म ही होगा।

शर्मा जी ने कई उदाहरण दिए हैं, जिनमें से दो इस प्रकार हैं—

वाक्य	प्रश्न	उत्तर
पिता जी हरिद्वार गए हैं।	कहाँ गए हैं ?	हरिद्वार।
सीता घर गई है।	कहाँ गई है ?	घर।

हम शर्मा जी से सहमत नहीं हैं। 'क्या' और 'किसको' के उत्तर तो कर्म कारक होंगे। परंतु 'कहाँ' का उत्तर कर्म कारक नहीं हो सकता। वह तो स्थानवाचक क्रिया-विशेषण होगा। अतएव उपरिलिखित दोनों उदाहरण गलत मालूम देते हैं।

गुरुजी ने कर्म कारक के ये उदाहरण दिए हैं—

लड़का चिट्ठी को पढ़ता है।
चित्र को बनाओ।

हमारे विचार में इन दोनों वाक्यों में 'को' अनावश्यक ही नहीं, भद्दा भी है। हाँ, इस ढंग के वाक्य क्षम्य हो जाएँगे, जैसे—

लड़का चिट्ठी को पढ़ता है।
तार को फाड़ देता है।

गुरुजी के दो अन्य उदाहरण ये हैं—

हस्तिनापुर को चलिए।
वह कचहरी को नहीं आया।

इन दोनों वाक्यों में भी 'को' अनावश्यक है।

गुरुजी का एक अन्य उदाहरण है—

वह गाँव में रात रहा।

यह बहुत ही बेढंगा वाक्य है। इसके शुद्ध रूप ये हो सकते हैं—

वह पिछली रात गाँव में रहा।
वह रात तो गाँव में रहा, सवेरे उठते ही चल दिया।

(3) करण कारक

जब हम कोई क्रिया करते हैं तो सामान्यतः किसी साधन से काम लेते हैं। संज्ञा अथवा सर्वनाम के जिस रूप से साधन का बोध होता है, उसे 'करण कारक' कहते हैं।

हम आँखों से देखते हैं, कानों से सुनते हैं, नाक से सूंघते हैं, जीभ से चखते हैं। यह सब साधन मात्र हैं और पद 'आँखों से, कानों से, नाक से, जीभ से'—ये सब करण कारक हैं। ये सब तो हमारी ज्ञानेंद्रियाँ हैं—हमारे शरीर के अंग हैं। इनके अतिरिक्त संसार की कोई भी वस्तु 'करण' बन सकती है।

उसने खुरपी से घास छीली। यहाँ 'खुरपी से' करण कारक है। पुलिस ने चोर को हंटर से मारा। 'हंटर से' करण कारक है। नृसिंह भगवान ने नाखूनों से हिरण्यकश्यप का पेट चीर दिया। यहाँ 'नाखूनों से' करण कारक है। भीम ने हाथों से जरासंध के शरीर के दो टुकड़े कर दिए। यहाँ 'हाथों से' करण कारक है।

कुछ लोगों की यह आदत होती है कि खाने के बाद एक सींक लेकर उससे दाँतों को कुरेदते हैं। इस प्रकार जो अन्न-कण दाँतों में फँस जाते हैं, निकल जाते हैं। उक्त सींक को 'खरका' कहते हैं।

एक मजाकिया व्यक्ति अपने आपको बड़ा भारी हँसोड़ समझता था। वह किसी दूसरे नगर में गया तो जानना चाहा कि इस नगर का हँसोड़ कौन है। उसका पता पूछकर उसके घर पहुँचा, यह सोचकर कि उसे मात देंगे। वह तो घर पर नहीं था, उसका पुत्र निकलकर आया। घर के बाहर एक नीम का पेड़ था। वह हँसोड़ व्यक्ति उक्त नीम की ओर संकेत करके उस युवक से बोला, "मेरे पिताजी को नीम की दातुन करने की आदत है। तुम्हारी अनुज्ञा हो तो यह नीम उखाड़कर ले जाऊँ।"

युवक बोला, "यों तो मुझे कोई आपत्ति नहीं है किंतु यदि तुम नीम का पेड़ उखाड़कर ले जाओगे तो पिताजी खरका काहे से करेंगे।"

हँसोड़ व्यक्ति उल्टे पैरों लौट आया।

करण कारक का प्रयोग बहुत व्यापक है। इसमें इच्छा, विधि, क्रम, कारण, दशा आदि सबका समावेश हो जाता है। जहाँ कहीं 'से' का प्रयोग होता है, अधिकतर करण कारक पाया जाता है। हम यहाँ कुछ उदाहरण देते हैं—

(1) धैर्य से काम लो।

(2) यह बात उससे मत कहना।

(3) तुम्हें आम खाने से मतलब है या पेड़ गिनने से।

(4) अब तो रोगी से पानी भी नहीं पिया जाता।

(5) ध्यान से सुनो तो समझ में आए।

कभी-कभी करण कारक की विभक्ति का लोप हो जाता है, जैसे—

(क) दूधो नहाओ, पूतो फलो।

(ख) अब तो भूखों मरने की नौबत आ गई।

(ग) पुस्तक हाथों-हाथ बिक गई।

(घ) दुर्योधन मेरे हाथों ही मारा जाएगा। —भीम (महाभारत में)

कभी-कभी 'से' के बदले कुछ अन्य विभक्तियाँ भी करण विभक्ति का काम दे देती हैं, जैसे—

(1) पत्र रजिस्ट्री द्वारा भेजना।

(2) धर्म किसके सहारे टिका हुआ है।

(3) आँखों देखी बात कहो, कानों सुनी मत कहो।

(4) डूबने वाले को तिनके का सहारा काफी है।

(5) तुमने बदले हमसे गिन-गिन के लिए।
हम कहाँ बैठे थे इस दिन के लिए?
झाड़नी है कौन से गुल की नजर?
बुलबुलें फिरती हैं जो तिनके लिए॥

(6) ईमान से कहता हूँ।

(7) मुझको आँखों से अब नहीं दिखता।
स्वप्न भी देखता हूँ ऐनक से॥

(4) संप्रदान कारक

'संप्रदान' का अर्थ है 'प्रदान करना' अर्थात् देना, चाहे द्रव्य के रूप में हो, चाहे विद्या के रूप में, चाहे उपकार के रूप में। हम किसी के लिए कोई काम कर देते हैं, वह भी एक प्रकार का दान ही है। उदाहरण—

पिता ने पुत्र को पुस्तक दी।
उसने रोगी के लिए बहुत पैसा खर्च किया है।
मास्टर साहब बच्ची को पढ़ाते हैं।

उपरिलिखित तीनों वाक्यों के कर्ता (पिता, उसने, मास्टर) किसी को कुछ देता है अथवा किसी के लिए कोई काम करता है। अतः 'पुत्र को', 'रोगी के लिए', 'बच्चों को'—ये तीनों संप्रदान कारक हैं।

(क) संप्रदान कारक की मुख्य विभक्ति 'को' है। परंतु यथावसर 'के लिए', 'के वास्ते' अथवा 'के निमित्त' का प्रयोग भी हो जाता है। यों 'मुझ

को' का छोटा रूप 'मुझे' और 'तुझको' का छोटा रूप 'तुम्हें' तो है ही। इसी प्रकार 'हमें', 'उसे', 'उन्हें' को भी समझिए।

(ख) प्रथम पुरुष में 'मेरे लिए' अथवा 'हमारे लिए' का प्रयोग होता है, मध्यम पुरुष में 'तुम्हारे लिए', 'तेरे लिए' अथवा 'आपके लिए' निज-वाचक में 'अपने लिए'।

(ग) यह बात ध्यान देने योग्य है कि 'को' संप्रदान कारक की विभक्ति तभी कहलाती है जब 'देना' क्रिया के साथ प्रयुक्त होती है, अन्यथा कर्म कारक की विभक्ति ही कहलाती है। 'बच्चे को एक पुस्तक दे दो' में 'को' संप्रदान कारक की विभक्ति है, किंतु 'लड़के को पीटो' में कर्म कारक की विभक्ति है।

(घ) द्विकर्मक क्रिया में कर्म के साथ संप्रदान कारक की विभक्ति आती है। 'ब्राह्मण को दक्षिणा दे दो' में 'को' संप्रदान की विभक्ति है, किंतु ब्राह्मण को धता बता दो में कर्म कारक की है।

श्री कामताप्रसाद गुरु ने अपने हिंदी-व्याकरण में 'कर्म कारक' के अंतर्गत ये उदाहरण दिए हैं—

कर्म पूर्ति—

अहल्या ने गंगाधर को दीवान बनाया।
मैंने चोर को साधु समझा।
राजा ब्राह्मण को गुरु मानता है।

यहाँ तक तो ठीक है, किंतु उपरिलिखित पहले दो वाक्य संप्रदान कारक के अंतर्गत इस रूप में दिए हैं—

अपूर्ण सकर्मक क्रिया के मुख्य कर्म में—अहल्या ने गंगाधर को दीवान बनाया। और मैंने चोर को साधु समझा।

ये दोनों उदाहरण 'संप्रदान कारक' के अंतर्गत देना गलत दिखाई देता है। ये तो कर्म कारक ही हैं। इसके अतिरिक्त और भी कई वाक्य दिए हैं, जो सब कर्म कारक के अंतर्गत आने चाहिए। मानना पड़ेगा कि यहाँ गुरु जी चूक गए हैं।

(च) 'लगना' क्रिया से कई पद बनते हैं, जो संप्रदान कारक के अंतर्गत ही आते हैं, जैसे—

जाड़ा लगना, भीड़ लगना, अच्छा लगना, बुरा लगना।
अच्छे लगते हैं—यह मौसम, यह नदिया, यह रैना—और ?
और तुम !

तुम्हारे शहर का मौसम बड़ा सुहाना लगे।
मैं एक शाम चुरा लूं अगर बुरा न लगे।

(छ) इस ढंग के प्रयोग भी संप्रदान कारक के अंतर्गत ही माने जाते हैं, जैसे—

बुड्ढा हो गया, हो बुद्धि न आई।
उसके तीन संतानें हुईं।
बुढ़ापे में पुत्र हुआ भी तो क्या हुआ।

(ज) कुछ और प्रयोग—

मत भूल मुसाफिर तुझे जाना ही पड़ेगा।
अभी बाजार से सौदा लाना है।
तुम्हारा क्या, तुम्हें तो राह दे देते हैं काँटे भी।
मगर हम खाकसारों को बड़ी तकलीफ होती है।

(5) अपादान कारक

संज्ञा, सर्वनाम आदि के जिस रूप से अलग होने का भाव पाया जाता है, उसे अपादान कारक कहते हैं, जैसे—

पेड़ से आम गिर पड़ा।
चोर दुकान से दूर भाग गया।

(1) हटने, निकलने, तुलना करने, लजाने, सीखने, डरने आदि का भाव भी अपादान कारक के अंतर्गत आता है।

(2) अपादान कारक की मुख्य विभक्ति 'से' है जो करण कारक की विभक्ति 'से' से भिन्न है। कभी-कभी अन्य विभक्तियाँ भी अपादान में प्रयुक्त होती हैं।

उदाहरण :

(क) अमृत कलश समुद्र से निकला था।
(ख) गंगा गंगोत्री से निकलती है।
(ग) पृथ्वी अपनी कक्षा से हटती जा रही है।
(घ) दीवार से सटकर मत बैठो।
(ङ) इनमें से कौन-सी पुस्तक तुम्हें पसंद है ?
(च) बढ़िया-सी चटनी निकालकर अलग रख दो।
(छ) जरा-सी चींटी से डर गए।
(ज) सच बात से डरना कैसा।

(झ) मैं जाऊँगा तो बहू मुझसे लजाएगी नहीं।
(ञ) अपनों से क्या लजाना।
(ट) आगरे से कलकत्ता बहुत दूर है।
(ठ) स्कूल से घर कितनी दूर है ?
(ड) मेरा पैसा तुम्हारे पैसे से अलग नहीं है।
(ढ) वह मुझसे अलग-थलग रहता है।
(ण) जो सीखना है, किसी विशेषज्ञ से सीखो, अनाड़ी से मत सीखो।
(त) कल से आठ घंटे रोज पढ़ा करूँगा।
(थ) चलो, आज से सिगरेट छोड़ी।
(द) बकरी जान से गई, मांसाहारी को स्वाद न आया।
(ध) वह तो सवेरे से संध्या तक गाली बकता रहता है।
(न) वामन अवतार ने तीन चरण भूमि में राजा बलि का सारा राज्य ले लिया।

(6) अधिकरण कारक

संज्ञा अथवा सर्वनाम के जिस रूप से क्रिया के आधार का ज्ञान होता है, उसे अधिकरण कारक कहते हैं। उक्त आधार स्थान, समय अथवा अवसर आदि का हो सकता है, जैसे—

स्थान :

वह लॉन में गेंद खेल रहा है।
गगरे में पानी भर दो।

समय :

दो दिन में क्या से क्या हो गया।
दो दिन में ज्वर उतर गया।

अवसर :

समय पर वर्षा हो जाती तो अकाल तो न पड़ता।
अब इसमें भी कोई झगड़े की बात है।

अधिकरण कारक की विभक्तियाँ मुख्यतः 'में' और 'पर' हैं।

(1) 'में' का सबसे सार्विक प्रयोग आधार या अधिकरण के रूप में होता है, जो तीन प्रकार का होता है—

(क) अभिव्यापक आधार उसे कहते हैं जिसके प्रत्येक भाग में आधेय विद्यमान रहता है, जैसे—

शर्बत में चीनी, पुष्प में सुगंध, आकाश में नीलिमा।

(ख) औपश्लैषिक आधार वह होता है जिसके किसी एक भाग में आधेय रहता है, जैसे—

दूल्हा बेदी में बैठता है।
बच्चे को झूले में सुला दो।
चिड़िया घोंसले में या हवा में उड़ रही है।

एक साक्षात्कर्ता किसी प्रत्याशी से झल्लाकर बोला, "तुम तो बात करना भी नहीं जानते। किसी के घर में पले हो या अस्तबल में।"

इतना सुनते ही प्रत्याशी रोने लगा। साक्षात्कर्ता ने पूछा, "क्या बात है ?"

वह बोला, "आपका अनुमान ठीक है। मेरे पिताजी ईंटों के भट्टे चलाते थे। उनके अस्तबल में सैकड़ों गधे थे। मैं उसी में पला हूँ।"

साक्षात्कर्ता ने पूछा, "परंतु रोने का क्या कारण है ?"

वह बोला, "जब कभी मैं किसी गधे को रेंकता हुआ देखता हूँ, मुझे अपने अस्तबल की याद आ जाती है।"

(ग) विषयाधार उसे कहते हैं जिससे विषय का बोध होता है, जैसे—

इस समय तो काम में लगा हूँ, थोड़ी देर में आना।
उसमें यही तो एक दोष है।

एक व्यक्ति (भिखारी से) : "हट्टे-कट्टे दिखाई देते हो। भीख क्यों माँगते हो। कोई काम-धंधा क्यों नहीं करते।"

भिखारी : "इसी धंधे में दिन बीत जाता है। बिलकुल फुर्सत नहीं मिलती।"

(2) (क) मेल अथवा अंतर : आजकल तो दोनों में खूब छन रही है।

(ख) हम में, तुम में है भेद यही, हम नर हैं, तुम नारायण हो।
हम हैं संसार के हाथों में, संसार तुम्हारे हाथों में।

(3) मोल :

यह मकान कितने में मिला और बेचोगे कितने में ?

गुरु जी अपने 'हिंदी व्याकरण' में इस संबंध में तीन उदाहरण देते हैं—

(क) मैंने बीस रुपए में गाय ली।
(ख) मैंने बीस रुपए को गाय ली।
(ग) मैं बीस रुपए की गाय ली।

गुरु जी लिखते हैं कि पहले वाक्य से कुछ दामों का बोध होता है, दूसरे वाक्य से अधिक दामों का, तीसरे वाक्य से उचित दामों का बोध होता है।

हम गुरु जी से सहमत नहीं हैं। पहला वाक्य बिलकुल स्वाभाविक और ठीक है। दूसरा वाक्य गलत दिखाई देता है। तीसरा वाक्य भी प्रचलित तो नहीं है। हाँ, यदि कोई पूछे कि यह गाय कितने की है, तो कह सकते हैं कि 'बीस रुपए की है।' तिस पर भी यह कोई बढ़िया प्रयोग नहीं कहलाएगा।

(4) **कारण :**

वह क्रोध में लाल हो गया।
जुए में तो हार-जीत लगी ही रहती है।
वे तो बेटे के गम में मर गए।

इस पद में गुरु जी ने एक उदाहरण यह भी दिया है : 'बातों में उड़ाना'। हमारे विचार में यह उदाहरण गलत है। यह उदाहरण विषयाधार के अंतर्गत आना चाहिए।

(5) **निर्धारण :**

कक्षा में कौन-सा विद्यार्थी सबसे आगे है ?
धनुर्धारियों में अर्जुन सर्वश्रेष्ठ था।

(6) **मानसिक स्थिति :**

किस फेर में पड़े हो।
क्या रोगी होश में आ गया।

इसी पद के अंतर्गत गुरु जी ने यह वाक्य भी दिया है :

लड़के चैन में हैं।

हमारे विचार में यह वाक्य प्रचलन में नहीं है।

'में' और 'पर' के प्रयोग इतने अधिक और व्यापक हैं कि उन्हें नियमबद्ध करना कठिन है। हम कितनी ही सावधानी से नियम बनाएँ, उनके ढेरों अपवाद निकल आएँगे। हमने अपनी पुस्तक 'मानक हिंदी' के 'विभक्ति प्रयोग' नामक अध्याय में इस विषय का विस्तृत विवेचन किया है। इसके अतिरिक्त विभक्तियों के गलत प्रयोग के दर्जनों उदाहरण भी दिए हैं। यहाँ हम 'पर' के केवल कुछ विशेष प्रयोग देते हैं—

(1) **समय :**

गाड़ी 2 बजकर 10 मिनट पर आएगी ।
कल ठीक समय पर आ जाना ।

(2) **दूरी :**

हर कोस पर एक निशान है ।
आगे जाने पर एक कुआँ मिलेगा ।

(3) **विरोध :**

हमारा जाना न हुआ, पर न हुआ ।
वह तो कटे पर नोन भी नहीं छिड़कता ।

(4) **अधिकता :**

आदमी पर आदमी गिरा पड़ता था ।
दिन पर दिन रोगी की दशा बिगड़ती जाती है ।

(5) **नियमपालन :**

वह अपने बाप पर पड़ा है ।
तुम अपनी बात पर रहो तो तुम्हारा भरोसा करें ।

कुछ ज्ञातव्य बातें

कुछ लेखक उपरिलिखित 6 कारकों के अतिरिक्त दो अन्य पदों को भी कारक मानते हैं : संबंध कारक और संबोधन कारक । परंतु वास्तव में ये दोनों कारक नहीं हैं । हमने कारक की परिभाषा यह दी है कि "जो शब्द संज्ञा अथवा सर्वनाम का संबंध क्रिया से जोड़ते हैं, वे कारक कहलाते हैं ।" परंतु हमारी परिभाषा के अनुसार उक्त दोनों प्रकार के पद कारक नहीं कहला सकते ।

जब हम कहते हैं कि सिपाही का पुत्र चला गया तब इस वाक्य में 'सिपाही का' पद, सिपाही का संबंध पुत्र से दिखाता है । उसका 'चला गया' क्रिया से कोई प्रत्यक्ष संबंध नहीं है । इसी प्रकार जब हम कहते हैं कि दशरथ के पुत्र राम थे, तो इस वाक्य से 'दशरथ के' पद का संबंध राम से जुड़ता है, 'थे' क्रिया से नहीं जुड़ता । अतः यह पद कारक की परिभाषा में नहीं आता ।

विभक्तियाँ अवश्य होती हैं । अर्थात् लिंग, वचन आदि के अनुसार बदलती नहीं । मुख्य तथा कथित संबंध विभक्तियाँ का, रा, ना होती हैं । जैसे—भरत का, तुम्हारा, अपना । यह तीनों तत्संबंधी शब्दों के लिंग और वचन के अनुसार बदल जाती हैं, जैसे—

उसका लड़का, उसके लड़के, उसकी लड़की ।
तेरा पिता, तेरी बेटी, तेरे चाचा ।
अपना ग्रंथ, अपने बाल, अपनी खाट ।

इस कारण पंडित किशोरीदास वाजपेयी का, रा, ना आदि को संबंध विभक्ति नहीं मानते । इन्हें संबंध प्रत्यय कहते हैं। उनके विचार में तत्संबंधी विभक्तियाँ के, रे, ने हैं जो लिंग, वचन आदि के अनुसार नहीं बदलतीं, जैसे—

दशरथ के तीन बेटे थे।
मेरे एक पुत्री है।
तेरे पास कै मकान हैं ?
अपने पास क्या रखा है।

और भी देखिए—

प्रथम पुरुष :

मेरे चार गउएँ हैं।
हमारे तीन मकान हैं।

मध्यम पुरुष :

तेरे पास तो एक कोठरी भी नहीं है।
तुम्हारे पत्र में क्या लिखा है।

निजवाचक :

आपके पास भी अपार धन है, अपने पास तो एक धेला भी नहीं।

इस विषय में हम वाजपेयी जी से पूर्णतया सहमत हैं। वास्तविक कारक 6 ही होते हैं।

संबोधन प्रत्यय :

संबोधन पदों के ये रूप होते हैं—
ओ, अरे, ए, एजी, अजी, हे, अबे ।

कभी-कभी संबोधन के लिए अकेली संज्ञा का भी प्रयोग होता है, जैसे—

'जानकी, इधर आओ।'
'बेटी, हमारी बात मान लो।'
'पंडित जी, अब तो जो हो गया सो हो गया।'

कभी-कभी बिना संज्ञा के भी संबोधन पद प्रयुक्त हो जाते हैं, जैसे—

'अबे, मेरी भी तो सुन ले।'
'हाँ जी, तो मैं ये कह रहा था।'

इन संबोधन प्रत्ययों में कारकों जैसी तो कोई बात है ही नहीं, अतएव इनकी गिनती कारकों में क्यों की जाए।

इस संदर्भ में दो दिलचस्प उदाहरण—

—एक लड़के ने हमारे पेड़ से आम तोड़ लिया। यह कौन-सा कारक हुआ?

उत्तर—हानिकारक।

—मान लीजिए आप किसी युवती से हँस-हँसकर बातें कर रहे हैं, और सामने से आपकी पत्नी आ जाए, तो यह कौन-सा कारक होगा?

उत्तर—अनर्थकारक।

क्रिया-प्रयोग

1

क्रिया की परिभाषा

ईश्वर ने मनुष्य को पाँच कर्मेंद्रियाँ दी हैं। मनुष्य सदैव इनसे कोई-न-कोई काम लेता ही रहता है। इस काम का ही नाम 'क्रिया' है। चलना, फिरना, सोना, जागना, सूंघना—ये सब क्रियाएँ हैं।

राम दौड़ता है। कुत्ता रोटी ले भागा। वह कलकत्ता जाएगा। लड़की हँस रही है। बच्चा रोता चला गया। ये सब क्रियाओं के ही उदाहरण हैं। मनुष्य जब तक जागता रहता है, कोई-न-कोई ऐच्छिक कार्य या व्यापार करता रहता है। 'व्यापार' का मौलिक अर्थ है, 'वह कार्य जिसमें कोई प्राणी संलग्न हो।' गाय घास खाती है। घास खाना उसका व्यापार है।

यह तो रहे ऐच्छिक क्रिया-कलाप। इनके अतिरिक्त अनैच्छिक क्रिया-कलाप भी होते हैं। जम्हाई लेना, छींकना, रोना—बहुत कुछ अनैच्छिक ही होते हैं, किंतु ये भी क्रियाएँ ही हैं क्योंकि इनमें क्रियाओं के सारे लक्षण विद्यमान हैं : आरंभ, गति, अंत। मनुष्य सोते, जागते, बैठते क्रियाएँ तो करता ही रहता है।

भगवान कृष्ण ने गीता के तीसरे अध्याय में कहा है—

> नहि कश्चित्क्षणमपि जातु तिष्ठत्य कर्म कृत:।
> कार्यं ते वश: कर्म सर्व: प्रकृति जैर्गुणे ।।

अर्थात्, सर्वथा कर्मों का त्याग हो भी नहीं सकता, क्योंकि कोई भी पुरुष किसी काल में क्षणमात्र भी बिना कर्म किए नहीं रहता। नि:संदेह सभी पुरुष प्रकृति से उत्पन्न हुए गुणों द्वारा परवश हुए कर्म करते हैं।

यहाँ 'कर्म' का अर्थ 'व्याकरणिक कर्म' नहीं है, वरन कोई भी काम, व्यापार अथवा क्रिया-कलाप। मनुष्य जब सोता रहता है, तब प्रत्यक्ष रूप से तो कोई काम नहीं करता, किंतु उसकी साँस तो चलती ही रहती है। साँस लेना भी तो क्रिया ही है।

आगे चलकर 22वें श्लोक में भगवान कृष्ण कहते हैं—

नमे पार्थास्ति कर्त्तव्य त्रिषु लोकेषु किंचन।
नानवारतम वाप्तव्यं वर्त एव च कर्मणि।।

अर्थात्, यद्यपि मुझे तीनों लोकों में कुछ भी कर्तव्य नहीं है तथा किंचित भी प्राप्त होने योग्य वस्तु अप्राप्त नहीं है, तो भी मैं कर्म में ही बर्तता हूं।

सार्वत्रिक गुरुत्वाकर्षण एक विलक्षण बल है। सारे विश्व में प्रत्येक वस्तु एक दूसरे को एक विशिष्ट नियम के अनुसार अपनी ओर खींचती है। जब किसी पेड़ से पका फल टूटता है, तो पृथ्वी की ओर ही आता है। आकाश की ओर उड़कर नहीं जाता। पृथ्वी सदैव उसे अपनी ओर खींचती रहती है। पेड़ की डाली जब तक रोक सकती है, रोके रहती है। जब फल पककर भारी हो जाता है या फल और डाल का संधि-स्थल कमजोर पड़ जाता है, तब पृथ्वी का गुरुत्व डाली की पकड़ पर हावी हो जाता है और उसे अपनी ओर खींच लेता है। और यह गुरुत्व बल इतना विचित्र है कि किसी बाधा को स्वीकार नहीं करता। यदि पेड़ के नीचे कोई मेज रखी हो तो फल डाली से टूटकर मेज पर आन पड़ेगा, क्योंकि पृथ्वी का गुरुत्व बल मेज में संचरित हो जाता है। यदि हम रेल में हों तो रेल के फर्श में भी वही गुरुत्व बल आ जाएगा जो पृथ्वी में है। जो भी वस्तु पृथ्वी के सम्पर्क में आएगी, गुरुत्व बल उसी में व्याप्त हो जाएगा। कमरे के फर्श में, छत पर, कुतुबमीनार की चोटी में भी वही बल व्याप्त रहेगा।

हम हवा में एक कंकड़ फेंकते हैं। जब तक उसमें ऊर्जा रहेगी, वह हवा में उड़ती रहेगी, तत्पश्चात् पृथ्वी पर लौट आएगी। वह कितनी देर तक वायु में उड़ती रहेगी और कितने ऊँचे जाएगी, यह फेंकने वाले के हाथ की शक्ति पर निर्भर है।

एक लोटे में पानी भर लीजिए और उसकी गर्दन में रस्सी बाँध दीजिए। फिर रस्सी का सिरा हाथ में लेकर उसे घुमाइए। यदि आप काफी जोर से रस्सी को ऊपर-नीचे की दिशा में घुमाते जाएँ, पानी लोटे से गिरने नहीं पाएगा।

ऐसा नहीं है कि कंकड़ और पानी के लोटे पर गुरुत्व बल काम नहीं करता। वह तो बराबर क्रियाशील रहता है किंतु हम उसे कृत्रिम शक्ति देकर गुरुत्व को काम नहीं करने देते।

जब वायुयान उड़ता है, देखने में उसका संपर्क पृथ्वी से टूट जाता है, परंतु पृथ्वी का गुरुत्व बल उस पर बराबर कार्य करता रहता है। जिस प्रकार पानी के लोटे को हमारी रस्सी अपनी ओर खींचे रहती है, उसी प्रकार वायुयान गुरुत्व बल की अदृश्य रस्सी से बंधा रहता है, परन्तु हमने मशीनों द्वारा उसे ऐसा बल प्रदान कर दिया है कि उसे गिरने नहीं देता।

हम संसार के किसी कोने में चले जाएं, गुरुत्वाकर्षण से छुटकारा नहीं पा सकते। विज्ञान हमें बताता है कि पृथ्वी और चंद्रमा के बीच लगभग 4600 किलोमीटर की दूरी पर एक ऐसा बिंदु आता है जिस पर पृथ्वी और चंद्रमा के गुरुत्व बल बराबर हो जाते हैं। यदि कोई वस्तु उस बिंदु पर पहुँच जाए तो वह गतिहीन हो जाएगी, अर्थात् स्थिर हो जाएगी। यदि उक्त स्थान से जरा-सी नीचे रहेगी तो पृथ्वी पर आ गिरेगी और जरा-सी उस पार जाएगी तो चंद्रमा पर जा गिरेगी।

इसी प्रकार का 'बल' है कर्म बंधन। हम संसार के किसी भी कोने में चले जाएँ, कर्मों से छुटकारा नहीं मिल सकता। यदि हम सो भी रहे हों, तो भी साँस तो लेना ही पड़ेगा। प्रत्येक कर्म में कोई-न-कोई क्रिया होना अनिवार्य है। विश्व की कोई भी वस्तु पूर्ण रूप से निष्क्रिय नहीं है। जो कोई वस्तु प्रत्यक्ष रूप से निष्क्रिय होती है, वह भी सर्वथा गतिहीन नहीं होती। मान लीजिए हम रेल में बैठे जा रहे हैं। एक व्यक्ति पृथ्वी पर खड़ा है। हमारे विचार से वह स्थिर है और हम गतिशील हैं। इसका केवल यह अर्थ हुआ कि उस व्यक्ति के सापेक्ष हम गतिमान हैं और हमारे सापेक्ष वह स्थिर है। यों समझिए कि पृथ्वी के सापेक्ष रेल गतिमान है।

एक जहाज समुद्र में जा रहा है। उसके डेक पर एक चौघड़िया (पहिएदार सीढ़ी) रखी हुई है। सीढ़ी पर एक खलासी चढ़ रहा है। एक दूसरा कर्मचारी चौघड़िया को मस्तूल की ओर ले जा रहा है। खलासी के शरीर में कई प्रकार की गति हो रही है।

(i) सीढ़ी के डंडों पर चढ़ने की गति, ऊपर की ओर।

(ii) चौघड़िया की गति के साथ खलासी भी मस्तूल की ओर जा रहा है—उक्त गति।

(iii) स्वयं जहाज की गति।

(iv) समुद्र की लहरों की गति। उक्त गति के साथ-साथ जहाज चौघड़िया और खलासी को लिए-दिए एक ओर को खिसक रहा है।

(v) पृथ्वी की अपने अक्ष पर घूर्णन गति।

(vi) पृथ्वी की सूरज के चारों ओर परिक्रमण गति।

(vii) विज्ञान हमें बताता है कि हमारा सौर मंडल सूरज, पृथ्वी, ग्रहों आदि को लिए-दिए बड़े वेग से एक ओर दौड़ा जा रहा है।

क्रिया का अपना कोई रूप नहीं होता, परंतु उसका प्रभाव नाना रूपों में दिखाई पड़ता है। हवा हमें दिखाई नहीं देती किंतु जब तेज चलती है तब पेड़ों

के पत्ते हिलते हुए दिखाई पड़ते हैं। ऊपर हमने बड़े-बड़े गतिमान कार्यों (Bodies) के उदाहरण दिए हैं, किंतु क्रिया छोटे-से पदार्थों में भी हो सकती है। लड़के एक लट्टू में डोरी लपेटकर उसे घुमाते हैं। आरंभ में तो लट्टू घूमता हुआ दिखाई देता है, परंतु जब उसकी परिभ्रमण गति बहुत तेज हो जाती है, तब उसमें कोई गति परिलक्षित नहीं होती, वह स्थिर-सा दिखाई पड़ता है। बोल-चाल की भाषा में हम कहते हैं कि 'लट्टू सो गया।'

रामलीला के दिनों में आतिशबाजियाँ छोड़ी जाती हैं, जिनमें से एक का नाम 'चरखी' होता है। यों तो उसके कई भाग होते हैं, किंतु जब वह घूमती है तो उसका कोई भी भाग दिखाई नहीं पड़ता। चरखी एक चमकते हुए सितारे का रूप धारण कर लेती है।

परमाणु की संरचना में एक नाभि होती है। नाभि के केंद्र पर दो प्रकार के कण होते हैं, प्रोटॉन और न्यूट्रॉन। परिधि पर एक अन्य प्रकार के कण होते हैं जिन्हें इलेक्ट्रान कहते हैं। वैज्ञानिकों का अनुमान है कि वे नाभि के चारों ओर कल्पनातीत वेग से चक्कर काटते हैं। उनका वेग इतना तीव्र होता है कि सबसे शक्तिशाली सूक्ष्मदर्शी से भी ठीक-ठीक पता नहीं चल पाता।

चलना, फिरना, उठना, बैठना, खाना, पीना, नाचना, कूदना ये सब सामान्य क्रियाएँ हैं। वास्तव में ये सब तो केवल शब्द हैं। जिन कामों अथवा व्यापारों का ये प्रतिनिधित्व करते हैं, वे क्रियाएँ हैं। ये शब्द तो 'क्रिया पद' कहलाते हैं, किंतु सुविधानुसार व्याकरणिक भाषा में इन शब्दों को भी 'क्रियाएँ' कहते हैं।

उपरिलिखित क्रियाएँ तो सामान्य हैं। कुछ विशिष्ट क्रियाएँ ऐसी होती हैं जिनमें थोड़ी-बहुत प्रवीणता प्राप्त करनी होती है। जब हम कोई ताला खोलना चाहते हैं तो ताले में कोई विशिष्ट ताली डालकर एक निर्दिष्ट दिशा में घुमाना पड़ता है। जब हम कोई तरकारी पकाते हैं तो पहले उसे काटकर टुकड़े करते हैं। फिर उसमें विशिष्ट मात्रा में निर्दिष्ट मसाले डालते हैं। फिर निर्दिष्ट समय तक उसे आग पर रखते हैं। तभी तरकारी तैयार होती है। ऐसी क्रियाओं में थोड़ा-बहुत प्रशिक्षण भी प्राप्त करना होता है। इसीलिए इनको 'प्रक्रियाएँ' कहते हैं। कुछ प्रक्रियाओं में तो वर्षों का प्रशिक्षण आवश्यक होता है जैसे इंजन-चालक का काम, कार की मरम्मत का काम, इंजीनियरी आदि। ये सब तकनीकी विज्ञान कहलाते हैं। जब किसी के घर में कोई शुभ कार्य होता है जैसे मुंडन, जनेऊ, देवकाज आदि तो सदैव कुछ पूजा होती है, छोटा-मोटा हवन होता है, बाल कटाए जाते हैं, ये सब क्रियाएँ हैं।

जब किसी के घर में कोई मौत होती है, तो मुर्दे को नहलाया जाता है, अर्थी बाँधी जाती है, शव को जलाया जाता है। फिर कई दिन तक ऐसे कार्य-कलाप

होते हैं जैसे गंगा-स्थान, पिंड-दान, ब्राह्मण-भोज। ये सब मिलाकर 'अंत्येष्टि-क्रिया' कहलाते हैं, जिनका समापन तेरहवें या चौदहवें दिन होता है जिसमें मुख्य रूप से दान किया जाता है। उक्त समापन कार्य का तकनीकी नाम 'क्रिया' पड़ गया है।

जब मुर्दा जलाया जाता है, तब शरीर के और सब अवयव तो जल्दी जल जाते हैं, पर सिर सबसे सख्त अंग होता है जिसमें अधिक देर लगती है। तब उसे एक बाँस से ठकोरकर जलाया जाता है। उक्त क्रिया को 'कपाल क्रिया' कहते हैं। अब 'कपाल क्रिया' एक मुहावरा बन गया है, जिसका अर्थ है 'सिर पर करारी चोट करना।'

चंद्रधर शर्मा गुलेरी ने अपनी प्रसिद्ध कहानी 'उसने कहा था' में लिखा है : "·······दो फायरों ने साहब की कपाल-क्रिया कर दी।" यहाँ इस वाक्य का अर्थ केवल इतना है कि साहब को सिर पर दो गोली मारकर भून दिया।

अभी तक हमने केवल भौतिक अथवा शारीरिक क्रियाओं का ही उल्लेख किया है। कुछ क्रियाएँ मानसिक भी होती हैं। जब कोई लड़का स्कूल में गणित पढ़ना आरंभ करता है, सबसे पहले उसे अंकगणित की मूलभूत क्रियाएँ जोड़ना, घटाना, गुणा करना, भाग देना सिखाई जाती हैं। छोटा-मोटा गुणा-भाग तो हम मन में ही कर लेते हैं। यहाँ तक तो ये क्रियाएँ मानसिक हैं। परंतु जब हम कागज-पेंसिल लेकर इनको लिखित रूप देने लगते हैं, तब यही क्रियाएँ भौतिक हो जाती हैं। याद करना, सोचना, मन में रटना, चुपचाप पढ़ना—ये सब मानसिक क्रियाएँ हैं—कम-से-कम प्रमुख रूप से मानसिक क्रियाएँ हैं। परंतु जब हम बोल-बोलकर पढ़ते हैं, या लिखते हैं तब यही क्रियाएँ भौतिक हो जाती हैं।

इससे आगे बढ़कर एक क्रिया आती है 'विचार पठन' (Thought reading)। कुछ लोग एक दूसरे से हजारों किलोमीटर की दूरी पर बैठे हों, परंतु एक-दूसरे के मन की बात जान लेते हैं। एक व्यक्ति मरने वाला है। वह अपने एक बहुत ही प्रिय को संदेशा देना चाहता है। उक्त व्यक्ति को बिना किसी प्रयत्न के संदेशा मिल जाता है। इस प्रक्रिया को दूरबोध (Telepathy) कहते हैं। और यदि वह अपने मित्र को दर्शन देना चाहता है तो ठीक मरने के समय उसके मित्र को उसके दर्शन भी हो जाते हैं। उक्त घटना को दूरदर्शन (Television) कहते हैं। इस संबंध में हमारी यह पुस्तक पठनीय है : **'भटकती आत्माएँ'** (हिंदी प्रचारक संस्थान)।

उक्त पुस्तक में हमने इस प्रकार की बीसियों सच्ची घटनाओं का उल्लेख किया है।

सुनते हैं कि प्राचीन समय में बहुत से ऋषि एक-दूसरे से सैकड़ों किलो-

मीटर पर बैठे-बैठे बात कर लिया करते थे। इस संदर्भ में उर्दू का एक शेर उल्लेख्य है :

नजर मिली भी न थी और उनको देख लिया।
जुबाँ खुली भी न थी और बात भी कर ली।।

धृतराष्ट्र प्रज्ञाचक्षु थे, अतः महाभारत की गतिविधि स्वयं देख नहीं सकते थे। उन्हें सारा हाल संजय सुनाता जाता था। जब वह कहता था कि इस समय अर्जुन संसप्तकों से लड़ रहा है, तो यह दूरदर्शन का प्रयोग कर रहा था, किंतु जब यह कहता था कि युधिष्ठर यह सोच रहा है, तब विचार-पठन की प्रक्रिया से काम लेता था। आधुनिक विज्ञान अभी उक्त प्रक्रिया तक नहीं पहुँच पाया है।

लगभग 70 वर्ष पहले की बात है। एक व्यक्ति ने हमें रामायण की कथा सुनाई थी। सीता-हरण के प्रसंग में उन्होंने कहा था कि रावण सीता को आकाश-मार्ग से ले गया। हम लोगों को विश्वास नहीं हुआ। हमने सोचा कि कोई आकाश में किसी वाहन को कैसे ले जाएगा। आज हम अपनी आँखों से देख रहे हैं कि सैकड़ों क्विटल का वायुयान चील की भाँति आकाश में उड़ जाता है। अतः आज 'आकाश-मार्ग' की कल्पना असंभव तो नहीं रह गई है।

किंतु हमारा विज्ञान आज तक जितने भी वाहन बना पाया है, सब यांत्रिक शक्ति से ही चलते हैं। किंवदंती है कि प्राचीन समय में कुछ वाहन इच्छा-शक्ति से चला करते थे और जिस 'रथ' पर रावण सीता को ले गया था, वह भी इसी प्रकार का था। हम नहीं कह सकते कि इस किंवदंती में सत्य का अंश कितना है, किंतु हमें यह बात असंभव दिखाई नहीं देती। आज भी ऐसे व्यक्ति, गिने-चुने ही सही, विद्यमान हैं जो केवल इच्छा-शक्ति से कुछ वस्तुओं को गति प्रदान कर देते हैं, कुर्सी पर बैठे हुए व्यक्ति को कुछ दूर ऊपर हवा में टाँग देते हैं, कुछ वस्तुएँ शून्य में से उत्पन्न कर देते हैं। हम यह मानते हैं कि ऐसे दृष्टांतों में बहुत-से धोके-धड़ी के होते हैं। किंतु यदि एक प्रतिशत भी सच्चे हों तो विज्ञान के पास उनका क्या उत्तर है।

हम देखते हैं कि संसार में हमारे चारों ओर कर्मों और क्रियाओं का साम्राज्य है। यदि मनुष्य थोड़ी देर के लिए भौतिक क्रियाएँ छोड़ भी दे तो मानसिक क्रियाएँ तो करनी ही होंगी। यदि मानसिक क्रियाएँ भी न कर पाए तो मनुष्य पागल हो जाए। इसीलिए भगवान कृष्ण कहते हैं कि सदैव कर्म करता रह। शून्य मस्तिष्क में शैतान का बास होता है। उर्दू का एक शेर है :

खाली न बैठ, कुछ किया कर।
कपड़े उधेड़ कर सिया कर।।

यही यह सोचकर कानून के निर्माताओं ने 'एकांत कारावास' के बड़े-बड़े नियम बनाए हैं। किसी को भी तीन महीने से अधिक का एकांत कारावास नहीं दिया

जाता और वह भी कई टुकड़ों में। एक किश्त में किसी को भी एक या दो सप्ताह से अधिक एकांत कारावास में नहीं रखा जाता और बीच-बीच में बंदी की चिकित्स-कीय जाँच भी कराई जाती है—यह देखने के लिए कि उसका शरीर और मस्तिष्क ठीक दशा में है या नहीं।

क्रिया की पुरानी परिभाषा यह थी कि 'जिस पद से किसी काम का करना या होना द्योतित होता है, उसे क्रिया कहते हैं।'

बच्ची खेल रही है, शिक्षक पढ़ाता है, वह दौड़ेगा, उसने सोचा। इन चारों कथनों में किसी-न-किसी काम का करना पाया जाता है।

पानी बरस रहा है, मटका फूट जाएगा, पिछली होली यहीं बीती थी, लड़के ने पाठ याद कर लिया। इन चारों कथनों में किसी बात का होना पाया जाता है। ये सब क्रियाओं के उदाहरण हैं। पहले वाक्य में 'खेल रही है', चौथे में 'सोचा', पाँचवें में 'फूट जाएगा', छठे में 'बीती थी' क्रिया पद हैं।

किंतु अब क्रिया का अर्थ व्यापक हो गया है।

'मैदान में पेड़ खड़ा है, बच्चे के सिर में चोट आई है, राणाप्रताप महान योद्धा थे।' इन वाक्यों की क्रियाओं में किसी काम का करना या होना नहीं पाया जाता, वरन हम किसी वस्तु की स्थिति बतला रहे हैं, अथवा किसी घटना का उल्लेख कर रहे हैं, अथवा किसी बात की सूचना दे रहे हैं। जिस पर भी व्याकर-णिक दृष्टि हो हम उन्हें भी क्रियाएँ ही मानते हैं। अतः हमें क्रिया की परिभाषा इस प्रकार करनी होगी—

"जिस शब्द के द्वारा किसी व्यक्ति, वस्तु, घटना अथवा स्थिति के विषय में कोई बात कही जाए, उसे क्रिया कहते हैं।"

2

वाक्य की परिभाषा

एक छोटा-सा वाक्य लीजिए—लोमड़ी दौड़ी। इसके दो भाग हैं—लोमड़ी और दौड़ी। स्पष्ट है कि 'दौड़ी' एक क्रिया है। इस क्रिया को करने वाली है लोमड़ी। अतः लोमड़ी को कर्ता कहेंगे।

'कर्ता' का अर्थ है (काम) करने वाला। प्रत्येक गृहस्थी में सामान्यतः एक मुड्ड होता है जो घर के विविध कार्य करता है। बाजार से सौदा लाना, आवश्यकतानुसार बच्चों को स्कूल में प्रवेश दिलाना, कोई रोगी हो तो वैद्य को बुलाना और दवाई को व्यवस्था करना। उक्त व्यक्ति को घर का 'कर्ता' कहते हैं। यह नाम बड़ा सार्थक है क्योंकि वही तो घर का कर्ता-धर्ता है। इसी के सादृश्य पर वाक्य के दो भाग किए जाते थे—कर्ता और कार्य।

अधिकतर वाक्यों में तो आसानी से पता चल जाता है कि कर्ता कौन है और कार्य क्या है। उदाहरण—

लड़की पानी पी रही है। शेर ने बकरी को दबोच लिया। पुलिस चोर को छोड़ेगी नहीं।

पहले वाक्य में 'लड़की' कर्ता है और 'पानी पी रही है' कार्य। परंतु कुछ वाक्यों में यह कहना कठिन होता है कि 'कर्ता' किसे कहें और कार्य किसे, जैसे—

खेत के बीचो-बीच बबूल का पेड़ खड़ा है। आलू 2 रुपए किलो है। यह बाँस 3 मीटर लंबा है।

इन वाक्यों में कोई 'कार्य' हो ही नहीं रहा, फिर 'कर्ता' किसे कहें।

एक कथन और लीजिए—मुझे चटनी पसन्द है। क्या इस वाक्य में 'मैं' को कर्ता कह सकते हैं? मान लीजिए हम कहते हैं कि पसन्द करने वाला तो मैं ही हूँ, अतः 'मैं' कर्ता हुआ। पर इन कथन में क्या कहेंगे—'चटनी बड़ी स्वादिष्ट है।'

इसी प्रकार 'मेज पर पुस्तक पड़ी है'—इस कथन में 'कर्ता' किसे कहेंगे ?

वाक्य की अनेक परिभाषाएँ दी गई हैं,—जैसे—

(i) भाषा की ऐसी इकाई को 'वाक्य' कहते हैं, जिसके द्वारा कोई बात कही गई हो।

(ii) ऐसा पद-समूह जो किसी पूर्ण विचार को व्यक्त करे, वाक्य कहलाता है।

(iii) वक्ता के कथन का पूरा-पूरा आशय प्रकट करने वाले सार्थक शब्द-समूह के मेल को वाक्य कहते हैं।

(iv) कथन की किसी सार्थक, पूर्ण, स्वतंत्र इकाई को वाक्य कहते हैं।

यों तो कोई भी परिभाषा पूर्ण संतोषजनक नहीं हो सकती, फिर भी परिभाषा (iv) को अब बहुत-से वैयाकरण मानने लगे हैं। अगला प्रश्न है—वाक्य के कौन-कौन से अवयव होते हैं। उपरिलिखित से स्पष्ट है कि वाक्य का 'कर्ता-कार्य' विभाजन तो बहुत ही लचर है। अब अधिकतर वैयाकरण वाक्य का विभाजन 'उद्देश्य' और 'विधेय' के रूप में करते हैं। वाक्य में जब किसी व्यक्ति, वस्तु अथवा बात के विषय में कुछ कहा जाता है, अथवा विधान किया जाता है तो उस व्यक्ति, वस्तु अथवा बात को 'उद्देश्य' कहते हैं और जो बात कही जाती है, उसे 'विधेय' कहते हैं।

'छुट्टियाँ बीत गईं'—इस वाक्य में 'छुट्टियाँ' उद्देश्य है और 'बीत गईं' विधेय।

उद्देश्य सामान्यत: संज्ञा या सर्वनाम होता है और विधेय में कम-से-कम एक क्रिया अवश्य होती है। इनके अतिरिक्त किसी वाक्य में अन्य शब्द-भेद भी हो सकते हैं जो कर्म, कर्म-विस्तार, क्रिया-विस्तार, उद्देश्य-विस्तार कहलाते हैं।

'सवेरे की डाक गाड़ी बड़े वेग से पुल पर जा रही है।' इस वाक्य में अवयव इस प्रकार हैं—

डाक गाड़ी—उद्देश्य।
सवेरे की—उद्देश्य-विस्तार।
जा रही है—क्रिया।
बड़े वेग से—क्रिया-विस्तार।
पुल पर—कर्म।
बड़े वेग से पुल पर जा रही है—विधेय।

एक वाक्य और लीजिए—मजदूरों की टोली नीम के पेड़ को काट रही है। इस वाक्य के अवयव निम्नलिखित हैं—

टोली—उद्देश्य।

मजदूरों की—उद्देश्य-विस्तार।

काट रही है—क्रिया।

पेड़ को—कर्म।

नीम के—कर्म-विस्तार।

नीम के पेड़ को काट रही है—विधेय।

वाक्य का कोई निश्चित परिणाम नहीं हुआ करता। वह एक शब्द का भी हो सकता है और कई पन्ने का भी। ये एक-शब्दी वाक्य हैं—

आ, जा, खा, ले, उठो, बैठो, चलो, फिरो।

ये द्विशब्दी वाक्य हैं—

चले आओ, वह गया, आने दो, भंडा फूटा।

'कादम्बरी' में एक-एक वाक्य कई-कई पन्ने तक चलता है।

अब तनिक इस वार्तालाप पर ध्यान दीजिए—

मां जी !
कहो, बहू रानी !
आज काहे की दाल बनेगी ?
अरहर की।
क्या चावल भी बनाना है ?
नहीं।

ये छह कथन हैं, किन्तु ये सब-के-सब वाक्य कहलाने योग्य नहीं हैं। केवल दूसरे, तीसरे और पांचवें है। पहला तो केवल संबोधन है। चौथे वाक्य में कोई विधेय नहीं है। किंतु उसका पूर्ण रूप यह होगा—अरहर की दाल बनेगी। अब इसमें विधेय स्पष्ट हो गया। छठे वाक्य का यह रूप होगा—नहीं, चावला नहीं बनाना है। अब इसमें उद्देश्य और विधेय दोनों स्पष्ट हो गए।

जिस कथन में उद्देश्य और विधेय हों ही नहीं—न स्पष्ट रूप में, न प्रच्छन्न रूप में, उसे औपचारिक वाक्य नहीं माना जाता।

उपरिलिखित पहला कथन ऐसा ही है। अधिकतर गालियां ऐसे ही अनौपचारिक कथन होती हैं, जैसे—

ओ, औंधी खोपड़ी।

ओ, अंधे की औलाद।

बहुत-सी कहावतें भी अनौपचारिक कथनों के रूप में होती हैं, यद्यपि उन्हें शब्द जोड़कर औपचारिक वाक्य का रूप दिया जा सकता है, जैसे—

नाच न जानूं, आँगन टेढ़ा।

नाना के घर नन्साल की बातें।

सामान्यत: व्याकरण की पुस्तकों में औपचारिक वाक्यों पर ही विचार किया जाता है।

3

वाक्य के अपेक्षित गुण

वाक्य में क्या गुण होने चाहिए, इस विषय में वैयाकरण एकमत नहीं हैं। किंतु अधिकतर वैयाकरण यह मानते हैं कि वाक्य के अत्यावश्यक गुण ये हैं—सार्थकता, शक्यता, पूर्णता, पदक्रम, अन्वय।

अब हम इन गुणों पर विस्तारपूर्वक विचार करेंगे।

(1) सार्थकता

वाक्य का कुछ-न-कुछ अर्थ होना चाहिए। पागल जो दिन-भर प्रलाप किया करते हैं, उनका कोई अर्थ नहीं हुआ करता। किंतु यहाँ तात्पर्य उस प्रकार के प्रलाप से नहीं है। हमारा मतलब यह है कि कोई वाक्य केवल शब्द-समूह नहीं होता। उसमें शब्द-क्रम होता है, संगति होती है, तारतम्य होता है। मान लीजिए कोई कहता है—

'गिलहरी चील ली पकड़ ने' तो इसका कोई अर्थ न निकलेगा। और यदि कहे कि—

'ने ली गिलहरी पकड़ चील,' तो यह कथन भी निरर्थक ही रहेगा।

किंतु यदि कहे कि—

'चील ने गिलहरी पकड़ ली,' तो मतलब बिलकुल स्पष्ट हो जाएगा।

अटपटे वाक्य

वाक्य ऐसा होना चाहिए कि पढ़ते ही पाठक की समझ में आ जाए कि लेखक क्या कहना चाहता है। कुछ लेखक ऐसे वाक्य लिखते हैं कि पाठक को उनके पढ़ते ही उनमें खटक दिखाई देती है। ऐसे वाक्यों में या तो कोई व्याकरणिक गलती

होती है या किसी अनुपयुक्त शब्द का प्रयोग होता है। हम यहाँ कुछ उदाहरण देते हैं—

(1) हिंदी की यह बड़ी प्रसिद्ध विभक्ति है जिससे अहिंदीभाषी बड़े-बड़े विद्वानों ने भी परेशानी प्रकट की है।

—किशोरीदास वाजपेई : हिंदी व्याकरण, पृष्ठ 6

(2) अगर खुदा मुझ से अभी तक नाराज है, अभी तक नापाक हूँ तभी ऐसा होगा कि मेरी वजह से किसी से बेजा काम हो सके।

—जैनेंद्र की कहानियाँ, छठा भाग

(3) पहले तो कहीं जाओ ही क्यों, और अगर चल भी पड़े और पहुँच ही गए तो फिर वहाँ से आ जाना क्यों जरूरी हो जाना चाहिए।

—जैनेंद्र (इक्के में)

(4) तो उन दिल्ली वालों से मैं अनायास ही बड़ा हो जाता हूँ।

(5) वह इन बातों को अच्छा नहीं जानता था, पर स्त्री को बड़ा प्यार करता था।

—जैनेंद्र (पानवाला)

(6) क्या अपने को तुझे सौंपकर तुझसे नहीं प्रार्थना की।

—जैनेंद्र की कहानियाँ, छठा भाग (साधु का हठ)

(7) जो शांति फकीर के आने या चाहने पर टूट जाए, वह मजबूत काफी नहीं हुई, इसलिए उसकी कितनी कीमत हो सकती है।

(8) विचारों की लड़ाई में वही सफल होता है जिसकी दृष्टि जीवन की गहराई में पकड़ती है।

—महादेवी वर्मा : संभाषण (49)

जटिल वाक्य

कुछ लेखक ऐसे बोझिल वाक्य लिखते हैं जिनका अर्थ समझना कठिन होता है। उनकी अस्पष्टता या तो दुरूह शब्दों के कारण होती है या उलझी हुई संरचना के कारण। ऐसी स्थिति अधिकतर लंबे-लंबे वाक्यों में आती है। लेखकों को चाहिए कि यथासाध्य छोटे-छोटे वाक्य लिखा करें। भारी-भरकम वाक्यों में पाठक इस प्रकार फँस जाता है मानो जंगल में मार्ग भूल गया हो। हम यहाँ ऐसे जटिल वाक्यों के कुछ उदाहरण देते हैं। हम यह मानते हैं कि अटपटे, बोझिल और जटिल वाक्यों की विभेदक रेखाएँ बहुत क्षीण हैं। बहुत से वाक्य ऐसे भी होते हैं जो इनमें से एक से अधिक वर्गों में रखे जा सकते हैं।

(क) लेकिन क्रोधोन्मत्त का न्याय क्रोधशून्य के लिए, सदा जबरदस्त और

स्पष्ट अन्याय ही है। मूर्छाग्रस्त और प्रमत्त व्यक्ति के लिए, इसलिए दया और क्षमा ही प्रकृत न्याय है। —जैनेंद्र की कहानियाँ, छठा भाग (साधु का हठ)

(ख) तुम्हें देखकर वह अपने बस में न रहे और कुछ कर बैठे, तो इससे तुम्हें क्या फायदा होगा, और उन पर पाप चढ़ेगा। —वही

(ग) और इसी तरह कुँवर राजकुमारी को प्यार करता होगा, और कुण्ड के किनारे मिलने आता होगा, और उसी की बातें पलाशों ने सुन रखी हैं और हवा को सुनाते हैं। —अज्ञेय : ये तेरे प्रतिरूप

(घ) इस 'ा' और 'ो' का भेद एक के खड़ी रहने और दूसरी का लचीला या मधुर होने में बहुत कुछ कारण है।

—किशोरीदास वाजपेयी : ब्रजभाषा का व्याकरण (96)

(ङ) वह मेरे न जाने की कल्पना से इतनी प्रसन्न नहीं होती जितनी अपनी साथ न जा सकने की संभावना से अपमानित।

—महादेवी वर्मा : स्मृति की रेखाएँ (15)

(च) वहाँ कोई छोटा-से-छोटा काम करने वाला भी इतना अभागा नहीं होता कि बड़े काम करने वालों से ऐसा पारिवारिक संबोधन न पा सके।

—वही (102)

(छ) माध्यमिक शिक्षा की स्थिति भी इससे भिन्न नहीं, अनिश्चित उसकी भी रूपरेखा को अस्पष्ट बनाए हुए हैं। (46)

(ज) ब्रजभाषा, बुंदेली, कन्नौजी आदि में भी बहुत कुछ इसी प्रकार की अमानकताएँ मिलती हैं। कुछ बोली विशेष की मानकताएँ भी होती हैं।

—भोलानाथ तिवारी : मानक हिंदी का स्वरूप (112)

(झ) रामानंद का शिष्यत्व उनके हिंदू धार्मिक सिद्धांतों का कारण था और जुलाहे के घर पालित होना तथा शेख तकी आदि सूफियों का सत्संग उनके मुसलमानी विचारों से परिचित होने का कारण था।

—रामकुमार वर्मा : कबीर का रहस्यवाद (73)

(ञ) जो कुछ उन्होंने देखा अथवा जाना है, उसको प्रकाशित करने के लिए प्रतिदिन के व्यवहार की भाषा में कोई शब्द नहीं है और कम-से-कम क्या वे तर्क या न्याय की विचार-शृंखला के साधनों अथवा वाक्यांशों से अपने विचारों के पर्याप्त प्रदर्शन की आशा रख सकते हैं। —वही (81)

स्पष्टता के सिद्धांतों से एक निष्कर्ष यह भी निकलता है कि वाक्य यथासाध्य द्विअर्थी न हो। बच्चे कभी-कभी एक दूसरे से यह प्रश्न किया करते हैं कि 'क्या

तुमने कुर्ता पहने हाथी देखा है ?" इसका सीधा-सादा अर्थ तो यह हुआ कि "क्या तुमने ऐसा हाथी देखा है जो कुर्ता पहने हो ?" किंतु अब इसी वाक्य को इस रूप में लिखो—

क्या तुमने, कुर्ता पहने, हाथी देखा है ?

इसका अर्थ यह हुआ कि "क्या तुमने कुर्ता पहनकर हाथी देखा है ?"

इसी ढंग का एक द्विअर्थी वाक्य यह है—"बुढ़िया भीतर गई।"

इसका दूसरा रूप है—"बुढ़िया भी तर गई।"

ऐसे वाक्यों का विशेष महत्त्व नहीं है, क्योंकि सामान्यत: कोई ऐसे वाक्यों का प्रयोग नहीं करता। अलबत्ता ऐसे वाक्य पहेलियों के रूप में प्रयुक्त होते हैं। खुसरो की पहेलियाँ प्रसिद्ध हैं। हम उनमें से केवल एक यहाँ देते हैं—

एक नार तरुवर से उतरी, सिर पर वाके पाँव।
ऐसी नार, कुनार को मैं न देखन जाऊँ॥

इस पहेली का उत्तर है 'मैना नाम की चिड़िया।' पहली पंक्ति को इस रूप में लिखने से उलझन सुलझ जाती है—

एक नार तरुवर से उतरी,
सिर, पर, वाके पाँव।

एक पहेली और—

खाते नहीं, पर खाते हैं।
बेसन की नहीं बनाते हैं।

इस पहेली का उत्तर है 'अशरफी'। यह इसे इस रूप में लिखने से स्पष्ट हो जाएगा—

खाते नहीं, परखाते हैं।
वे सन की नहीं बनाते हैं।

(2) शक्यता

यदि कोई कहे कि उसने एक बिल्ली को हवा में उड़ते हुए देखा था, जिसकी पूंछ से [illegible] हाथी लटकता जा रहा था, तो कोई इस बात पर विश्वास नहीं करेगा। उक्त वाक्य व्याकरणिक दृष्टि से शुद्ध है क्योंकि इसमें उद्देश्य और विधेय दोनों विद्यमान हैं और वाक्य का मतलब साफ समझ में आ रहा है। परंतु हम जानते हैं कि बिल्ली हवा में उड़ नहीं सकती, और न वह हाथी का भारी बोझ उठा सकती है। यह बात दूसरी है कि बिल्ली की शक्ल का गुब्बारा बना हो और हाथी की आकृति का कोई कागज का खिलौना उससे लटक रहा हो। किंतु ऐसे विशेषित अर्थ पर तो हम इस समय ध्यान नहीं दे रहे हैं। सामान्यत: हम यही कहेंगे कि

उक्त वाक्य में शक्यता की कमी है।

इस ढंग के बहुत से उदाहरण शेखचिल्ली और लाल बुझक्कड़ की कहानियों में मिल जाएँगे। परंतु हम एक दृष्टांत तुलसीकृत 'रामचरितमानस' से देते हैं। प्रसंग है धनुष यज्ञ का। जब बहुत से योद्धा जोर लगाकर हार गए, और शिव-धनुष को तिल-भर भी न सिरका पाए, तब—

भूप सहस दस एकहि बारा।
लगे उठावन, टरइ न टारा ॥

इस चौपाई का शाब्दिक अर्थ तो यह है कि 'दस हजार राजा एक साथ धनुष पर जुट गए, तब भी धनुष को खिसका नहीं पाए।' पर यदि यही इस चौपाई का अभिप्राय है तो सोचने की बात यह है कि धनुष कितने योजन लंबा था जिस पर दस हजार व्यक्ति एक साथ जोर लगा सकें, और वह भवन कितना बड़ा था जिसमें उक्त धनुष रखा हुआ था। वह हॉल भी असाधारण ही रहा होगा जिसमें दस हजार राजा एक साथ बैठे थे।

मानना पड़ेगा कि इस चौपाई में कल्पना की उड़ान है, कवित्वमय भाषा है, काव्य अत्युक्ति है। 'सहस' का एक अर्थ 'अत्यधिक' भी है। लेखक का आशय यह है कि कई-कई राजा एक साथ जुट गए, फिर भी धनुष को हिला नहीं पाए।

हम अपने जीवन में बहुत बार अत्युक्तियों का प्रयोग करते हैं। यहाँ ऐसे ही कुछ दृष्टांत देते हैं—

(क) आगरे के लालकिले में पत्थर का एक बड़ा-सा हौज रखा हुआ है जिसका व्यास कई मीटर है। एक नकली प्रदर्शक ने हमें बताया था कि 'इस प्याले में तानसेन भंग पिया करता था।' पता नहीं तानसेन एक बार में कै मन भंग पीता था।

(ख) पिता (पुत्र से)—'मैं तुम्हें लाखों बार बता चुका हूँ कि अत्युक्ति नहीं करनी चाहिए।'

(ग) पति (पत्नी से)—'मैं आधे घंटे से कह रहा हूँ कि तुरंत नीचे उतर आओ तो सैर को चलें।'

पत्नी—'मैं एक घंटे से कह रही हूँ कि 1 मिनट में उतरती हूँ।'

(घ) बचपन में एक बुढ़िया ने हमें बताया था कि आकाश में जो तारे दिखाई देते हैं, ये मरे हुए लोगों की आँखें हैं।

इस बात को सुनने के बाद मैंने कई दिन तक यह पहचानने का प्रयत्न किया

था कि कौन-से तारे मेरी दादी की आँखें हो सकती हैं, जो कुछ दिन पहले ही मरी थीं।

(ङ) रामचरितमानस में धनुष-यज्ञ का प्रसंग। जब राजा जनक ने कहा कि पृथ्वी वीरों से खाली है, तो लक्ष्मण जी की क्रोधाग्नि भड़क उठी। वे बोले : यह धनुष क्या चीज है ? मैं चाहूँ तो—

कमल नाल जिमि चाप चढ़ावों।
जोजन सत प्रमाण लैधावों।

अर्थ—'धनुष को कमल की डंडी की तरह चढ़ाकर, उसे सौ योजन तक दौड़ा लिए चला जाऊँ।'

यहां तक तो गनीमत है। पर यह देखिए—

जो तुम्हारि अनुसासन पावों। कंदुक इव ब्रह्मांड उठावौं।।
काचे घट जिमि डारौं भोरी। सकऊँ मेरु मूलक जिमि तोरी।।

अर्थ—'यदि आपकी आज्ञा पाऊँ तो ब्रह्मांड को गेंद की तरह उठा लूँ। और उसे कच्चे घड़े की तरह फोड़ डालूं, सुमेरु पर्वत को मूली की तरह तोड़ डालूं।'

ब्रह्मांड को उठाने के लिए लक्ष्मण जी को ब्रह्मांड के बाहर कहीं पर पैर टिकाने पड़ेंगे। ऐसा स्थान कहाँ मिलेगा।

यह सब कवि-कल्पना की उड़ान है।

पर हमें दूसरी ओर भी ध्यान देना चाहिए। जो बात आज असंभव दिखाई देती है, वह कल संभव भी हो सकती है। हम जानते हैं कि धातुएँ और पत्थर पानी में डूब जाते हैं, परंतु आधुनिक इंजीनियरी विज्ञान ने यह चमत्कार कर दिखाया है कि गैस भरे हुए लोहे के सिलिंडर पानी पर उतराते हैं, जिनसे प्लव-सेतु या उतराते पुल (floating bridges) बनाए जाते हैं।

रामायण में एक प्रसंग आता है कि भगवान राम की वानर सेना ने भारत से लंका जाने के लिए पत्थर के ढोंकों से एक प्लव-सेतु बनाया था, इसी कारण आज तक रामेश्वर नामक तीर्थस्थान को सेतुबंध रामेश्वर कहते हैं। कुछ लेखकों ने इस गाथा को पौराणिक पुट देकर इस रूप में प्रस्तुत कर दिया है कि श्रीराम की सेना में दो नायक थे नल और नील, जो बचपन में बड़े शरारती थे। वे घंटों समुद्र में पत्थर डालकर खेला करते थे। एक ऋषि समुद्र के किनारे तपस्या किया करता था। कदाचित उसकी आराधना में विघ्न पड़ता था। अतः उसने दोनों को शाप दे दिया कि वे जो वस्तु समुद्र में डालेंगे, वह कभी डूबेगी नहीं। उन्हीं दोनों ने पत्थरों से प्लव-सेतु बनाया।

इस कथा में कितना तथ्य है, यह हम नहीं कह सकते। कुछ अन्य लेखकों ने वैज्ञानिक रूप देकर इस कथा को यों प्रस्तुत किया है कि नल और नील दो इंजीनियर थे, जिन्होंने ऐसा उपाय निकाला था कि पत्थर के ढोंके भी पानी में तैर जाएँ। यह बात अधिक बोधगम्य दिखाई देती है।

कुछ लोग कई मिनट के लिए नब्ज रोक लेते हैं, साँस रोक लेते हैं। कुछ साधु समाधिस्थ होकर जमीन में गड्ढा करके कई हफ्ते के लिए उसमें बंद हो जाते हैं, और फिर सकुशल निकल आते हैं। हम एक आँखों-देखी घटना सुनाते हैं। एक बंदर का पालक उससे कहता है कि आज दर्शकों में से कौन-सा बिना नहाए आया है, और बन्दर उक्त दर्शक के सामने जाकर खड़ा हो जाता है। इसी प्रकार का प्रश्न है 'कौन अपनी पत्नी से लड़कर आया है?' और बंदर इंगित द्वारा इसका ठीक-ठीक उतर दे देता है।

इसी प्रकार बहुत-सी बातें हैं, जिनका अभी तक विज्ञान स्पष्टीकरण नहीं कर पाया है। संभव है किसी दिन कर सके।

(3) पूर्णता

यदि हम कहें कि चंदर खाना खाकर चला गया, तो स्पष्ट है कि वक्ता को इस विषय में जो कुछ कहना था, उसने कह दिया। सामान्य स्थिति में श्रोता को कोई आकांक्षा नहीं रह जाती कि पाठक इसके अतिरिक्त और क्या कहना चाहता था। अत: वाक्य स्वयंपूर्ण है। परन्तु यदि कोई मित्र आकर हमसे कहता है कि चलो और यदि पहले से कार्यक्रम निश्चित नहीं है, तो श्रोता को यह जानने की इच्छा होगी कि कहाँ चलें, और क्यों चलें। उक्त वाक्य की आकांक्षा की पूर्ति कई प्रकार से हो सकती है—

(i) चलो, बाजार चलकर तरकारी ले आएँ।
(ii) चलो, उक्त रोगी को देख आएँ।
(iii) चलो, पड़ोस के विवाहोत्सव में सम्मिलित हो आएँ।
(iv) चलो चलें माँ, सपनों के गाँव में,
काँटों से दूर कहीं, फूलों की छाँव में॥

'पूर्णता' एक अपेक्षिक गुण है। उपर्युक्त पहले वाक्य से एक श्रोता संतुष्ट हो सकता है। किंतु दूसरा यह प्रश्न कर सकता है—

तरकारी कौन से बाजार से लानी है। कौन-सी सब्जी लानी होगी। और कितनी-कितनी लानी होगी। तरकारी लाने के लिए कोई झोला ले चलना है या टोकरा। किसी नौकर को साथ ले चलना है या नहीं।···

स्पष्ट है कि 'पूर्णता' की ठीक-ठीक परिभाषा नहीं दी जा सकती। यह कहना

कठिन है कि विचार कहाँ पर पूर्ण हुआ अथवा दूसरा विचार कहाँ आरंभ हुआ। कालिदास के 'रघुवंश' में राजकुमारी इंदु के स्वयंवर का प्रसंग आता है। उसकी दासी सुनंदा उसे प्रत्येक राजा के सम्मुख ले जाकर उसका परिचय देती है। पांड्य देश के राजा के विषय में वह कहती है—

"यदि तुम सदा मलय पर्वत की घाटियों में विहार करना चाहो, जिनमें पान की बेलों से ढके हुए सुपारी के पेड़ खड़े हैं, इलायची की बेलों से लिपटे हुए चंदन के पेड़ लगे हैं और स्थान-स्थान पर ताड़ के पत्ते फैले हुए हैं, तो तुम इनसे विवाह कर लो।"

यह पैरा एक ही वाक्य में लिखा हुआ है। किंतु अब इसे इस रूप में लिख कर देखिए—

"मलय पर्वत की घाटियों में पान की बेलों से ढके हुए सुपारी के पेड़ खड़े हैं। और इलायची की बेलों से लिपटे हुए चंदन के पेड़ लगे हैं। इसके अतिरिक्त स्थान-स्थान पर ताड़ के पत्ते फैले हुए हैं। यदि तुम सदा उक्त घाटियों में विहार करना चाहो तो इनसे विवाह कर लो।" अब वही पैरा चार वाक्यों में विभाजित हो गया और हम इन चारों को पूर्ण रूप से वाक्य मानने को तैयार हैं।

प्रत्येक कहानीकार एक विचार लेकर ही कहानी का आरंभ करता है। कह सकते हैं कि पूरी कहानी एक ही विचार की द्योतक है। यही बात किसी उपन्यास के विषय में भी कही जा सकती है। इतना ही नहीं, बहुत से उपन्यासकार जब एक उपन्यास को समाप्त करते हैं तो एक पुछल्ला छोड़ देते हैं और उसी पुछल्ले को पकड़ कर दूसरा उपन्यास आरम्भ कर देते हैं। तब क्या यह कहना समीचीन होगा कि ऐसे किसी लेखक के सारे उपन्यासों में एक ही विचार रींगता है?

स्व० बा० देवकीनंदन खत्री ने 'चंद्रकांता' उपन्यास लिखा जिसे चार भागों में समाप्त भी कर दिया। जब संतोष न हुआ तो 'चंद्रकांता' के पात्रों की अगली पीढ़ी को आगे बढ़ाकर 'चंद्रकांता संतति' लिखा जिसे 24 भागों में पूरा किया। उक्त उपन्यास में एक विचित्र पात्र आता है 'भूतनाथ'। उसने अपनी जीवनी लिख कर अपने स्वामी राजा वीरेंद्र सिंह को दी। देवकीनंदन जी उक्त जीवनी के, जिसे उन्होंने उपन्यास का रूप दे दिया, 5 ही भाग लिख पाए थे कि उनका स्वर्गवास हो गया। उनके परम मित्र थे पं० किशोरीलाल गोस्वामी। बा० देवकीनंदन के पुत्र श्री दुर्गाप्रसाद ने उनसे कहा कि पिता जी के विचारों से जितने आप अवगत थे, उतना और कोई नहीं। अतः यदि उनकी कृति आप ही पूरा करें तो सुगम होगा। केवल एक कापी उन्होंने मेरे पास छोड़ी है जो मैं आपको देता हूँ।

गोस्वामी जी कापी लेकर मथुरा चले गए, और थोड़े दिन बाद वहीं पर उनका देहांत हो गया। उक्त कापी का किसी को पता भी नहीं चला।

तब बा० दुर्गाप्रसाद ने छठे भाग से 'भूतनाथ' उपन्यास को आगे बढ़ाया और 21 भागों में उसे पूरा कर दिया।

जब मैंने पूरा ग्रंथ दो बार पढ़ लिया, तब मेरे मन में जो शंकाएं रह गई थीं उन्हें नोट कर लिया और तत्पश्चात श्री दुर्गाप्रसाद से मिला। कहानी के जो भेद भूतनाथ में खुलने से रह गए थे, मैंने उन्हें नोट करा दिए। उन्होंने बताया कि वे एक उपन्यास 'रोहतास मठ' लिख रहे हैं। उसमें वे सारे भेद खोल देंगे। 6 भागों में रोहतास मठ भी पूरा हो गया। इस प्रकार सारा ग्रंथ 4, 24, 21, 6 = 55 भागों में बंटा हुआ है, जिसे दो लेखकों ने मिलकर पूरा किया। अब सोचने की बात है कि क्या 55 पुस्तकों के ग्रंथ को एक ही विचार का द्योतक मान लिया जाए? बाद को भूतनाथ के 21 भागों को 7 खंडों में प्रकाशित किया गया।

कुछ योजनाएं तो ऐसी होती हैं जो कभी पूरी हो ही नहीं सकतीं। क्या किसी ग्रंथालय की पुस्तक-सूची कभी पूरी हो सकती है? उसमें तो सदैव पुस्तकें बढ़ती ही रहती हैं। किसी देश की जनगणना का भी यही हाल है। क्या किसी भाषा के शब्दकोष को हम कभी पूर्ण मान सकते हैं? प्रत्येक जीवित भाषा में हर साल कुछ शब्द बढ़ जाते हैं। कुछ घट भी जाते हैं, किंतु बढ़ते अधिक हैं, घटते कम।

व्यावहारिक दृष्टिकोण यह होगा कि किसी समय जो कुछ कोई लेखक कहना चाहता है, यदि वह पूरा का पूरा उसके कथन में समाविष्ट हो जाए, तो वाक्य पूर्ण समझा जाए, अन्यथा नहीं। यदि कोई कहे कि मैं रंगून जा रहा हूँ, तो मतलब स्पष्ट है। उसका अभिप्राय केवल इतनी ही सूचना देने का है। वह यह बताना आवश्यक नहीं समझता कि रेल से जा रहा हैं या कार से, या वायु मार्ग से। न यह बताना चाहता है कि वह अगले दिन जा रहा है या दो दिन बाद। अब यदि श्रोता के मन में इस प्रकार की जिज्ञासा है तो वक्ता से पूछे, किंतु प्रत्यक्ष रूप से कथन में ऐसी कोई आकांक्षा नहीं है।

परंतु यदि कोई कहे कि मैं रंगून जाता तो…लेकिन स्पष्ट हो जाता कि वक्ता कोई कारण बताने जा रहा है कि उसके जाने में कौन-सी बाधा पड़ गई या पड़ने वाली है। इसी प्रकार के अपूर्ण वाक्य हैं—

(1) जब भगवान राम ने बालि के तीर मारा,…

(2) अभी तो दस भी नहीं बजे थे, जब…

(3) जिसकी बात अच्छी लगे…

कुछ कहानियों में भूमिकास्वरूप कुछ बातें दी जाती हैं, जैसे—

(क) एक दिन की बात है···

(ख) एक था राजा, एक थी रानी···

(ग) दिवस का अवसान समीप था··· —हरिऔध।

(घ) अब्र था छाया हुआ और फस्ल की बरसात की··· —चकबस्त।

यों तो स्पष्ट है कि इन वाक्यों के बाद लेखक ने कुछ और कहा है, परंतु इस ढंग की आकांक्षा तो प्रत्येक उपन्यास में दिखाई देगी, क्योंकि पाठक सदैव यह जानने को उत्सुक होगा कि इसके बाद क्या हुआ? अतएव ऐसे वाक्यों को पूर्ण माना जाता है। हाँ, यदि पहले वाक्य के बाद 'कि' और होता तो आकांक्षा स्पष्ट रूप से दृष्टिगोचर होती, और उक्त वाक्य अपूर्ण माना जाता।

(4) पदक्रम

श्री कामताप्रसाद गुरु ने अपने 'हिंदी-व्याकरण' के नियम 657 में लिखा है—

"वाक्य में पहले कर्ता या उद्देश्य, फिर कर्म या पूर्ति और अंत में क्रिया रखते हैं।"

उदाहरण : नौकर चला गया। स्त्री ने रोटी खाई। उसने एक दिन के लिए भिश्ती को राजा बना दिया। कलकत्ते में ओले बरसे।

हिंदी में वाक्यों के पदों का क्रम बिलकुल निश्चित नहीं होता। उसमें थोड़ा-बहुत परिवर्तन हो सकता है। उपरिलिखित तीसरे वाक्य को हम इन रूपों में भी लिख सकते हैं—

(1) उसने भिश्ती को एक दिन के लिए राजा बना दिया।

(2) उसने भिश्ती को राजा बना दिया एक दिन के लिए।

(3) एक दिन के लिए उसने भिश्ती को राजा बना दिया।

(4) उसने एक दिन के लिए राजा बना दिया भिश्ती को।

इन सब वाक्यों में मुख्यार्थ तो एक ही रहता है, किंतु सब में पदों का एक-सा जोर नहीं रहता। परंतु इसका यह अर्थ नहीं है कि हम किसी वाक्य में मनमाने परिवर्तन करते चले जाएँ, अर्थ नहीं बदलेगा। कुछ लेखक ऐसे परिवर्तन कर देते हैं कि या तो अर्थ का अनर्थ हो जाता है या कोई अर्थ निकलता ही नहीं अथवा वाक्य बहुत अटपटा या जटिल बन जाता है। कुछ और नमूने देखिए—

(क) जनता में अधिक प्रसिद्धि ही इसका कारण है।

—शिवप्रसाद शुक्ल, 'हिंदी का निखार तथा परिष्कार', (1972) पृ. 50

(ख) पर आगे ब्रजभाषा का सहारा हिंदी ने छोड़ दिया, यद्यपि सर्वथा नहीं छोड़ा। —वही (51)

(ग) गौ बहुत अच्छी मैंने ली। —वही

(घ) मार्ग दर्शक का सबसे बढ़कर महत्त्व है। —वही, पृ॰ 117

(ङ) एकरूपता यदि भाषा में न होगी तो उसका साहित्य दूर देश और दूर काल में दुर्बोध हो जाएगा।

जो वाक्य हम यहाँ दे रहे हैं, सामान्य स्थिति में संशोधनीय हैं किंतु विशेष स्थिति अथवा विशेष संदर्भ में समीचीन हो सकते हैं। उपर्युक्त वाक्य के बदले में यदि यह वाक्य हो तो उपयुक्त होगा—एकरूपता यदि भाषा में न होगी तो कहाँ होगी।

किंतु यह देखना होगा कि जिस प्रसंग में इस वाक्य का प्रयोग हुआ है, उससे इसका मेल बैठता है या नहीं।

(च) एक प्रकार की परिपूर्णता की वह स्थिति है।

—जैनेंद्र की कहानियाँ (पानवाला)

सामान्यतः हम इस बात को इस रूप में कहेंगे—वह स्थिति एक प्रकार की परिपूर्णता की है।

अब गुरु के व्याकरण के अंक 658, 657 पर विचार कीजिए—

658—द्विकर्मक क्रियाओं में गौण कर्म पहले और मुख्य कर्म पीछे आता है।

उदाहरण : मैंने पंडित को 51 रुपए दिए। मैं उसे वीर बना दूंगा। वह पहलवान को शबाशी दे रहा है।

657—इनके अतिरिक्त दूसरे कारकों में आने वाले शब्द उन शब्दों के पूर्व आते हैं जिनसे उनका संबंध रहता है।

उदाहरण : वह घायल होकर लौटा है। यहाँ से जमना जी तक दौड़ लगाओ। बटुआ मेरी दाहिनी जेब में रहेगा।

कुछ लेखक इन नियमों की भी अवहेलना कर जाते हैं। कुछ नमूने देखिए—

1. मेरे लिए तो दुनिया में यही एक सरोकार रखने के लिए चीज है।

—जैनेंद्र की कहानियाँ, छठा भाग

उपर्युक्त नियमों से एक निष्कर्ष यह निकलता है कि जिन शब्दों में संबंध हो, उन्हें यथासाध्य एक दूसरे के समीप रखना चाहिए। इस विचार से उपर्युक्त वाक्य इस रूप में लिखना चाहिए—मेरे लिए तो सरोकार रखने के लिए, दुनिया

में यही एक चीज है ।

2. भोज्य सामने देखकर अपनी दृष्टि को थामा उससे नहीं जाता ।

—वही (पानवाला)

संशोधित रूप : भोज्य सामने देखकर उससे अपनी दृष्टि को थामा नहीं जाता ।

(3) फिर मैं किसे और ढूँढ़ता फिरूँगा । —वही

इस वाक्य में यदि 'किसे' और 'और' का हेर-फेर कर दिया जाए तो अच्छा है ।

4. ऐसे शब्द आवश्यक परिवर्तन अपने रूप में कर लेते हैं ।

—किशोरीदास वाजपेयी : 'ब्रजभाषा का व्याकरण', पृ० 17

यदि अपने रूप में 'आवश्यक परिवर्तन' के पहले आए तो अच्छा है ।

5. इसी तरह की प्राय: सब व्याकरणकारों ने बहुत-सी अनियमित बातें लिखी हैं । —वही (76)

संशोधित रूप : प्राय: सब व्याकरणकारों ने इसी तरह की बहुत-सी अनियमित बातें लिखी हैं ।

6. सौ में से निन्यानबे खड़ी बोली की कविताएँ वीणा की झंकार या हृत्तंत्री के तार से भरी रहती हैं । —वही (1000)

संशोधित रूप : खड़ी बोली की सौ में से निन्यानबे कविताएँ वीणा की···

7. बहुत-से ब्रज भाषा के कवियों ने, शब्द-प्रयोग गलत कर दिए हैं ।

—वही (101)

संशोधित रूप—ब्रज भाषा के बहुत से कवियों ने···

8. परंतु फिर भी, वह खराब ही सोना-चाँदी है । —वही (75)

संशोधित रूप : परंतु फिर भी, वह सोना-चाँदी खराब ही है ।

9. नाम-पदों के प्रसंग में हम देख चुके हैं कि उनसे वस्तु जिसके लिए पारिभाषिक व्यक्ति पद का प्रयोग होता है, के संकेत के अतिरिक्त जाति, लिंग, वचन, कारक और शब्द का भी ग्रहण होता है ।

—दीप्ति शर्मा : 'व्याकरणिक कोटियों का विश्लेषणात्मक अध्ययन' (54)

संशोधित रूप : ···उनसे जिस वस्तु के लिए पारिभाषिक व्यक्ति पद का प्रयोग होता है, उसके संकेत के अतिरिक्त···

10. जब अपना ही नहीं रहा हाल-चाल लेने वाला, दूसरा कौन पूछता है किसे। —शिवप्रसाद सिंह : मेरी प्रिय कहानियाँ (नन्हों)

संशोधित रूप : जब अपना ही हाल-चाल लेने वाला नहीं रहा तो दूसरा कौन किसे पूछता है।

11. वह चुपचाप आँगन में देखा करती। (46)

संशोधित रूप : वह आँगन में चुपचाप देखा करती।

12. हिंदी संख्यावाचक शब्दों में वर्तनी के हिंदी प्रदेश में अनेक प्रकार के विकल्प मिलते हैं—

—भोलानाथ तिवारी : 'मानक हिंदी का स्वरूप' (117)

संशोधित रूप : हिंदी प्रदेश में हिंदी के संख्यावाचक शब्दों की वर्तनी के अनेक प्रकार के विकल्प मिलते हैं।

13. और आपसे जिंदगी में कभी मुलाकात ही नहीं कहीं हो पाती।

—भीष्म साहनी : 'निशाचर'

संशोधित रूप—और आपसे जिंदगी में कभी कहीं मुलाकात ही नहीं हो पाती।

14. दन्त को भी दंत वहाँ छपता है।

—शिवप्रसाद शुक्ल : 'हिंदी का निखार तथा परिष्कार' (1972)

संशोधित रूप—दन्त का भी वहाँ दंत छपता है।

अंक 665 (अ)—प्रश्नवाचक अव्यय क्या बहुधा वाक्य के आदि में और कभी-कभी बीच में अथवा अंत में आता है।

उदाहरण : क्या चमेली सो गई, चमेली क्या सो गई है, चमेली सो गई क्या।

उक्त तीनों वाक्य शुद्ध हैं किंतु सबमें समस्त शब्दों पर एक-सा जोर नहीं है।

15. 'हृदय की कटुता' 'हिम' में भी क्या है।

—किशोरीदास वाजपेयी : 'ब्रजभाषा का व्याकरण' (85)

संशोधित रूप—क्या 'हृदय' की कटुता 'हिम' में भी है।

अंक 666—तो, तो, ही, भर, तक और मात्रा उन्हीं शब्दों के पश्चात आते हैं जिन पर इनके कारण अवधारण होता है ; और इनके स्थानांतर से वाक्य में अर्थांतर हो जाता है।

जैसे राम भी आ गया, राम आ भी गया, राम तो आ गया, राम आ तो गया।

16. इसी ही लिए तो मैं कहता हूँ। —वही (27)

हमारे विचार में इस वाक्य में 'ही' की कोई आवश्यकता नहीं है। यदि लगाना ही है तो 'लिए' के बाद लगाना चाहिए।

17. इनकी बनावट में तथा प्रकृति आदि में समानता का होना स्वाभाविक है ही। —वही (11)

ही 'है' से पहले आना चाहिए।

अंक 668 (आ)—यदि क्रिया संयुक्त हो अथवा संयुक्त काल में आवे तो अव्यय न अथवा नहीं मुख्य क्रिया और सहायक क्रिया के बीच में आते हैं।

उदाहरण : रोगी निर्बलता के कारण बोल भी नहीं पाता है ; तुम से इतना-सा बोझ भी उठाया न गया।

18. या आप भी कुछ जिस रूप में कहना चाहेंगे, उसे उस रूप में वे न ग्रहण कर सकेंगे, जिनके लिए आपका उद्योग है। —वही (26)

संशोधित रूप···ग्रहण न कर सकेंगे···

19. घोड़े पर डाकू हैं, और आप पैदल उनका पीछा करना चाहते हैं।
—भोलनाथ तिवारी : 'मानक हिंदी का स्वरूप' (170)

यदि उक्त वाक्य इस रूप में लिखा जाए तो अधिक जोरदार बन जाए—डाकू (तो) हैं घोड़े पर, और आप···

(5) अन्वय

'अन्वय' का अर्थ है 'मेल'।

वाक्य में उद्देश्य और क्रिया का मेल होना चाहिए, क्रिया और कर्म का मेल होना चाहिए···यदि कोई महिला जा रही है तो हम उससे पूछेंगे, "क्या आप जा रही हैं?" यदि कोई पुरुष जाने वाला हो तो उससे पूछेंगे, "क्या आप जा रहे हैं ?" यदि किसी छोटे व्यक्ति अथवा घनिष्ट मित्र से बात कर रहे हैं तो कहेंगे, "क्या तुम जा रहे हो ?" यदि कहें कि "क्या आप जा रहे हो ?" तो यह व्याकरणिक दृष्टि से अशुद्ध होगा, यद्यपि आजकल तो लोग ऐसा प्रयोग भी करने लगे हैं।

किसी पुरुष से पूछेंगे, "क्या आप खाना खा चुके," किंतु स्त्री से पूछेंगे, "क्या आप खाना खा चुकीं ?" अब लोग इस दिशा में स्वतंत्रता बरतने लगे हैं। कुछ लोग महिलाओं से भी पूछते हैं, "क्या आप खाना खा चुके हैं।" फिर भी हम इस प्रयोग को व्याकरण-सम्मत नहीं कहेंगे।

अब तनिक इस वाक्य पर विचार कीजिए—

(1) श्याम, तुम और मैं चलूँगा।

—भोलानाथ तिवारी : 'मानक हिंदी का स्वरूप' (71)

उक्त वाक्य हमें तो बहुत बेढंगा दिखाई पड़ता है। किंतु इसे एक प्रकार से गुरु जी के व्याकरण का प्रश्रय प्राप्त है।—देखिए, अंक 572

भिन्न-भिन्न पुरुषों के कर्ताओं में यदि उत्तम पुरुष आवे तो क्रिया उत्तम पुरुष में होगी ; और यदि मध्यम तथा अन्य पुरुष कर्ता हो तो क्रिया मध्यम पुरुष में रहेगी ; जैसे हम और तुम वहाँ चलेंगे ; तू और वह कल आना ; तुम और वे कब आओगे; वह और मैं साथ पढ़ती थीं।

हम यह मानते हैं कि अब अधिकतर लोग उत्तम पुरुष के एकवचन के बदले बहुवचन का ही प्रयोग करते हैं। 'मैं' के स्थान पर भी 'हम' ही काम में आता है। परंतु फिर भी 'मैं' का भी एक उदाहरण देना था। "मैं और तुम वहाँ चलेंगे" में भी कोई कठिनाई नहीं है। वास्तविक कठिनाई आती है जब "तुम और मैं" कहा जाए। गुरु जी का व्याकरण 60 वर्ष पहले लिखा गया था। संभव है उस समय हिंदी के किसी क्षेत्र में इस ढंग की भाषा चलती हो, किंतु आजकल तो उपरि-लिखित वाक्य सहन नहीं होगा। हमारे विचार में उक्त वाक्य को लिखने के कई ढंग हैं—

मैं और तुम चलेंगे। मैं और तुम दोनों चलेंगे।

तुम और मैं चलेंगे। तुम और मैं दोनों चलेंगे।

और जहाँ इस बात का कोई भ्रम नहीं कि बात वक्ता और श्रोता के विषय में ही हो रही है, वहाँ इतना ही कहना पर्याप्त होगा कि "हम दोनों चलेंगे।"

जो वाक्य डॉ० तिवारी ने दिया है, उसके कहने के भी कई ढंग हैं—

श्याम, तुम और मैं चलेंगे।
श्याम, मैं और तुम चलेंगे।
मैं, तुम और श्याम चलेंगे।
तुम, मैं और श्याम चलेंगे, आदि।

(2) राम जा रहा है और मोहन। (174)

इस बात को कहने का स्वाभाविक ढंग यह है—राम और मोहन जा रहे हैं।

स्वतंत्र कर्ता

श्री कामताप्रसाद गुरु के 'हिंदी-व्याकरण' के अंक 627 (इ) में ऐसा लिखा है—

'कभी-कभी पूर्वकालिक कृदंत के साथ स्वतंत्र कर्ता आता है जिसका मुख्य क्रिया से कोई संबंध नहीं रहता, जैसे—

चार बजकर दस मिनट हुए।
खर्च जाकर पाँच रुपए की बचत होगी।
आज अर्जी पेश होकर यह हुक्म हुआ।
इस राग से परिश्रमी का दुख मिटकर चित नया-सा हो गया है।
हानि होकर यों हमारी दुर्दशा होती नहीं।

इसी प्रकार के कुछ उदाहरण अंक 511 (घ) में भी दिए हुए हैं, जैसे—

सब चिंताएँ दूर होकर बुद्धि निर्मल हो गई।
रात बीतकर आसमान के किनारों पर लाली दौड़ आई थी।
इससे आहार पचकर उदर हल्का हो जाता है।
कोयला जल भई राख।
हमारे मित्र जो काशी में रहते हैं, उनके लड़के का विवाह है।

इन उदाहरणों में से अंतिम तो बिलकुल अप्रासंगिक है। यह तो एक मिश्र वाक्य है जिसमें एक विशेषण उपवाक्य है। इसी ढंग के दो वाक्य उसी व्याकरण के अंक 705 (ङ) में गुरु जी ने दिए हैं—

पानी जो बादलों से बरसता है, वह मीठा रहता है।

पहला कमरा जहाँ मैं गया उसमें अंधे सिपाहियों को गर्दन अथवा मालिश करने का काम सिखलाया जाता है।

अतः उक्त वाक्य में तो 'स्वतंत्र कर्ता' का प्रश्न ही नहीं है। अब हम उससे पहले (कोयले वाले) वाक्य पर विचार करते हैं।

तनिक इन वाक्यों पर विचार कीजिए—

1. तलैया सूखकर पोखरा बन गई।
2. पेड़ जलकर राख हो गया।
3. लड़की जल भुनकर अंगारा हो गई।
4. सोना मिट्टी हो गया।
5. मिट्टी सोना हो गई।
6. महल ढहकर झोंपड़ी हो गया।

7. बेटी सूखकर काँटा हो गई।

उपर्लिखित सारे वाक्यों में क्रिया उद्देश्य का अनुसरण करती है। ये सब-के-सब साधारण वाक्य हैं। सारे उद्देश्यप्रधान कर्ता हैं। एक भी 'स्वतंत्र कर्ता' नहीं है। प्रत्येक वाक्य में क्रिया का लिंग कर्ता के लिंग के अनुसार है। इसी प्रकार हम कहेंगे कि कोयला जलकर राख हो गया। यह कभी नहीं कहेंगे कि कोयला जलकर राख हो गई। उक्त वाक्य के विषय में भ्रम इसलिए फैला कि वह एक कविता से लिया गया है—

> लकड़ी जल कोयला भई, कोयला जल भई राख।
> मैं बिरहिन ऐसी जली, कोयला भई न राख॥

मात्राओं का संतुलन बनाए रखने के लिए पहली पंक्ति में दोनों स्थानों पर 'जलकर' के बदले 'जल' लिखना पड़ा है। वास्तव में पहली पंक्ति का पूर्ण रूप यह होगा—

लकड़ी जलकर कोयला हो गई, कोयला जलकर राख हो गया। यदि पंक्ति इस प्रकार की होती—कोयला जलकर आग भड़क उठी, तो कोयला 'स्वतंत्र कर्ता' ही कहलाता है। स्वतंत्र कर्ता के अन्य उदाहरण देखिए—

1. इनाम पाकर बड़ा हर्ष हुआ ; पत्र पढ़कर प्रसन्नता हुई।
2. यह कहकर सिर झुक जाएगा। —सुदर्शन (हंस की चाल)
3. फिर जैसे-तैसे इंटर पास कर रमा दी का विवाह कर दिया गया।
   —शिवानी (जूडिय से जयंती)
4. इसी प्रकार 'मन' और 'चाही' दो अलग-अलग शब्द हैं और इनसे मिलकर मनचाही शब्द बना है।
   —कामताप्रसाद गुरु : हिंदी-व्याकरण (37)
5. उन पर विचार करके वस्तु का परिमार्जिन होता चले।
   —कि. दा. वाजपेयी (हिंदी शब्दानुशासन : लेखक का निवेदन)
6. स्त्री और स्त्री की संज्ञा देकर पुरुष का छुटकारा नहीं।
   —अच्छी हिंदी (174)
7. परंतु हमें यह जानकर बहुत आश्चर्य हुआ।
   —महावीरप्रसाद द्विवेदी, विचार-विमर्श (सं० 1988 : 41)
8. शुद्ध कला के उपासकों को यह जानकर चिंता हो रही है।
   —दिनकर (साहित्य और राजनीति)
9. तब वहाँ की स्त्रियाँ झरोखों में बैठकर तुम्हें देखेंगी और तुम्हारी सुंदरता देखकर उनकी आँखों को सुख मिलेगा।
   —सीताराम चतुर्वेदी (कालिदास-ग्रंथावली : रघुवंश)

ऐसे प्रयोग कहाँ तक शुद्ध माने जाएँ, इस बात का विस्तृत विवेचन हम 'मानक हिंदी' (मैकमिलन कं० ऑफ इंडिया लिमिटेड, 1979) के अध्याय 7 और 10 में कर चुके हैं। यहाँ हम इतना ही कहेंगे कि इनमें हिंदी व्याकरण के नियमों का पूर्ण रूप से पालन नहीं होता, फिर भी ये प्रयोग-सिद्ध हो चुके हैं, अतः इन्हें सहन कर लेना चाहिए। तिस पर भी इनका प्रयोग यथासाध्य कम ही हो तो अच्छा है।

4

वाक्यों के प्रकार

अर्थ के विचार से वाक्य आठ प्रकार के होते हैं—

(1) कथनात्मक, (2) संभावनात्मक, (3) संदेहात्मक, (4) आदेशात्मक, (5) प्रश्नात्मक, (6) विस्मयात्मक, (7) इच्छात्मक, (8) संकेतात्मक।

(क) कथनात्मक वाक्य—जिस वाक्य में कोई सामान्य कथन किया गया हो। साधारणतः ऐसे वाक्य में या तो कोई तथ्य होता है, या विवरण या सूचना।

सम्राट अशोक एक महान राजा था। आज बदली है। परसों हमारे पड़ोसी की दुर्घटना हो गई। (तथ्य)

रामायण फिल्म के क्या कहने। ऐसा प्रतीत होता है मानो सारी घटनाएँ हमारी आँखों के सामने घटित हो रही हैं। (विवरण)

कल निरीक्षक महोदय हमारे स्कूल में पधारेंगे। निर्मला को कल से ज्वर आ रहा है। आज तरकारी का भाव फिर बढ़ गया है। (सूचना)

बहुत बार एक ही वाक्य को तीनों में से किसी भी वर्ग में रखा जा सकता है। बीच की सीमा-रेखाएँ खींचना कठिन होता है।

कुछ वैयाकरण ऐसे वाक्यों को विधानात्मक वाक्य कहते हैं।

हमें इस नाम पर आपत्ति है। बहुत से वैयाकरण वाक्य की यह परिभाषा देते हैं—ऐसा कथन जिसमें किसी बात का विधान किया गया हो। जिस बात अथवा वस्तु के विषय में कोई बात कही जाए, वह उद्देश्य कहलाता है, और जो कहा जाए वह विधेय है। इस प्रकार तो समस्त वाक्य विधानात्मक कहलाने चाहिए। फिर एक विशेष प्रकार के वाक्य को विधानात्मक कैसे कहेंगे। प्रत्येक वाक्य में किसी-न-किसी बात का विधान तो अवश्य होगा ही। इस प्रकार 'विधानात्मक' नाम से भ्रम उत्पन्न होगा। अतः उक्त भ्रम को बचाने के लिए हम ऐसे वाक्य हो 'कथनात्मक' वाक्य कहेंगे।

कुछ वैयाकरण ऐसे वाक्यों को 'निश्चयात्मक' कहते हैं, किंतु यह नाम भी उपयुक्त दिखाई नहीं देता। यदि हम कहें कि हमारा विचार है कि कल मेला देखने जाएँ, तो इसमें निश्चितता तो कुछ नहीं है; संभव है जाएँ, संभव है न जाएँ। हाँ, यह कह सकते हैं कि जाने का विचार है, इतना तो निश्चित है। यह 'निश्चयात्मकता' के अर्थ की खींचतान कहलाएगी। इसी ढंग के और बहुत-से वाक्य हो सकते हैं—

मानो, न मानो, तुम्हारी मर्जी। चंदा खुदा का बंदा; उगा, उगा, न उगा। आधा मन कर रहा है कि आज खाना खाऊँ, आधा कर रहा है कि न खाऊँ।

(ख) संभावनात्मक वाक्य—हम लोग मुद्दत से देखते आए हैं कि सूरज पूरब में उगता है, इसलिए यह अनुमान लगाते हैं कि कल भी सूरज पूरब में उगेगा। इस अनुमान में गणित-ज्योतिष भी हमारी सहायता करता है। सूर्य-ग्रहण, चंद्र-ग्रहण संबंधी भविष्यवाणियाँ सब गणितीय परिकलन पर आधारित हैं, परंतु हैं सब अनुमान ही, यद्यपि बहुत ही प्रबल अनुमान हैं। और इस बात का भी कोई वैज्ञानिक प्रमाण नहीं है कि पृथ्वी गोल है। किसी ने आकाश में जाकर देखा तो नहीं है कि जमीन वास्तव में गोल है, चपटी नहीं है। यों यह संभावना बहुत ही प्रबल है कि जमीन गोल है, परंतु है यह अनुभविक तथ्य ही।

और ऋतु-विज्ञान के पूर्वानुमान भी बहुत कुछ अनुभवजन्य ही हैं।

चिकित्सा-विज्ञान के भी बहुत-से निष्कर्ष अनुभवाश्रित होते हैं।

अर्थशास्त्र भी थोड़ा-बहुत अनुभव पर ही आधारित है।

परंतु जो कोई बिना गहन विचार किए, अनुभव से निष्कर्ष निकाल लेते हैं, धोखा भी खा जाते हैं।

(1) एक व्यक्ति ने देखा कि कई बार जब उसने बुध के दिन यात्रा की, कोई-न-कोई अनिष्ट हुआ। अतः उसने यह निष्कर्ष निकाला कि बुध की यात्रा अनिष्ट-कारी होती है।

(2) बहुत से अंधविश्वास इसी प्रकार उत्पन्न होते हैं—बिल्ली का रास्ता काटना, खड़ी सीढ़ी के नीचे से निकलना, चौराहे को लाँघना—सब इसी प्रकार के अंधविश्वास हैं। अधिकतर लोग 13 की संख्या को अनिष्टकारी मानते हैं। 13 तारीख को यात्रा नहीं करेंगे, 13 नंबर का मकान किराए पर नहीं लेंगे, यदि 13 नंबर का फोन मिल रहा होगा तो बदलवा लेंगे।

(3) 'दिवाकर जी बहुत ही बड़े ज्योतिषी हैं। उनकी भविष्यवाणी कभी झूठी नहीं निकलती।'

'क्यों, परसों ही उन्होंने तुमसे कहा था कि तुम्हारी कोई हानि होने वाली है। तुम्हारा तो बाल भी बाँका न हुआ।'

'हुआ क्यों नहीं ? परसों ही तो मेरी दियासलाई की नई डिबिया खो गई।'

(4) यात्री (नाविक से)—तुमने बताया था कि तुम्हारे पिता, दादा और परदादा सब पानी में डूबकर मरे। स्पष्ट है कि पानी का संसर्ग तुम्हें रास नहीं आता। फिर तुमने नाविक का व्यवसाय क्यों अपनाया ?

नाविक : आपके पिताजी की मृत्यु कहाँ पर हुई ?

यात्री : चारपाई पर।

नाविक : आपके दादा की ?

यात्री : चारपाई पर।

नाविक : और परदादा की ?

यात्री : वह भी चारपाई पर।

नाविक : तब स्पष्ट है कि चारपाई का संसर्ग आपके लिए खतरनाक है। आपको चारपाई पर कभी नहीं जाना चाहिए।

(5) एक व्यक्ति ने पानी मिलाकर व्हिस्की पी। उसे नशा हुआ। अगले दिन उसने पानी मिलाकर 'रम' पी। फिर नशा हुआ। तीसरे दिन उसने पानी मिला कर ठर्रा पिया। फिर नशा हुआ।

उसने सोचा कि जब भी उसने पानी मिलाकर शराब पी, उसे नशा हुआ। अतः अगले दिन से उसने शुद्ध शराब पीना आरंभ कर दिया।

(ग) **संदेहात्मक वाक्य**—इस प्रकार के वाक्य में संदेह या संशय प्रकट होता है, जैसे—अब तक तो शायद वह चला गया हो। यह कारस्तानी उसी पाजी लड़के की होगी। बस, वह घर से चल ही दी होगी।

यों तो संदेहात्मक वाक्य में भी संभावना का भाव रहता है किंतु संभावनात्मक वाक्य में बहुत आशा रहती है कि जो बात हम कर रहे हैं, वह हो गई होगी। संदेहात्मक वाक्य में भाव और अभाव, दोनों का पलड़ा या तो बराबर होता है या वाक्य नहिकता की ओर अधिक झुका रहता है। जब हम कहते हैं कि ऐसी वर्षा में वह कदाचित ही आ सके, तो भाव यह होता है कि हमें उसके आने की आशा क्षीण है।

कानून की एक मान्यता यह है कि जब तक किसी विचाराधीन व्यक्ति का दोष पूर्ण रूप से प्रमाणित न हो जाए, तब तक उसे निर्दोष समझा जाए। इसी बिना पर बहुत से अभियुक्त 'संदेह लाभ' देकर छोड़ दिए जाते हैं। उनमें बहुत से ऐसे होते हैं जो वास्तव में अपराधी होते हैं किंतु कानून तो पक्का सबूत माँगता है।

1. 'महाभारत' में ऐसा प्रसंग आता है कि जब द्रोणाचार्य किसी से हारने का नाम नहीं ले रहे थे, तब कृष्ण जी ने यह युक्ति निकाली कि यदि गुरु दोण से यह कह दिया जाए कि उनका प्रिय पुत्र अश्वत्थामा मारा गया तो वह शोक के मारे हथियार डाल देंगे, और तब अर्जुन उन्हें मार गिराएगा। कृष्ण जी यह भी जानते थे कि द्रोण जब तक युधिष्ठिर से पूछकर पुष्टि नहीं करा लेंगे, तब तक ऐसे समाचार पर विश्वास नहीं करेंगे। इसलिए कृष्ण ने 'अश्वत्थामा' नाम के हाथी को मरवा दिया और शोर मचवा दिया कि 'अश्वत्थामा' मारा गया। जब द्रोणाचार्य ने सुना तो तुरंत युधिष्ठिर से पूछा। युधिष्ठिर बोले, 'अश्वत्थामा हतो, नरो वा कुंजरोवा', अर्थात 'अश्वत्थामा मारा गया, (पता नहीं उक्त नाम का) मनुष्य या हाथी।' द्रोणाचार्य पहला ही वाक्य सुन पाए, क्योंकि उसके तुरत बाद बहुत जोर का दुंदगपाड़ा मचने लगा, जिसमें शेष वाक्य डूबकर रह गया। तुरंत गुरु द्रोण ने हथियार डाल दिए और अर्जुन ने उन पर विजय पाई।

पहला वाक्य 'अश्वत्थामा हतो' एक कथनात्मक था।

यदि द्रोणाचार्य पूरा वाक्य सुन पाते तो वह संदेहात्मक वाक्य कहलाता।

2. 'रामचरितमानस' में एक प्रसंग आता है कि रावण के दल पर आक्रमण करने से पहले किस को राजदूत बनाकर भेजा जाए। जाम्बवंत ने अंगद की ओर इंगित किया। यह प्रस्ताव सुनकर 'अंगद कहहि जाउँ मैं पारा। हिय संशय कछु फिरती बारा।'

अंगद ने कहा कि मैं पार तो चला जाऊँगा, परंतु लौटते समय के लिए हृदय में कुछ संदेह है।

3. 'महाभारत' का एक प्रसंग है। अर्जुन अपनी पत्नी सुभद्रा को चक्रव्यूह तोड़ने की विधि बतला रहे थे, तब उसके गर्भ में अभिमन्यु भी सुन रहा था। इतने में ही सुभद्रा सो गई और अर्जुन चक्रव्यूह से लौटने की विधि न बतला पाए।

वर्षों बाद जब द्रोणाचार्य ने चक्रव्यूह रचा तब उन्हें विश्वास था कि उक्त व्यूह को पांडवों की ओर से कोई न तोड़ पाएगा, क्योंकि उसे तोड़ने की विधि केवल अर्जुन ही जानता था, जो उस दिन संसप्तकों की लड़ाई में उलझा हुआ था। तब अभिमन्यु ने कहा कि 'मैं चक्रव्यूह तोड़ूँगा।' युधिष्ठिर से उसने गर्भावस्था वाली कहानी सुनाई तो वे बोले, 'तुम्हें व्यूह तोड़ने की कला तो आती है, किंतु उससे बाहर निकलने की विधि नहीं जानते। पहले हमारी इस शंका का समाधान करो, तभी जा पाओगे।' अभिमन्यु बोला कि जब व्यूह ही तोड़ दिया, फिर लौटकर निकल आने में क्या रखा है।

अभिमन्यु को अनुज्ञा मिल गई कि वह चक्रव्यूह को तोड़े। उसने व्यूह तो तोड़

दिया, किंतु फिर बाहर निकल न पाया।

4. सुनते हैं कि अफीमचियों को प्यास बहुत लगती है। एक बार दो अफीमची एक कमरे में पास-पास सो रहे थे। कमरे के कोने में एक घड़ा पानी और एक गिलास रख लिया था। उनमें से एक को प्यास लगी। उसने एक गिलास में पानी लेकर पी लिया। दूसरे को प्यास लगी। उसने भी एक गिलास पानी पी लिया।

जब पहले को फिर प्यास लगी। उसने सोचा कि इस प्रकार तो बार-बार उठना पड़ेगा। अतः उसने घड़ा उठाकर अपने पेट पर रख लिया और गिलास भी पास ही में रख लिया। जब दूसरे को प्यास लगी तो उसने दूसरे के पेट पर घड़ा रखा देखा। सोचने लगा कि इसने अच्छी तरकीब निकाली। इसे उठकर जाना नहीं पड़ेगा। लेटे-ही-लेटे पानी पी लेगा। इसलिए उसने भी वह घड़ा उठाकर चुप-अपने पेट पर रख लिया और सो गया।

थोड़ी देर बाद दूसरा अफीमची उठा। उसने देखा कि घड़ा पहले के पेट पर रखा हुआ है। सोचने लगा—मैंने तो घड़ा अपने पेट पर रखा था, फिर इसके पेट पर कैसे पहुँच गया। तब बारी-बारी से वह अपने और उसके शरीर को देख-कर सोचने लगा कि मेरा शरीर यह है या वह।

कुछ वैयाकरण यह समझते हैं कि संदेहात्मक वाक्य भूत और वर्तमान काल के संबंध में ही प्रयुक्त होते हैं। हम ऐसा नहीं मानते। उदाहरण लीजिए—

(1) प्रश्न—वह प्रतिज्ञा कर गया है कि कल अवश्य आएगा। क्या तुम समझते हो कि वह अपनी प्रतिज्ञा पूरी करेगा ?

उत्तर—मुझे इसमें संदेह है।

(2) मुझे बहुत संदेह है कि वे इस परीक्षा में पास होंगे।

(घ) **आदेशात्मक वाक्य**—जिस वाक्य के द्वारा कोई आदेश अथवा निदेश किया गया हो, उसे आदेशात्मक वाक्य कहते हैं।

प्रत्यक्ष विधि

माता-पिता की आज्ञा का पालन करो।

मद्यपान मत करो।

दुष्टों की संगत छोड़ो।

पड़ोसी के घर सांत्वना देने जाना।

परोक्ष विधि

गुरु का आदर करना चाहिए।

जुआ नहीं खेलना चाहिए।

बिना सोचे-समझे किसी काम में हाथ नहीं डालना चाहिए ।

मिलो सब से पर किसी की बुराई मत करो ।

(1) एक दुकानदार के पास एक पत्रकार पहुँचा और कपड़ा खरीदने लगा। मूल्य उधार रखना चाहता था। दुकानदार ने उधार देने से इंकार कर दिया। ग्राहक ने कहा, 'किंतु तुम औरों को तो माल उधार-खाते पर देते हो।' दुकानदार बोला, 'स्वर्गीय पिताजी का आदेश था कि बेटा, और किसी का विश्वास कर लेना, पर पत्रकार का कभी विश्वास मत करना।'

पत्रकार लौटने लगा तो दुकानदार के पुत्र ने पिता को इशारे से कहा कि मैं इन्हें भली भाँति जानता हूँ । यह बहुत ही ईमानदार आदमी हैं ।

दुकानदार ने ग्राहक को आवाज देकर फिर बुलाया और उसे सौदा उधार ही देने लगा । ग्राहक बोला, 'अब क्या बात हो गई जो तुम मुझे उधार देने लगे ।'

दुकानदार बोला, 'स्वर्गीय पिताजी का आदेश था कि बेटा, कसर भले ही खा जाना, पर ग्राहक को हाथ से मत जाने देना ।'

(2) पिताजी का आदेश था कि बेटा, कोई बात कहने से पहले दस तक गिन लिया करो ।

एक दिन बाप-बेटा दोनों अँगीठी के पास बैठे बातें कर रहे थे कि पिताजी के कोट के कोने में आग लग गई । बेटा दस तक गिनने लगा । जब तक वह दस की संख्या तक पहुँचा, आधा कोट जल चुका था ।

(3) अंग्रेजों का जमाना था। कांग्रेस की तूती बोल रही थी। जगह-जगह विदेशी कपड़े और अंग्रेजी माल की होली जल रही थी। एक कांग्रेसी सिगरेट-पर-सिगरेट पी रहा था। उसके एक सहयोगी ने कहा, 'तुम अंग्रेजी सिगरेट पी रहे हो !' वह बोला, 'हमारे नेता लोग ही तो कहते हैं कि अंग्रेजी माल को जलाकर खाक कर दो। मैं वही कर रहा हूँ !'

(4) किसी कार्यालय में महात्मा गांधी का चित्र टँगा था। उनका खुला पंजा था। वे किसी बात का उपदेश दे रहे थे।

एक व्यक्ति आया और एक लिपिक से कोई काम करने के लिए कहने लगा। फिर उसने घूस देने के लिए दो रुपए निकाले।

लिपिक बोला, 'महात्मा गांधी का आदेश है कि रिश्वत में पाँच रुपए देने चाहिए।'

कार्यार्थी बोला, 'महात्मा जी कभी ऐसी बात नहीं कह सकते थे।'

लिपिक : 'यह चित्र देखते हो। महात्मा जी के हाथ का खुला हुआ पंजा स्पष्ट रूप से यह संकेत दे रहा है कि रिश्वत के पाँच रुपए दो।'

(ङ) **प्रश्नात्मक वाक्य**—जिस वाक्य में कोई बात पूछी गई हो और उत्तर की अपेक्षा हो, उसे प्रश्नात्मक वाक्य कहते हैं, जैसे—

क्या कपड़े सूख गए ?

वह कलकत्ते से कब लौटेगा ?

बिटिया क्या कर रही है ?

कुछ वैयाकरण कहते हैं कि प्रश्नात्मक वाक्यों को निश्चयात्मक वाक्य समझना चाहिए, क्योंकि यद्यपि प्रश्न से किसी बात का निश्चय नहीं होता, परंतु उत्तर तो निश्चयात्मक है। किंतु वास्तव में ऐसा नहीं है।

उपरिलिखित दूसरे वाक्य का उत्तर यह हो सकता है कि देखो, कब तक लौटे। तीसरे का उत्तर कदाचित यह हो कि पता नहीं, क्या कर रही है ?

इसके अतिरिक्त कुछ प्रश्न ऐसे भी होते हैं, जिनका कोई उत्तर दिया ही नहीं जा सकता, जैसे—

1. संसार में पहले मुर्गी हुई या अंडा ? पहले बीज हुआ या पेड़ ? सबसे पहले आत्मा का आविर्भाव हुआ या सृष्टि का, या परमात्मा का ?

2. किसी गाँव में एक नाई है जो ऐसे प्रत्येक व्यक्ति की हजामत बनाता है जो स्वयं हजामत नहीं बनाता, और ऐसे किसी भी व्यक्ति की हजामत नहीं करता जो स्वयं हजामत बनाता है। क्या वह नाई स्वयं अपनी हजामत करता है ?

3. एक व्यक्ति अपनी एक दिन की दैनिकी (डायरी) दो दिन में लिख पाता है। यदि उसका जीवन अनंत हो तो क्या वह कभी अपनी दैनिकी पूरी कर सकेगा ?

4. कहते हैं ईश्वर सर्वशक्तिमान है, वह जो चाहे सो कर सकता है। क्या वह अपने आपको नष्ट कर सकता है ? अपनी सत्ता को मिटा सकता है ?

5. कुछ लोग ऐसे वस्तुनिष्ठ प्रश्न करते हैं जिनका उत्तर वे 'हाँ' या 'ना' में ही चाहते हैं। परंतु कुछ प्रश्न ऐसे भी होते हैं जिनका उत्तर 'हाँ' या 'ना' में हो ही नहीं सकता—

(क) क्या तुमने अपने भाई को हंटर से मारना छोड़ दिया ? जिससे ऐसा प्रश्न किया गया हो, यदि वह कभी अपने भाई को हंटर से मारता ही न हो, 'हाँ' या 'ना' में कैसे उत्तर देगा ?

(ख) क्या तुमने शराब पीना छोड़ दिया ?

(ग) तुम पुलिस की कैद से कैसे भागे ?

(च) **विस्मयात्मक वाक्य**—ऐसे वाक्य को कहते हैं जिसमें विस्मय, अचरज, आवेश, घृणा आदि की अभिव्यक्ति हो, जैसे—

अहा ! कैसी मनोरम घटा है।
मार दो गोली निर्लज्ज को।
हाय कम्बख्त, तूने पी ही नहीं।
छि ! कैसी गंदी बात कही है।

1. एक दिन मैं एक मित्र के साथ ताजमहल देखने गया था। वे अंग्रेजी के बड़े हिमायती थे। बात-बात में हिंदी पर अंग्रेजी की श्रेष्ठता दिखाते थे। इतने में ही दो अमेरिकन सज्जन आकर खड़े हो गए और ताजमहल की सुर्री के विषय में बातें करने लगे। उनमें से एक ने कहा, 'ओह जोव ! इट इज सो हाई ! हे भगवन यह कितनी ऊँची है।'

सुनते ही मेरे मित्र मुझसे बोले, 'देखा आपने। ओह जोव। इन दो शब्दों में कितना कमाल है। क्या आप हिंदी में ऐसी ही अभिव्यंजना दिखा सकते हैं ?'

मैंने कहा कि वह तो मैं बाद को दिखाऊंगा। पहले मैं हिंदी का एक पदबंध देता हूँ। उसकी अभिव्यक्ति अंग्रेजी में करके दिखाइए।

बोले, 'अवश्य दिखाऊँगा। कहिए।'

मैंने कहा, 'अरे, दैया रे दैया ?'

वे सुनते ही मुँह फेरकर चल दिए।

2. एक बार एक महफिल में कव्वाली हो रही थी। एक सज्जन बैठे हुए थे, जो उर्दू नहीं जानते थे, केवल कव्वाली और गजल का नाम सुन रखा था। मुझ से बोले, 'यह क्या कूड़ा-करकट ले बैठे। इनसे कहिए कि कव्वाली सुनाएं।'

मैंने कहा कि यह कव्वाली ही तो है।

इतना सुनते ही उछल पड़े और बोले, 'कव्वाली थी तो वाह, वाह, बहुत अच्छी थी। क्या कहने !'

3. एक लालाजी से किसी सज्जन ने पूछा, 'आपका नाम क्या है ?'

लालाजी—झाऊलाल।

सज्जन—भई वाह, क्या नाम है, लाला के लाला, ईंधन के ईंधन।

4. दस द्वारे का पींजरा, या में पंछी पौन (पवन)।
   रहिवे को अचरण यहाँ, गए अचंभा कौन ।।

(छ) **इच्छात्मक वाक्य**—ऐसे वाक्य को कहते हैं जिसमें कोई इच्छा, प्रार्थना, आशीष आदि व्यक्त किया जाए, जैसे—

भगवान तुम्हारा भला करे।
तुम जियो हजारों साल, साल के दिन हों पचास हजार।
इसका सत्यानाश हो। (यह विस्मयात्मक भी है)
प्रभु मोरे अवगुन चित न करो।

(i) बच्चों की एक पुस्तक में एक कहानी है कि एक घसियारा रोज घास काटकर लाता था और बाजार में बेच आता था। बुड्ढा हो गया था, घास की गठरी कठिनाई से ही उठा पाता था।

एक दिन रास्ते में थककर बैठ गया। जब दुबारा जमीन से गठरी उठाने लगा तो उठा नहीं पाया। हताश होकर बोला, 'इस जीवन से तो यही अच्छा है कि ईश्वर मुझे मौत दे दे।'

इतने में ही एक बुड्ढा प्रगट हुआ और बोला, 'मैं मौत का फरिश्ता हूँ। बोलो मेरे लिए क्या आज्ञा है ?'

घसियारा पहले तो सकपका गया। फिर सँभलकर बोला, 'बस इतना चाहता हूँ कि यह गठरी उठाकर मेरे सिर पर रख दो।'

(ii) किसी लकड़हारे ने सुन रखा था कि प्रतिदिन एक क्षण ऐसा अवश्य आता है जब मुँह-माँगी मुराद पूरी होती है। वह एक मैदान में जाकर बैठ गया। कुल्हाड़ी सामने रख ली और बार-बार कहने लगा, 'ऐ कुल्हाड़ी, सोने की बन जा।'

सैकड़ों बार उसने उपर्युक्त वाक्य दुहराया यह सोचकर कि कभी तो अपेक्षित क्षण आएगा। जब घंटों बीत गए, तब थककर चूर हो गया और झुँझलाकर बोला कि अरी कमबख्त, यदि सोने की नहीं होती तो पत्थर की ही हो जा ! और उसी समय कुल्हाड़ी पत्थर की हो गई।

(iii) कुछ लोगों की इच्छा-शक्ति बहुत प्रबल होती है। स्वामी दयानंद सरस्वती के पास एक नास्तिक आया करते थे, श्री गुरुदत्त विद्यार्थी। जीवन-भर स्वामी जी उन्हें ईश्वर के अस्तित्व के विषय में समझाते रहे, पर उनकी समझ में न आया। स्वामी जी को किसी ने भोजन के साथ पारा खिला दिया था। जब स्वामी जी समझ गए कि उनका अंत समय निकट है, तो बोले कि हे ईश्वर, मालूम होता है कि अब तेरी यही इच्छा है। अस्तु, तेरी इच्छा पूरी हो। इतना कह कर प्राण त्याग दिए।

यह घटना गुरुदत्त जी के सामने घटी। वे स्तंभित हो गए। सोचा कि एक आस्तिक की मृत्यु इतनी अच्छी होती है ! और उसी दिन से आस्तिक हो गए।

(iv) भीष्म पितामह को 'इच्छा मृत्यु' का वरदान था। जब तक वे स्वयं न चाहते, उनकी मृत्यु नहीं हो सकती थी। जब शिखंडी को उनके सम्मुख खड़ा कर दिया गया, उन्होंने हथियार डाल दिए क्योंकि वे जानते थे कि शिखंडी पिछले जन्म की 'अंबा' नामक स्त्री है, जिसने केवल भीष्म से बदला लेने के लिए ही जन्म लिया है, और वे वीर मर्यादा के अनुसार किसी 'स्त्री' पर हथियार चला नहीं सकते थे। शिखंडी की आड़ में अर्जुन ने पितामह पर तीर चलाए और उन्हें

धराशायी कर दिया। फिर भी उन्होंने प्राण त्याग नहीं किया। वे जानते थे कि जब सूर्य उत्तरायण होता है, तभी मरना शुभ होता है। और उस समय सूर्य दक्षिणायण थे। अतः वे कुछ दिन तक प्राण रोके रहे। जब सूर्य उत्तरायण हुए तब अपनी इच्छा से प्राण त्याग किया।

(v) एक व्यक्ति सड़क पर जा रहा था। रास्ते में प्रत्येक ताँगे वाला पूछता था कि बाबूजी, कहाँ जाना है ? उसे सवारी नहीं चाहिए थी, इसलिए यह कहते-कहते थक गया कि कहीं नहीं जाना है।

एक ताँगे वाला और मिला। उसने पूछा कि बाबू जी, कहाँ जाना है ?

वह व्यक्ति बोला, 'जाना है जहन्नुम में।'

ताँगे वाले ने कहा, 'आ जाओ मेरे ताँगे के नीचे।'

(ज) **संकेतात्मक वाक्य**—ऐसे वाक्य को कहते हैं जिसमें किसी काम का होना न होना किसी अन्य काम पर निर्भर होता है, जैसे—

यदि तुम कहो तो मैं आऊँ।

यदि अब भी पानी बरस जाए तो फसल अच्छी हो जाए।

यदि काटो तो खून नहीं।

(1) एक छात्र : क्यों जी, यदि व्याकरण न होता तो क्या होता ?

दूसरा छात्र : हमारा हाई स्कूल का पाठमान हल्का हो जाता।

(2) तीन विद्यार्थी विचार कर रहे थे कि आज हॉकी मैच देखें, या सिनेमा जाएँ, या छात्रावास में बैठकर पढ़ें।

अंत में निश्चय यह हुआ कि पैसा उछालकर निर्णय किया जाए। निर्णय की शर्त यह थी—

'यदि सन् गिरे तो हॉकी का मैच देखेंगे, यदि मूरत गिरे तो सिनेमा चलेंगे, और यदि किनारे के बल खड़ा हो जाए तो पढ़ेंगे।'

(3) प्रेमी का पत्र, प्रेयसी के नाम : 'मैं तुम्हारे लिए पहाड़ खोद सकता हूँ, मैं तुम्हारे लिए सितारे तोड़कर ला सकता हूँ, मैं तुम्हारे लिए समुद्र लाँघ सकता हूँ।'

अंत में : 'संध्या समय मिलने आऊँगा, यदि पानी न बरसा तो।'

(4) एक लोकोक्ति : यदि घर वाले न मरते तो फांस तक खाटें बिछतीं।

(5) हुई मुद्दत कि गालिब मर गया पर याद आता है।
वह हर एक बात पर कहता कि 'य होता तो क्या होता।'

कुछ वैयाकरण वाक्यों का एक अन्य वर्ग बताते हैं : नकारात्मक, अर्थात नहिक वाक्यों का। हमारे विचार में यह आवश्यक है। प्रायः सभी वाक्यों को हम नहिक रूप दे सकते हैं।

उपरिलिखित वर्गों में से प्रत्येक वर्ग के एक वाक्य से हम संगत नहिक वाक्य बनाते हैं—

आज बदली न है—नहिक कथनात्मक ।

कल सूरज पूरब में नहीं उगेगा—नहिक संभावनात्मक ।

वह घर से नहीं चली होगी—नहिक संदेहात्मक ।

गुरु का अनादर नहीं करना चाहिए—नहिक आदेशात्मक ।

क्या कपड़े नहीं सूखे—नहिक प्रश्नात्मक ।

छटा मनोरम नहीं है—नहिक विस्मयात्मक ।

भगवान तुम्हारा भला न करे—नहिक इच्छात्मक ।

यदि तुम कहो तो मैं न आऊँ—नहिक संकेतात्मक ।

5

क्रिया प्रयोग

शब्द भेदों में सबसे अधिक विकार क्रिया पदों में ही संभाव्य है। अतः इनके प्रयोग में लेखकों को विशेष सावधानी बरतनी चाहिए। परंतु हम देखते हैं कि इस क्षेत्र में बड़ी अराजकता फैली हुई है। बड़े-बड़े दिग्गज भी असावधानी में गलतियाँ कर जाते हैं। पंडित किशोरीदास वाजपेयी अपनी पुस्तक 'ब्रजभाषा व्याकरण' के पृष्ठ 11 पर लिखते हैं: 'इनकी बनावट में तथा प्रकृति आदि में समानता का होना स्वाभाविक है ही।'

इस वाक्य में से या तो 'ही' निकाल देना चाहिए, अन्यथा 'है ही' का हेर-फेर कर देना चाहिए।

पृष्ठ 28 पर यह वाक्य आता है—

'इसी तरह संचय को सम-चय या अभ्युदय को अभि-उदय नहीं लिखा-बोला जा सकता है।'

इस वाक्य में 'है' अनावश्यक तो है ही, भद्दा भी लगता है।

इसी ढंग का एक वाक्य जैनेंद्र की कहानी 'वह अनुभव' में आता है—'उस स्थिति को हर्ष या विषाद नहीं कहा जा सकता है।'

इस ढंग के नकारात्मक वाक्यों के अंत में 'है' का आना प्रयोग संगत नहीं।

आजकल 'रखना' क्रिया पद की बड़ी मट्टी पलीद हो रही है। इसके कई उदाहरण तो हम अपनी पुस्तक 'मानक हिंदी' में दे चुके हैं। हम देखते हैं कि बड़े-बड़े धुरंधर लेखक भी इस क्रिया का एक प्रकार से दुरुपयोग ही करते हैं। हम प्रेमचंद जी की कहानियों में से दो-एक उदाहरण देते हैं—

(क) प्रेमचंद जी की कहानी 'ईदगाह' में यह वाक्य आता है—उसके पेट के अंदर डाल दिया जाए, बेतुकी-सी बात होने पर भी कुछ नयापन रखती है।

हम तो पिछले वाक्य को इस रूप में लिखना पसंद करेंगे—बेतुकी-सी बात है, फिर भी उसमें कुछ नयापन तो है ही।

(ख) अंग्रेजी साहित्य का क्या पूछना। कविता में तो वह अपना जोड़ नहीं रखता—प्रेमचंद (लेखक)।

हमारे विचार में इस वाक्य को यूँ लिखा जाए—कविता में तो उसका कोई जोड़ नहीं, अथवा कविता में तो वह बेजोड़ है।

जैनेंद्र की कहानी 'पानवाला' में यह वाक्य आता है, 'मैं रईस नहीं, पर जँचाव बुरा नहीं रखता।'

हमें तो यह वाक्य बहुत ही बेतुका लगता है। डॉ० शिवप्रसाद सिंह अपनी पुस्तक 'हिंदी का निखार तथा परिष्कार—' 1, पृष्ठ 127 पर लिखते हैं—'इसी से यह भी पता चल जाएगा कि 1805-6 में उनकी भाषा कैसी थी और शैली कैसी वे रखते थे?'

कुछ लेखक हिंदी की प्रकृति पर ध्यान दिए बिना मनमाने ढंग से क्रियाओं का प्रयोग कर देते हैं। दो-एक नमूने देखिए—

(क) डॉ० रामकुमार वर्मा अपनी पुस्तक 'कबीर का रहस्यवाद' (राधाकृष्ण प्रकाशन) के पृष्ठ 82 पर लिखते हैं, 'कबीर का रहस्यवाद अपनी विशेषता लिए हुए है।'

(ख) उसी पुस्तक के पृष्ठ 75 पर यह वाक्य आता है—'अनंतसत्ता के सामने जीव अपने को इतने समीप ला देता है कि उसकी साधारण भावना में अनंत शक्ति की अनुभूति होने लगती है।'

(ग) भीष्म साहनी की कहानी 'निशाचर' में यह वाक्य आता है—'जांबिया से मैं हिंदुस्तान लौट रहा था। हवाई जहाज को करांची के रास्ते होकर जाना था।'

जब लेखक जांबिया से स्वदेश हिंदुस्तान लौट रहा था तो उसके हवाई जहाज को करांची के रास्ते होकर 'जाना' नहीं था, 'आना' था।

अब आप जरा डॉ० भोलानाथ तिवारी की बानगी देखिए—उनकी एक पुस्तक है—'अच्छी हिंदी कैसे बोलें, कैसे लिखें'। उक्त पुस्तक के पृष्ठ 148 पर यह वाक्य आता है—'उन्होंने कमीजें सिलीं।' यह रचना हमें बिलकुल बेतुकी दिखाई देती है। हमारे पास जितने कोश हैं, उनमें से किसी में भी 'सिलना' क्रिया का कर्तृवाच्य प्रयोग नहीं देखा।

(ख) पृष्ठ 53 पर आप लिखते हैं, 'वस्तुतः भाषा की प्रकृति के अनुकूल एक वाक्य को दो में जोड़ने या दो एक में मिलाने में भी भाषा-प्रयोक्ता को कभी संकोच नहीं करना चाहिए।'

स्पष्ट है कि इस वाक्य में 'जोडने' के बदले 'तोडने' आना चाहिए।

(ग) इसी पृष्ठ पर एक वाक्य और भी ध्यान देने योग्य है—'कभी-कभी हरियाणा आदि कुछ क्षेत्रों के लोग बलार्थक प्रत्यय ही को शब्द को तोड़कर बीच में ला देते हैं, जो नहीं करना चाहिए।'

'ला देते हैं' क्रिया का प्रयोग यहाँ जँचता नहीं।

'सकना' क्रिया-पद की भी बड़ी दुर्दशा हो रही है। 'सकना' में 'शक्यता' का भाव तो निहित है ही, तिस पर भी बहुत से लेखक दुहरा क्रिया-पद बनाते हैं—'संभव हो सकना।'

(क) श्रीमती महादेवी वर्मा की पुस्तक 'स्मृति की रेखाएँ' पृष्ठ 58 पर यह वाक्य आता है—'संभव ही नहीं हो सका।'

हमारे विचार में या तो लिखना चाहिए, 'संभव ही नहीं हुआ' या 'नहीं हो सका।'

(ख) इस ढंग के प्रयोग की पराकाष्ठा शिवानी के इस वाक्य में दिखाई पड़ती है, जो उसने 'के' नामक कहानी में लिखा है; 'ये ऐसी पहेली है, जिसे सुलझा सकना संभव नहीं हो सकता है।' यहाँ तीन शब्दों का प्रयोग हुआ है, जिनका लगभग एक ही भाव है। हम तो इस वाक्य को यूँ लिखेंगे—'ये ऐसी पहेली है, जिसे सुलझाना असंभव है।'

(ग) अब दूसरे प्रकार का प्रयोग देखिए—'बस कर सकता ही नहीं।'

—जैनेंद्र, 'पानवाला'

कुछ लोग 'पाना' क्रिया का भी दुरुपयोग करते हैं। देखिए, जैनेंद्र के दो वाक्य—

(क) 'शायद इसी से हो कि जब चाँदनी चौक में पहुँचता हूँ, तभी पान वाला मुझे पा लेता है।' —'पानवाला'

(ख) वे इसमें बहुत मग्नता पा सकते हैं। —जैनेंद्र, 'एक टाइप'

6

क्रियाओं के भेद

क्रियाओं के दो भेद

कुछ क्रियाएँ ऐसी होती हैं, जिनका फल कर्ता तक ही सीमित रहता है, जैसे—गाड़ी चली, बच्चा रो रहा है, उसकी साँस उखड़ गई, अतिथि कल जाएगा।

इन सभी क्रियाओं का फल कर्ता पर ही पड़ता है। पहले उदाहरण में—गाड़ी चलती है। गाड़ी के चलने का संबंध किसी और से नहीं है। दूसरे उदाहरण में बच्चा स्वयं रो रहा है। उसका फल, जहाँ तक इस वाक्य का संबंध है, किसी और पर नहीं पड़ रहा है। इसी प्रकार तीसरे और चौथे उदाहरण में भी क्रिया का फल कर्ता तक ही सीमित है। ऐसी क्रियाएँ अकर्मक कहलाती हैं।

जिन क्रियाओं का फल कर्ता से निकलकर किसी दूसरे व्यक्ति अथवा वस्तु पर पड़ता है, वे सकर्मक क्रियाएँ कहलाती हैं। जैसे—राम ने बच्चे को पीटा। यहाँ पीटने का फल बच्चे पर पड़ा। बच्चा कर्म कहलाएगा और पीटना सकर्मक क्रिया। इसी प्रकार—मैं कल चिट्ठी भेजूंगा, राम ने रावण को मारा था, और राजा ने अपने एक मित्र को मंत्री बना दिया। इन उदाहरणों में सारी क्रियाएँ सकर्मक हैं और चिट्ठी, रावण, मित्र तथा मंत्री सब कर्म कहलाएँगे। यजमान ने पंडित को पाँच रुपए दक्षिणा में दिए। यहाँ पंडित और पाँच रुपए, दोनों कर्म कहलाएँगे। पाँच रुपए जो अप्राणीवाचक है, मुख्य कर्म कहलाएँगे और पंडित को गौण कर्म कहेंगे। एसी क्रियाएँ द्विकर्मक कहलाती हैं।

कुछ क्रियाएँ अपूर्ण होती हैं। यदि हम कहें कि प्यादा बीमार पड़ गया, तो केवल इतना कह देने से कि प्यादा पड़ गया, ठीक मतलब नहीं निकलेगा। 'पड़ गया' अकर्मक क्रिया है, किंतु अपूर्ण है। 'बीमार' उसका पूरक कहलाएगा। इसी प्रकार—लोमड़ी चालाक है, उक्त साधु तो जासूस निकला, नौकर देखने में तो

सीधा है, पर है बड़ा मक्कार। इन सब वाक्यों में क्रियाएँ अकर्मक हैं और इनके पूरक हैं क्रमशः चालाक, जासूस और मक्कार।

कुछ सकर्मक क्रियाएँ भी अपूर्ण होती हैं। जैसे—दुर्योधन ने कर्ण को अंग देश का राजा बना दिया; पिता ने पुत्र को बुलाया; बच्चे ने अपने मित्र को खिलौने दिखाए। इन वाक्यों में ये शब्द क्रमशः पूरक हैं—राजा, पुत्र, खिलौने।

अब हम एक ऐसे प्रश्न पर आते हैं जो हमारे विचार में विवादग्रस्त नहीं है, परंतु कुछ विद्वानों ने उसे जबर्दस्ती विवादग्रस्त बना दिया है। पंडित किशोरीदास वाजपेयी ने अपनी पुस्तक हिंदी-शब्दानुशासन' के पृष्ठ 423 पर ये वाक्य दिए—

(1) राम काशी गया।
(2) लड़की वृंदावन गई।
(3) तुम घर आए।
(4) हम भी घर आ गए।

वाजपेयी जी ने इन चारों वाक्यों में गया, गई, आए, आ गए सबको सकर्मक क्रियाएँ बताया है और काशी, वृंदावन, घर को इन क्रियाओं के कर्म बताया है। यह बात हमारे गले नहीं उतरती। जब हम किसी प्राणी अथवा वस्तु पर कोई क्रिया करते हैं, तब उक्त प्राणी या वस्तु उक्त क्रिया के कर्म कहलाते हैं। जैसे—लड़के ने बच्ची को मारा। इसमें बच्ची पर कोई क्रिया की गई, अतएव, बच्ची कर्म कहलाएगी। परंतु राम काशी गया। इसमें काशी पर तो कोई क्रिया नहीं हुई, काशी तो ज्यों-की-त्यों रह गई, काशी को कर्म कैसे कह सकते हैं। लोग यह कह सकते हैं कि यदि काशी की जनसंख्या पहले दस लाख थी तो राम के पहुँचने से दस लाख एक हो गई है। इस प्रकार काशी में एक परिवर्तन आया। परंतु इस तर्कहीन युक्ति को तर्क नहीं कहेंगे। धींगामुश्ती भले ही कह दें। यदि नौकर दुकान चला गया और वहाँ जाकर बैठ गया, तो भी यह कह सकते हैं कि उसने दुकान पर कोई क्रिया की। परंतु इस प्रकार तो यदि हम बैठे से खड़े हो जाएँ, तो भी हमारे शरीर से जो वायु संपर्क में आएगी, वो उद्वेलित होगी, और उसका प्रभाव संसार-भर की वायु पर पड़ेगा। परंतु व्यावहारिक दृष्टि से हम यह नहीं कर सकते कि हमने वायु पर कोई क्रिया की।

अब देखिए श्री ओमप्रकाश शर्मा की पुस्तक : 'हिंदी-व्याकरण नवमूल्यांकन'।

उक्त पुस्तक के पृष्ठ 240 पर शर्मा जी ने एक वाक्य दिया है, 'पिता जी गाँव गए हैं' और गाँव को कर्म बताया है। पृष्ठ 241 पर आपने लिखा है कि अकर्मक-सकर्मक की पहचान के लिए वाक्य की क्रिया से क्या, कहाँ, किसको या किसे प्रश्न करने चाहिए। वाक्य इनके उत्तर दे, तो क्रिया सकर्मक होगी, अन्यथा

अकर्मक। हम उक्त पृष्ठ से यह उद्धरण देते हैं—

	वाक्य	प्रश्न	उत्तर	क्रिया
1.	बच्चे घर चले गए।	कहाँ चले गए।	घर	सकर्मक
2.	नौकर बच्चे को बाजार ले गया।	किसको ले गया। कहाँ ले गया।	बच्चे को बाजार	द्विकर्मक

हम इस कथा से बिलकुल सहमत नहीं हैं। हमारे विचार में यदि क्रिया से क्या अथवा किसको का उत्तर मिले तो क्रिया सकर्मक है। किंतु यदि कहाँ, कब या कैसे का उत्तर मिले तो क्रिया अकर्मक है। और तत्संबंधी शब्द क्रिया के कर्म नहीं हैं, पूरक हैं।

कुछ क्रियाएँ अकर्मक और सकर्मक दोनों रूपों में चलती हैं, जैसे—

	क्रिया	अकर्मक	सकर्मक
1.	भरना	फुइयों-फुइयों तालाब भर जाता है।	श्रवणकुमार घड़ा भर रहा था, जब उसको महाराजा दशरथ का तीर लगा।
2.	खुजलाना	आज हथेली खुजला रही है, आशा है कुछ प्राप्ति होगी।	खुजलाना मत अन्यथा जख्म फिर हरा हो जाएगा।
3.	लजाना	ससुर आएगा तो वह लजाएगी नहीं।	जुआ खेलकर क्यों हमें लजाते हो।

कभी-कभी क्रिया का फल कर्ता पर ही पड़ता है, फिर भी क्रिया सकर्मक कहलाती है। जैसे—'तुम ऐसा कहकर अपने को ही गालियाँ दे रहे हो।' इसमें गालियाँ अपने ऊपर ही पड़ रही हैं परंतु फिर भी व्याकरण की दृष्टि से कर्ता और कर्म एक दूसरे से अलग हैं। 'तुम' कर्ता है, और 'अपने को' कर्म है। ये दोनों शब्द एक ही व्यक्ति के वाचक हैं, फिर भी व्याकरणिक विचार से दोनों का अस्तित्व अलग-अलग है।

कभी-कभी अकर्मक क्रिया के व्यापार का प्रयोग कर्म के रूप में होता है, तो अकर्मक क्रिया भी सकर्मक बन जाती है। जैसे— उसने अनोखी चाल चली; झाँसी की रानी ने बड़ी लड़ाइयाँ लड़ीं।

कभी-कभी इसका उलटा भी होता है, अर्थात सकर्मक क्रिया भी सकर्मक के रूप में प्रयुक्त होती है। जैसे—मैं तो कह रहा हूँ, पर वह सुने तब न। पाठशाला में 7 छात्र पढ़ते हैं।

वो क्या सुनता है, ये उपरिलिखित वाक्य से पता नहीं चलता। इसी प्रकार छात्र क्या पढ़ते हैं, इसका उल्लेख नहीं है। इन वाक्यों में कर्ता के स्पष्ट उल्लेख

की आवश्यकता नहीं, इसीलिए नहीं दिए गए।

कुछ क्रियाएँ त्रिकर्मक भी होती हैं, जैसे—माँ खाना बनाती है। इसमें खाना कर्म है, क्रिया एक कर्मक है। माँ बेटे को खाना खिलाती है। इसमें दो कर्म हैं। खाना मुख्य कर्म है, और बेटा गौण कर्म। ऐसी क्रिया द्विकर्मक कहलाती है। माँ बावर्चिन से बेटे को खाना खिलवाती है। इसमें तीन कर्म हैं। खाना मुख्य कर्म है और बेटा तथा बावर्चिन दोनों गौण कर्म हैं। ऐसी क्रिया को त्रिकर्मक कहते हैं।

7

वाच्य

हम ऊपर कह आए हैं कि सामान्यत: प्रत्येक वाक्य के दो भाग होते हैं—उद्देश्य और विधेय। जिस प्राणी अथवा वस्तु के विषय में कोई बात कही जाए, वह उद्देश्य कहलाता है और जो बात कही जाए, उसे विधेय कहते हैं। उद्देश्य सामान्यत: संज्ञा या सर्वनाम होता है और विधेय में कोई क्रिया अवश्य होती है। किसी वाक्य में अन्य शब्द-भेद भी हो सकते हैं, जैसे—कर्म, उद्देश्य-विस्तार, क्रिया-विस्तार आदि। जिस वाक्य में प्रमुखता कर्ता की होती है, उसे कर्तृवाच्य कहते हैं। जैसे—चिड़िया उड़ गई, पड़ोसी कल जाएगा, चोर का पता नहीं चला, निरीक्षक महोदय आ रहे हैं, पेड़ खेत के बीचों-बीच में खड़ा है।

इन सब वाक्यों में मुख्य रूप से कर्ता का ही विधान किया गया है। अब दूसरे प्रकार के वाक्य को देखिए, जैसे—बाजा बज रहा है, चोर को पीटा जा रहा है, कोट सिल गया, शत्रु की गर्दन कट गई। इन सब वाक्यों में मुख्यतः कर्म के विषय में विधान किया गया है, अत: ये वाक्य कर्मवाच्य कहलाएँगे।

कुछ वाक्य होते हैं, जिनमें प्रमुखता न कर्ता की होती है, न कर्म की, बल्कि भाव की। जैसे—अब तो गर्मी के मारे बैठा भी नहीं जाता; न रोगी से खाना खाया जाता है, न पानी पिया जाता है; यहाँ तो बात करना भी पाप है। इन सब वाक्यों में न कर्ता की प्रधानता है, न कर्म की। पहले वाक्य में बैठना, क्रिया के विषय में विधान किया गया है। दूसरे में खाना और पानी के विषय में है। ऐसे वाक्यों को भाववाच्य कहते हैं। कर्तृवाच्य अकर्मक और सकर्मक दोनों प्रकार की क्रियाओं में होता है। कर्मवाच्य सकर्मक क्रियाओं में होता है, और भाववाच्य केवल अकर्मक क्रियाओं में होता है।

भाववाच्य सदैव एकवचन, पुल्लिग, अन्य पुरुष में रहता है।

सामान्यत: हम किसी भी सकर्मक क्रिया को कर्मवाच्य रूप दे सकते हैं, जैसे—राम ने रावण को मारा। इस वाक्य को हम इस रूप में भी लिख सकते हैं—राम

रावण के द्वारा मारा गया। अध्यापक ने विद्यार्थी को पुस्तक दे दी। यहाँ हम कह सकते हैं कि अध्यापक द्वारा विद्यार्थी को पुस्तक दे दी गई। पुलिस ने चोर को पीटा, अथवा चोर पुलिस द्वारा पीटा गया। ये सब कर्मवाच्य कहलाएँगे।

परंतु हम किसी अकर्मक क्रिया को कर्मवाच्य नहीं बना सकते, क्योंकि उसमें तो कर्म होता ही नहीं।

पंडित किशोरीदास वाजपेयी के इस वाक्य पर फिर से विचार कर लीजिए : 'राम काशी गया।' इसको कर्मवाच्य कैसे बनाएँगे। इसी प्रकार श्री ओमप्रकाश शर्मा के निम्नलिखित वाक्यों को, जो हमने ऊपर दिए हैं, हम कर्मवाच्य के रूप में ढाल ही नहीं सकते—

(क) पिता जी गाँव गए हैं।

(ख) बच्चे घर चले गए।

(ग) नौकर बच्चे को बाजार ले गया।

यह अकाट्य प्रमाण है इस बात का कि इनमें कर्म है ही नहीं। किंतु ये इन प्रश्नों का उत्तर देते हैं—

पिता जी कहाँ चले गए ?

बच्चे कहाँ गए ?

नौकर बच्चे को कहाँ ले गया ?

अतः इनमें गाँव, घर और बाजार तीनों क्रियाओं के पूरक हैं।

तीसरे वाक्य में यदि पूछा जाए कि नौकर किसको बाजार ले गया, तो इसका उत्तर है—बच्चे को। अतएव बच्चा कर्म है। हम उक्त वाक्य को इस रूप में कर्मवाच्य बना सकते हैं, कि बच्चे नौकर द्वारा बाजार ले जाए गए हैं। परंतु इस रूप में कर्मवाच्य नहीं बना सकते, जिसमें मुख्य रूप से बाज़ार का विधान हो।

हिंदी में कर्मवाच्य का प्रयोग कुछ विशेष स्थितियों में ही होता है। उदाहरण-स्वरूप देखें—

(1) कर्ता पर जोर देने के लिए—

(क) बाली राम के द्वारा मारा गया।

यदि कोई पूछे कि बाली किसके द्वारा मारा गया, तो उत्तर होगा—राम के द्वारा।

(ख) चोर गाँव वालों के द्वारा पकड़ा गया।

किसके द्वारा—गाँव वालों के द्वारा, पुलिस के द्वारा नहीं।

(2) आदेश, कानूनी भाषा आदि में, जैसे—

(क) ऐसे अपराधी को सख्त सजा दी जाएगी।

(ख) इस हेतु यह अंतिम वसीयतनामा लिखा जाता है।

(3) भविष्य की तैयारी के रूप में, जैसे—

(क) जब ऐसी स्थिति होगी, तब निपट लिया जाएगा।

(ख) वर्ष अच्छी होने पर बोनस दिया जाएगा।

(ग) एक-एक से समझ लिया जाएगा।

(4) अशक्यता अथवा शक्तिविधान के प्रसंग में—

(क) मुझसे जन्माष्टमी का व्रत रखा न जाएगा।

(ख) अब तो रोगी से उठा भी नहीं जाता।

(ग) यह काम मुझसे सधेगा नहीं।

(5) जब कर्ता अज्ञात हो, अथवा उसे व्यक्त करना अनावश्यक हो, जैसे—

(क) आतंकवादियों को मार दिया गया है।

(ख) डकैती के मुकदमे का फैसला परसों सुनाया जाएगा।

अंग्रेजी के व्याकरणों में वाच्य-विवेचन के बाद अभ्यास के लिए कुछ वाक्य दिए जाते हैं। विद्यार्थियों को उनके वाच्य बदलने के लिए निर्देश दिया जाता है। हिंदी में ऐसा नहीं होता। यहाँ तो कुछ वाच्य सामान्यतः कर्तृ-रूप में ही चलते हैं और कुछ कर्म-रूप में ही।

एक वाक्य लें—पिता ने पुत्र को पीटा। यदि इस वाक्य को कर्म-रूप दें, तो कहना होगा कि पुत्र पिता द्वारा पीटा गया किंतु ऐसा वाक्य हिंदी की प्रकृति के अनुकूल नहीं पड़ता।

हिंदी में तो कर्मवाच्य का प्रयोग कुछ गिनी-चुनी स्थितियों में ही होता है, किंतु आजकल ये नई प्रवृत्ति दृष्टिगोचर हो रही है कि जिसे देखो, कर्मवाच्य का प्रयोग कर रहा है, चाहे उसकी आवश्यकता हो चाहे न हो।

इस संबंध में देखिए हमारी पुस्तक—'मानक हिंदी'।

उक्त पुस्तक में हमने इस प्रकार के वाक्यों के बहुत से उदाहरण दिए हैं। यहाँ हम केवल एक उदाहरण और देते हैं—

'काफी आगे तक बढ़कर बातें कर ली गई हैं।'

—जैनेंद्रकुमार (जाह्नवी)

8

प्रयोग

कुछ लेखक क्रिया के उस रूपांतर को कर्मवाच्य कहते हैं, जो कर्म के लिंग, वचन और पुरुष के अनुसार परिवर्तित हो। इन वाक्यों पर विचार कीजिए—

(क) लड़की आम खाएगी।

(ख) लड़का आम खाएगा।

(ग) लड़के आम खाएँगे।

(घ) मैं आम खाऊँगा।

(ङ) तुम आम खाओगे।

(च) स्त्रियाँ आम खाएँगी।

इनमें से प्रत्येक वाक्य में क्रिया कर्ता के अनुरूप बदलती है। लड़की एकवचन स्त्रीलिंग अन्य पुरुष है, अतः क्रिया है, खाएगी।

मैं—प्रथम पुरुष—अतएव क्रिया है, खाऊँगा।

तुम—मध्यम पुरुष—अतएव क्रिया है, खाओगे।

इसी प्रकार सारी क्रियाएँ हैं। अब इन वाक्यों पर विचार कीजिए—

उसने चने चबाए।

लड़कों ने बाटियाँ खाईं।

उन्होंने बीज खाए।

चाची ने तरबूज खाया।

क्या तुमने पेड़ा खाया?

इन सब वाक्यों में क्रिया कर्म के लिंग, वचन के अनुसार बदलती है। अतः ऐसे लेखकों के विचार से ये क्रियाएँ कर्मवाच्य में हैं। यद्यपि श्री कामताप्रसाद गुरु की जो परिभाषा हमने ऊपर दी है, उसके अनुसार ये सब कर्तृवाच्य हैं। ऐसी क्रियाओं को कर्मणि प्रयोग कहते हैं।

एक अन्य वाक्य लीजिए—

'मैंने यह अलमारी पसंद की है।'

स्पष्ट है कि कर्ता 'मैं' है, और कर्म 'अलमारी'। अब इसी वाक्य को इस रूप में रखिए—

'यह अलमारी मुझे पसंद है।'

अलमारी जो कर्म थी, (और अब भी है) उद्देश्य बन गई है। अतः यह वाक्य कर्मवाच्य है। इसी प्रकार यह वाक्य भी—

कढ़ी मुझे अच्छी लगती है।
क्या तुम्हें नीम के पत्ते कड़वे नहीं लगते?
बच्ची को इमली की चटनी पसंद है।

ये सब वाक्य कर्तृवाच्य, किंतु कर्मणि प्रयोग हैं।

इस संबंध में वाजपेयी जी की पुस्तक 'हिंदी-शब्दानुशासन' पठनीय है। आप पृष्ठ 408 पर लिखते हैं—

"जब कर्ता के अनुसार क्रिया रूप ग्रहण करती है, तो कर्तृवाच्य कहलाती है और जब कर्म का अनुगमन करती है, तो कर्मवाच्य। कर्तृवाच्य को ही कर्तरि प्रयोग कहते हैं और कर्मवाच्य को कर्मणि प्रयोग।"

वाजपेयी जी की इस उक्ति से सहमत होना बहुत कठिन है। इस विषय में श्री ओमप्रकाश शर्मा का व्याकरण पठनीय है। आप लिखते हैं—

"मुख्य रूप से यही समझना चाहिए कि वाच्य का संबंध वाक्य में कर्ता, कर्म या भाव की प्रधानता से है, और प्रयोग का संबंध वाक्य की क्रिया के कर्ता या कर्म के अनुसार या तटस्थ रहने से है। वाच्य में यह देखना होता है कि क्रिया का मुख्य उद्देश्य अर्थात प्रधान विषय कर्ता है, या कर्म या भाव। प्रयोग में यह देखना होता है कि क्रिया के लिंग, वचन और पुरुष किसके अनुसार हैं; कर्ता, कर्म या भाव के। यह समझना भारी भूल है कि कर्तृवाच्य सदैव कर्तरि प्रयोग होता है, कर्मवाच्य सदैव कर्मणि प्रयोग होता है, और भाववाच्य सदैव भाव प्रयोग होता है।"

यह बात नीचे दिए उदाहरणों से स्पष्ट हो जाती है—

1. कर्तृवाच्य और कर्तरि प्रयोग

(क) मोहन खाना खा रहा है।
(ख) बच्ची रो रही है।

2. कर्मवाच्य और कर्मणि प्रयोग

(क) रोगी से दाल भी नहीं खाई जाती।
(ख) तुम से इतना-सा काम भी न हो पाया।

3. भाववाच्य या भावे प्रयोग

(क) गर्मी के मारे नींद नहीं आती।
(ख) उससे तो चला भी नहीं जाता।

4. कर्तृवाच्य किंतु कर्मणि प्रयोग

(क) पिता ने रोटी खाई।

(ख) माँ ने अचार बनाया।

5. कर्तृवाच्य किंतु भावे प्रयोग

(क) कैकेयी ने राम को वनों में भेजा।

(ख) रानी ने बच्चों को हँसाया।

6. कर्मवाच्य किंतु भावे प्रयोग

(क) रोगी को अस्पताल भेजा जाएगा।

(ख) चोर पकड़ लिया गया और उसे सजा मिल गई।

स्पष्ट है कि वाच्य और प्रयोग में अंतर है। यद्यपि उक्त अंतर को पकड़ पाना कहीं-कहीं पर कठिन होता है।

9

क्रिया के रूपांतर

क्रिया वास्तव में अमूर्त वस्तु है। इसका न कोई लिंग होता है, न वचन, न पुरुष। तथापि, वाक्यों में तो इसका प्रयोग किसी-न-किसी रूप में करना ही होगा। अतः कभी यह लिंग, वचन और पुरुष के विषय में कर्ता का पल्ला पकड़ती है, कभी कर्म का और कभी दोनों में से किसी का भी नहीं।

(क) संज्ञा और सर्वनाम की तरह क्रिया के भी दो लिंग (पुल्लिग-स्त्रीलिंग), दो वचन (एकवचन-बहुवचन) तथा तीन पुरुष (प्रथम-मध्यम-अन्य) होते हैं। पुल्लिग एकवचन का प्रत्यय 'आ', पुल्लिग बहुवचन का प्रत्यय 'ए', स्त्रीलिंग एक-वचन का प्रत्यय 'ई' है और स्त्रीलिंग बहुवचन का प्रत्यय 'ईं' अथवा 'ई हैं' होता है।

(ख) पुरुषों में 'मैं' और 'हम' के साथ आने वाली क्रिया प्रथम पुरुष की, 'तू' और 'तुम' के साथ आने वाली मध्यम पुरुष की तथा अन्य सभी संज्ञा, सर्वनामों के साथ आने वाली क्रियाएँ अन्य पुरुष की कहलाती हैं।

लिंग के अनुसार

पुल्लिग	स्त्रीलिंग
कृष्ण आता है।	रुक्मिणी आती है।
मोहन आया।	किरण आई।
वह आता है।	वह आती है।
मैं आता हूँ।	मैं आती हूँ।

वचन के अनुसार

एकवचन	बहुवचन
बच्चा आता है।	बच्चे आते हैं।
मनुष्य आता है।	मनुष्य आते हैं।
मैं आता हूँ।	हम आते हैं।
वह आती है।	वे आती हैं।

पुरुष के अनुसार

प्रथम पुरुष	मध्यम पुरुष	अन्य पुरुष
मैं आता हूँ।	तू आता है।	वह आता है।
हम आते हैं।	तुम आते हो।	वे आते हैं।
मैं आती हूँ।	तू आती है।	वह आती है।
हम आती हैं।	तुम आती हो।	वे आती हैं।

1. यदि वाक्य में कर्ता और कर्म दोनों विभक्तिरहित हों, तो क्रिया के लिंग, वचन और पुरुष कर्ता के अनुसार होते हैं। इसे कर्तृ प्रयोग कहते हैं, जैसे—

सोहन पुस्तक पढ़ता है।
राधा मेला देखती है।
हम ताश खेलते हैं।

2. यदि वाक्य में कर्ता 'ने' और कर्म विभक्तिरहित हो तो क्रिया के लिंग, वचन तथा पुरुष कर्म के अनुसार होते हैं। इसे कर्मणि प्रयोग कहते हैं। जैसे—

सुरेंद्र ने आम खाया।
लड़की ने भैरवी गाई।
हमने शेर देखा।

3. यदि वाक्य में कर्ता 'ने' विभक्ति के साथ और कर्म 'को' या किसी अन्य विभक्ति के साथ हों, तो क्रिया सदा पुंल्लिग, एकवचन तथा अन्य पुरुष की होती है, इसे भाव प्रयोग कहते हैं। जैसे—

लड़के ने बिच्छू को मार दिया।
अध्यापक ने विद्यार्थी को बुलाया।
हमने यात्री को पुकारा।

10

काल

काल का अर्थ है समय। क्रिया का वह रूप जो क्रिया के होने का समय बताता है, उसे काल कहते हैं। जैसे—

'लड़की आई थी; लड़की आ रही है; लड़की आएगी।'

पहले वाक्य में बीते हुए समय का संकेत है। दूसरे में जो समय बीत रहा है, उसका, और तीसरे में जो समय आने वाला है उसका संकेत है। स्पष्ट है कि इस प्रकार काल के तीन भेद होते हैं—

जो समय बीत गया उसको भूतकाल,

जो बीत रहा है उसे वर्तमान काल और

जो आने वाला है उसे भविष्यत काल कहते हैं।

जैसा ऊपर लिख चुके हैं, वर्तमान काल केवल एक क्षीण रेखा होती है। हम उक्त काल को पकड़ नहीं सकते। हमारे बात करते-करते वह बीत जाता है। अतएव व्यावहारिक दृष्टि से हमारा संपर्क भूतकाल और भविष्यत काल से ही होता है। यह तो रही आदर्श की बात। स्थूल रूप से हम किसी आपेक्षिक रूप से लंबे काल को ही वर्तमान काल कहते हैं, जैसे—आजकल बड़ी महँगाई है। वर्तमान पीढ़ी के लड़के बड़े नटखट होते हैं। यदि पृथ्वी की आयु अथवा विश्व की आयु का उल्लेख हो तो वर्तमान काल सैकड़ों वर्ष का भी हो सकता है।

यूं तो काल अनंत है किंतु व्यावहारिक सुविधा के लिए हमें उसके तीन भाग करने ही पड़ते हैं। यद्यपि हम तीनों की कोई सुनिश्चित विभाजक रेखाएँ नहीं बना सकते। काल-विभाजन दो आधारों पर किया जा सकता है—

(1) भूतकाल और भविष्यत काल की निकटता तथा दूरी के आधार पर, जैसे—'मैंने खाना खाया है।' इस वाक्य से स्पष्ट है कि मुझे खाना खाए बहुत देर नहीं हुई है। इसी प्रकार, 'लड़की ने पत्र लिखा है', 'पिताजी दुकान गए हैं।' है, हैं, हूँ आदि चिह्न हैं भूतकाल की निकटता के। इसको आसन्न भूतकाल कहते हैं।

आसन्न भविष्यत काल का प्रयोग तब होता है, जब कोई काम शीघ्र होने वाला है। जैसे—वो आ रहा है, अथवा उक्त काम हुआ ही समझो। परीक्षा आरंभ होने ही वाली है। ये सब वाक्य इस बात के द्योतक हैं कि कोई काम निकट भविष्य में ही होने की आशा है।

(2) किसी व्यापार की पूर्णता अथवा अपूर्णता के आधार पर, जैसे—

पक्षी आया था। परीक्षा हो चुकी थी। मैं व्यायाम कर चुका था। (पूर्णभूत)

डॉक्टर आ रहा था। परीक्षा समाप्त होने वाली थी। वो खाना खा ही चुका था। (अपूर्णभूत)

वह पत्र लिख रही है। तोता टाँय-टाँय कर रहा है। अतिथि भोजन कर रहा है। (अपूर्ण वर्तमान)

वह खा रही होगी। बच्चे खेल रहे होंगे। नाई उसकी हजामत बना रहा होगा। (अपूर्ण भविष्यत)

वैयाकरणों ने भूतकाल के कई भेद किए हैं—

(1) **सामान्य भूतकाल**—यदि वाक्य से केवल इतना पता चले कि कोई क्रिया हो चुकी है, किंतु कितनी देर पहले हुई, इसका कोई ज्ञान प्राप्त न हो तो उसे सामान्य भूतकाल कहते हैं। जैसे—

लड़की ने गाना गाया। पिताजी दुकान गए। माँ ने बच्ची को दूध पिलाया।

सामान्य भूतकाल की क्रिया लिंग और वचन के आधार पर बदलती है, किंतु पुरुष के आधार पर नहीं बदलती। जैसे—

बालिका आई, बालक आया, सारे बालक चले गए।

मैं बोला, तू बोला, वह बोला।

(2) **आसन्न भूतकाल**—इसके उदाहरण ऊपर दे चुके हैं।

(3) **पूर्ण भूतकाल**—इस काल से यह सूचना मिलती है कि तत्संबंधी व्यापार काफी पहले हो चुका है। इस प्रकार की क्रिया के चिह्न था, थी, थे होते हैं। जैसे—

बच्चा रोया था। लड़का स्कूल गया था। लड़की ने कविता सुनाई थी। हमारी माताजी मेला देखने गई थीं।

इस काल में अभी या अभी-अभी जोड़ने से यह आसन्न भूतकाल का भी काम दे देता है। जैसे—

अभी कल की ही बात है कि वो पैदा हुआ था। अभी-अभी मैंने सुना है कि विद्रोही को फाँसी लग गई।

(4) **अपूर्ण भूतकाल**—इस प्रकार के काल से केवल इतना ज्ञान होता है कि कोई व्यापार आरंभ हुआ है। वह पूर्ण हो पाया या नहीं, इसका पता नहीं चलता है। जैसे—

नर्तकी नाच रही थी। बच्चा टेनिस खेल रहा था। तोते मिर्च खा रहे थे।

स्पष्ट है कि इस काल के चिन्ह हैं—रहा था, रही थी, रहे थे, आदि।

कभी-कभी यह काल आसन्न भूतकाल का भी काम दे देता है। जैसे—

मैं तो अभी खिचड़ी ही बना रहा था कि आप आ गए। वो चल ही रहा था कि गाड़ी ने सीटी दे दी।

अपूर्ण भूतकाल की क्रिया में कर्ता सामान्यतः विभक्ति रहित रहता है और क्रिया के लिंग, वचन आदि कर्ता के अनुसार ही रहते हैं। जैसे—

बकरी पानी पी रही थी। श्रीराम वन में जा रहे थे। सीता गीता का पाठ कर रही थी।

इस काल में कर्म कभी विभक्ति सहित आता है, कभी विभक्ति रहित। किंतु दोनों दशाओं में क्रिया के लिंग, वचन आदि कर्ता का ही पल्ला पकड़ते हैं। जैसे—

बच्चे साँप को मार रहे थे। वो अभिनेत्री को देख रही थी। वह न जाने क्यों पुलिस से झगड़ रहा था।

(5) **संदिग्ध भूतकाल**—क्रिया के इस रूप में यह संदेह सूचित होता है कि कदाचित कोई व्यापार हुआ होगा, किंतु निश्चय नहीं हो पाता। जैसे—

उसने घर का काम तो कर लिया होगा। माताजी पूजा कर चुकी होंगी। बच्ची ने गेंद खेली होगी।

अकर्मक क्रिया में संदिग्ध भूतकाल की क्रिया के लिंग और वचन कर्ता के अनुसार चलते हैं। जैसे—

लड़की गई होगी। पिताजी आ गए होंगे। बच्चा चला होगा।

सकर्मक क्रिया में कर्ता के विभक्ति सहित आने पर क्रिया के लिंग और वचन कर्म के अनुसार रहते हैं। जैसे—

बच्चे ने आम खाया होगा। लड़की ने पुस्तक पढ़ ली होगी। तुमने घर का काम तो कर लिया होगा।

सकर्मक क्रिया के कर्ता और कर्म, दोनों विभक्ति सहित आने पर क्रिया सदैव पुल्लिंग और एकवचन में रहती है। जैसे—

पिता ने पुत्र को मारा होगा। रुक्मिणी ने कृष्ण को मनाया होगा। बंदर ने बच्ची को काटा होगा।

(6) **हेतु हेतु मद भूतकाल अथवा संकेतात्मक भूतकाल**—इस काल में एक व्यापार दूसरे व्यापार के होने न होने पर आधारित होता है। जैसे—

यदि मुझे पता होता तो मैं भी बाजार जाता। यदि पोतोहू गई होती तो वह मंदिर में प्रसाद भी चढ़ाती आती। यदि तुमने परिश्रम किया होता तो पास हो जाते।

संकेतात्मक भूतकाल में क्रिया का रूपांतर केवल लिंग और वचन के कारण होता है, पुरुष के कारण नहीं। जैसे—

वो कहता, तो मैं भी चलती। मैं जाता तो वो भी आती। हम खाते तो वो भी खाती।

क्रिया अकर्मक हो या सकर्मक, उसके लिंग-वचन कर्ता के अनुसार ही चलते हैं। जैसे—तुम कहते, तो मैं पुस्तक खरीद लाता। वो आम खाता, तो मैं भी खाता।

वर्तमान काल के तीन भेद माने गए हैं—

(1) **सामान्य वर्तमान**—क्रिया के जिस रूप से किसी व्यापार के होने का द्योतन होता है, उसे सामान्य वर्तमान काल कहते हैं। इससे यह निश्चित रूप से पता चलता है कि उक्त व्यापार साधारणतया होता ही रहता है। जैसे—

बच्चा रोता है। अम्माँ गाना गाती है। पतोहू पत्र लिखती है।

इन वाक्यों से यह निश्चित रूप से पता चलता है कि उक्त व्यापार होते ही रहते हैं, यद्यपि यह नहीं कह सकते कि कब होते हैं, कहाँ होते हैं।

सामान्य वर्तमान काल में अकर्मक और सकर्मक दोनों प्रकार की क्रियाओं में प्रयुक्त होता है। इसमें कर्ता सदैव विभक्ति रहित होता है और लिंग और वचन उसी के अनुसार चलते हैं। जैसे—

लड़का पढ़ता है। गीता रामायण पढ़ती है। बच्चा हँसता है। अध्यापक विद्यार्थी को डाँटता है। गृहिणी भिखारी को खाना खिलाती है। लड़की आम खाती है।

क्रिया के इस रूप का प्रयोग सामान्य प्राकृतिक सत्य, सिद्धांत कथन और स्वभाव चित्रण में होता है जैसे—

सूर्य पूरब में निकलता है। पृथ्वी चौबीस घंटे में अपने अक्ष के चारों ओर एक चक्कर काट लेती है। (प्राकृतिक सत्य)

दुष्टों का स्वभाव है, दूसरों की निंदा करना। चोर का स्वभाव है चोरी करना। क्रिया पद में किसी काम का करना या होना पाया जाता है। (सिद्धांत कथन)

उसका लड़का गाली देता है। तुम कभी झूठ बोलती हो। तुम तो सती सवित्री हो। बटुकनाथ हुक्का पीता है। (स्वभाव चित्रण)

यह काल और भी कई प्रकार के वाक्यों में प्रयुक्त होता है। जैसे—

ठहरो, मैं भी चलता हूँ। बैठो, चाय आ रही है। मैं तुझे अभी समझाता हूँ। (निकट भविष्य)

वह सबेरे व्यायाम किया करता है। संध्या समय में रामायण का पाठ करता हूँ। वे रविवार को कार में सैर करने जाते हैं। (सतत वर्तमान)

महात्मा गाँधी कहते हैं। मंच पर कंस के आते ही पटाक्षेप हो जाता है। (सुदूर भूत)

(2) **अपूर्ण वर्तमान**—इस काल से यह पता चलता है कि क्रिया का व्यापार आरंभ तो हो चुका है किंतु अभी पूरा नहीं हुआ है, चल ही रहा है। जैसे—

नर्तकी नाच रही है। मैं पत्र लिख रहा हूँ। पिताजी सो रहे हैं।

अपूर्ण वर्तमान में भी कर्ता सदैव विभक्ति रहित रहता है और क्रिया कर्ता के अनुसार ही चलती है जैसे—

कुसुम बच्चे को पीट रही है। लड़के चिड़ियाघर देख रहे हैं। वह उसकी खिल्ली उड़ा रही है। अभिनेता सो रहा है।

इसका प्रयोग कभी-कभी निकट भविष्य अथवा सानत्य के लिए भी होता है।

बस आ ही रहा हूँ। अब गाड़ी छूटने ही वाली है। बंदर कूदा ही समझो। (निकट भविष्य)

देश की दशा निरंतर गिरती जा रही है। खेती की स्थिति में निरंतर सुधार होता जा रहा है। (सानत्य)

(3) **संदिग्ध वर्तमान**—क्रिया के इस रूप में यह निश्चय नहीं हो पाता कि वास्तव में तत्संबंधी व्यापार हुआ या नहीं। जैसे—

मास्टर जी बच्चों को पढ़ा रहे होंगे। इस वक्त तक मोहन घर छोड़ चुका होगा।

क्रिया का यह रूप तीनों कालों में प्रयुक्त होता है। जैसे—

राजस्थान में तो सदैव धूप निकलती होगी। वह खेल रहा होगा। तुमने उसे नहीं देखा होगा। (भूतकाल)

वह बड़ा पढ़ाकू है। इस समय भी पुस्तकों से चिपका बैठा होगा। वो लड़की लेख लिख रही होगी। (वर्तमान काल)

जब मैं कल आऊँगा, तुम कदाचित सो रहे होंगे। परसों इस समय तुम गंगा स्नान कर रहे होगे। (भविष्यत काल)

भविष्यत काल—भविष्यत का अर्थ है आने वाला समय। क्रिया का यह रूप भविष्य के विषय में सूचना देता है, जैसे—लड़की गेंद खेलेगी। पिताजी भोजन करेंगे। ब्राह्मण विवाह में जाएगा।

भविष्यत काल के भी तीन भेद होते हैं—

(1) **सामान्य भविष्यत**—क्रिया के इस रूप में यह सूचना मिलती है कि साधारणतया ऐसा ही होता है। किंतु निश्चय नहीं होता कि कब होगा। जैसे—लड़का स्कूल जाएगा। बच्ची गेंद खेलेगी। मैं परीक्षा तो दूंगा।

सामान्य भविष्यत काल की क्रिया के लिंग, वचन कर्ता के अनुसार चलते हैं।

अकर्मक और सकर्मक में कोई अंतर नहीं पड़ता—

वो हँसेगा। लड़की गाएगी। पिताजी बाजार जाएँगे। (अकर्मक)

लड़का क्रिकेट खेलेगा। गायिका गजल गाएगी। रामा खाना खाएगा। (अकर्मक)

(2) **संभाव्य भविष्यत काल**—इस काल में यह आशा अथवा संभावना रहती है कि कोई क्रिया होने वाली है, परंतु निश्चय नहीं हो पाता, संदेह की गुंजायश रहती है, जैसे—

शायद वह लौटकर आ जाए। संभव है आज छुट्टी हो जाए। देखो चलूंगा, चलूंगा नहीं चलूंगा, नहीं चलूंगा।

संभाव्य भविष्यत काल में लिंग के कारण कोई परिवर्तन नहीं होता, जैसे—लड़का शायद ही खाए। लड़की शायद ही खाए। पता नहीं पिताजी बोलें, न बोलें। पता नहीं माताजी बोलें, न बोलें।

संभाव्य भविष्यत का प्रयोग इच्छा, कामना, अनुमति, प्रश्न आदि के लिए भी होता है, जैसे—

इच्छा—भगवान, अब तो सुन ले। किसी प्रकार इस वर्ष तो तुम पास हो जाओ।

कामना— भगवान तुम्हारा भला करे। तुम चिरंजीवी हो।

अनुमति—तो मैं मेला देखने जाऊँ। आपकी अनुमति हो तो वह भी चले।

प्रश्न—सारी दुनिया जाए, अकेला मैं न जाऊँ।

कुछ वाक्य ऐसे होते हैं, जो इनमें से एक से अधिक तत्त्वों में आ जाते हैं, जैसे—इच्छा और कामना में या प्रश्न और अनुमति में।

(3) **हेतु हेतु मद भविष्यत काल**—इस काल में दो व्यापारों का उल्लेख

रहता है, जिनमें से एक का होना न होना दूसरे के होने न होने पर निर्भर रहता है, जैसे—

यदि वह बुलाएगा तो मैं चला जाऊंगा। जितना गुड़ डालोगे उतना ही मीठा होगा। अच्छे कर्म करोगे तो अच्छा फल मिलेगा।

इस काल में लिंग, वचन के कारण रूपांतर होता है, पुरुष के कारण नहीं होता, जैसे—

लिंग—तू कहेगी तो मैं चला चलूंगा। श्याम कहेगा तो चली चलूंगी।

वचन—तू कहेगी तो मैं खाऊंगा। तू कहेगी तो हम खाएंगे।

पुरुष—मैं बोलूंगा तो तुम बोलोगे। वह बोलेगा तो तुम बोलोगे।

11

क्रियामालाएँ

शीर्षक-सूची

1. अटकना
2. कोसना
3. टँगना
4. पटना
5. बनना
6. बनाना
7. मलना
8. मिलाना
9. सँभलना
10. सँभालना
11. सजाना
12. सटाना
13. सड़ना
14. सड़ाना
15. सपरना
16. समेटना
17. सुहाना
18. सौंपना
19. स्वीकारना
20. हड़पना

(1) अटकना

अटकना, उलझना, फँसना, हिलगना।

यूँ तो चारों शब्दों में काम करते-करते किसी कारण रुक जाने का भाव है, परंतु यह कारण चारों क्रियाओं के लिए अलग-अलग प्रकार के हो सकते हैं।

अटकना—(1) किसी कार्य अथवा अभिदेश के लिए रुकना। यदि हम किसी काम से जा रहे हैं और मार्ग में कोई मित्र मिल गया तो शिष्टाचार के नाते उससे बात करने के लिए रुक जाना पड़ेगा। हमसे किसी मित्र ने कहा कि कहीं पर वह भी हमारे साथ चलना चाहता है। हम उसकी बाट देख रहे हैं। अतएव जब तक वह नहीं आएगा हमें रुकना पड़ेगा। यह भी अटकना कहलाएगा। (2) कभी-कभी हमारे काम में बाधा या कठिनाई आन पड़ती है, जिसके लिए रुक जाना पड़ता है। (3) हम कहीं के लिए जाना चाहते हैं और चलने से पहले किसी से कहा-सुनी होने लगी। उसी कारण हमको रुक जाना पड़ेगा। यह

भी अटकना कहलाता है। (4) कुछ लोगों की जिह्वा साफ नहीं होती। शब्द कठिनाई से निकलते हैं। हम कहते हैं कि वह अटक-अटककर बोलता है। जब हम कोई भाषा सीखते हैं तो काफी दिनों तक उसे फर्राटे से नहीं पढ़ पाते, रुक-रुककर अटक-अटककर पढ़ते हैं। कभी-कभी खाते-खाते कोई ग्रास हलक में अटक जाता है या कोई तिनका दाँतों में अटक जाता है।

उलझना—किसी रोकने वाले तत्त्व में फँस जाना जैसे झाड़-झंखाड़ में कपड़ा उलझना। डोर उलझना।

विशेष प्रयोग—बातों में उलझना, आँखों का उलझना—किसी के प्रेमपाश में पड़ना।

उलझन—झंझट, बखेड़ा या कठिनाई।

फँसना—किसी झंझट या बखेड़े में पड़ना, जैसे मुकदमें में फँसना।

हिलगना (1) अटकना। (2) उलझना, फँसना—उसकी पतंग की डोर हमारी मुंडेर में हिलग गई। (3) परचना या घनिष्टता होना जैसे बच्चा माँ से हिलग गया है, अब अलग नहीं रह सकता। इसको 'हिलना' भी कहते हैं।

सटना—बहुत पास, आकर बैठना, सटना।

(2) **कोसना**

कोसना, सरापना।

कोसना का मुख्य अर्थ है, गालियाँ देना। एक प्रयोग है—पानी पी-पीकर कोसना। इसका अर्थ यह मालूम देता है कि कोई निरंतर गालियाँ देता चला जा रहा है। जब मुँह सूख जाए और बोलने में कठिनाई होने लगे तो पानी पी ले और फिर कोसने लगे।

महाभारत में एक प्रसंग आता है जिसमें कृष्ण ने शिशुपाल से कहा था कि "तेरी सौ गालियों तक क्षमा कर दूंगा।" शिशुपाल ने भरी सभा में कृष्ण जी को गालियाँ देनी आरंभ कीं। कृष्ण जी सहन करते चले गए और गालियाँ गिनते रहे। शिशुपाल भी अकड़ में गालियाँ देता चला गया। कृष्ण जी गालियाँ गिनते जा रहे थे। जब पूरी सौ हो चुकीं, और शिशुपाल ने अगली गाली दी, तब कृष्ण जी ने सुदर्शन चक्र चलाकर शिशुपाल की गर्दन काट दी।

कोसना और सरापना में एक विवक्षा सामान्य है—किसी को श्राप देना, किसी के अनिष्ट की कामना करना। रामायण और महाभारत में श्राप और वर-दान के बहुत से उदाहरण मिलते हैं। कदाचित उन दिनों में लोगों की आत्मा शुद्ध होती थी और शुद्ध विचार होते थे। इसीलिए श्राप और वरदान फलीभूत हुआ करते थे। भक्तों के श्राप को भगवान तक स्वीकार कर लेते थे। उदा-

हरणार्थ—जब नारद जी को मोह हुआ था, और वो विवाह करने के बहुत इच्छुक हो गए थे तब भगवान विष्णु ने उन्हें सबक देने के लिए उनका मुँह बंदर का-सा बना दिया था। परिणामत: नारद जी को बड़ा अपमान सहन करना पड़ा था। तब उन्होंने विष्णु जी को श्राप दिया था, कि तुम भी पत्नी के विछोह में बहुत दुख पाओगे। परिणामस्वरूप जब भगवान विष्णु राम के रूप में आए, तब उन्हें सीता जी का विछोह सहन करना पड़ा।

(3) **टँगना**

टँगना—टँगने में प्रमुखता इस बात की है कि उक्त वस्तु का ऊपरी भाग किसी वस्तु से बाँधा या टिकाया हुआ है। यदि उसका स्थान परिवर्तन करना चाहें तो बंधन को खोलना पड़ेगा। यदि कोई वस्तु खूँटी पर टँगी हुई है तो उसे खूँटी से उतारकर दूसरी खूँटी पर उसी प्रकार टाँगना होगा। किंतु यदि डोरी कुएँ में लटकाई गई हो तो उसे जब चाहें, ऊपर खींच सकते हैं या नीचे ढील सकते हैं। इतना तत्त्व दोनों क्रियाओं में सामान्य है। किंतु दोनों के अर्थों में सूक्ष्म अंतर है। इन वाक्यों पर ध्यान दीजिए—

कोट खूँटी पर टँगा है।
डोरी कुएँ में लटक रही है।
चित्र कील पर टँगा है।
धोती छत से लटक रही है।

विशेष प्रयोग—लड़के को पतंगबाजी का शौक है। दिन-भर छत पर टँगा रहता है।

लटकना—(क) इस शब्द के कुछ विशेष अर्थ भी हैं। जैसे—

पिछली बरसात में छज्जा लटक गया है। तुम्हारे बैठने से मोटर लटक जाती है। ऐसे प्रयोगों में लटकना का अर्थ झुकना होता है।

(ख) असमंजस में पड़ना या पड़े रहना, जैसे बरसों से तुम्हारा मुकदमा लटका हुआ है। प्रार्थना-पत्र देने पर, मामला महीनों के लिए लटक गया। शिथिल रूप में हम एक शब्द का दूसरे के स्थान पर प्रयोग कर जाते हैं। हम झाड़ के संबंध में टँगने और लटकने दोनों का प्रयोग कर सकते हैं परंतु यदि कोई बच्चा छत पर खतरनाक स्थिति में है और गिरने वाला है तो हम कहेंगे, 'बच्चा मुंडेर से लटक रहा है।' परंतु यहाँ टँगना पद का प्रयोग नहीं होगा किंतु कपड़ों के विषय में हम दोनों पदों का प्रयोग कर सकते हैं।

विशेष प्रयोग—उसके पाँव कब्र में लटके हुए हैं, फिर भी लालसा कम नहीं है।

(4) **पटना**

निभना, पटना।

इन दोनों अकर्मक क्रियाओं में एक विवक्षा समान है—(1) दो व्यक्तियों में सौहार्दपूर्ण व्यवहार बने रहना, जैसे—आजकल तो उन दोनों में खूब पट रही है। क्या भाइयों में फिर निभने लगी।

पटना—

(2) पाटा जाना, जैसे गड्ढा तो कूड़े से पट गया है।

(3) बहुत अधिक भर जाना, अत्यधिक आपूर्ति हो जाना, जैसे—बाजार तो केले से पट गया है।

(4) छाजन या पाटन पड़ना, जैसे—छत अभी पट गई या नहीं।

(5) ऋण चुकता हो जाना, जैसे—अब तो उसका सारा ऋण पट गया। अब वह निश्चिंत हो गया है।

(6) लेन-देन, खरीद-बिक्री आदि के संबंध में क्रेता और विक्रेता में सहमति हो जाना, जैसे—आखिर सौदा पट ही गया।

निभना—निभना के शेष अर्थ—

(1) किसी प्रतिज्ञा अथवा आदेश का पूरा होना, जैसे—मुझे आशा नहीं थी परंतु रात के दो बजे का महूर्त निभ गया। महाराजा दशरथ की जान पर बन आई फिर भी उनका वचन तो निभ ही गया। ऐसे कब तक निभेगी। देखो जब तक निभ जाए। हमारा-उनका अनुबंध एक दिन का भी नहीं था, फिर भी बरसों निभ गया।

(2) किसी कार्य का पूरी तरह निष्पादित होना। उत्सव का पाँच सौ रुपए में संपन्न होना बहुत ही कठिन था, फिर भी किसी प्रकार निभ ही गया।

'रचना' स्त्री० (सं०) का अर्थ तो वही है जो बनाना का, परंतु इसमें कुछ अन्य विवक्षाएँ भी आकर जुड़ गई हैं। 'बनाना' तो हम किसी भी वस्तु के विषय में प्रयुक्त कर सकते हैं, किंतु 'रचना' का प्रयोग अधिकतर ऐसी वस्तुओं के लिए होता है जिनमें कौशल अथवा चतुराई की आवश्यकता पड़ती है और तैयार की हुई वस्तु सुंदर और आकर्षक हो, जैसे—कविता रचना, वाक्य रचना, ग्रंथ रचना। जब हम संसार का उल्लेख करते हैं तो भगवान को उसका रचयिता कहते हैं न कि बनाने वाले। इसके अतिरिक्त रचि-रचि का प्रयोग मुहावरे के रूप में भी होता है। हम कहते हैं कि मूर्तिकार ने बड़ी सुंदर मूर्तियाँ रच-रचकर शिल्पालय बनाया है। यों हम उसे मूर्ति-मंदिर भी कह सकते हैं। यदि किसी कवि को अधिक मान देना चाहते हैं तो पूछते हैं कि यह कैसी रचना है। इस प्रकार

रचना का प्रयोग संज्ञा रूप में भी होता है, जैसे—ताजमहल शाहजहाँ की रचना है। कभी-कभी रचना शब्द बनावट के लिए भी प्रयुक्त होता है, जैसे—यह इमारत्त तो मुगलकालीन है, किंतु इसके गुंबद की रचना हिंदू मंदिरों जैसी है।

(5) **बनना**

निर्माण, बनना।

बनना—(अ) सकर्मक क्रिया 'बनाना' का अकर्मक रूप है। अतएव इसके अधिकतर अर्थ तो 'बनाना' के अर्थों से ही निकल आएँगे। कुछ अन्य अर्थ हम यहाँ देते हैं—

(क) उपलब्ध होना, जैसे—इस सौदे में हमारे सौ रुपए बन गए।

(ख) रामलीला में तुम क्या बनोगे, राम या लक्ष्मण।

(ग) कृत्रिम व्यवहार करना, जैसे—अब तुम हमसे भी बनने लगे हो। सच्ची बात क्यों नहीं बताते।

विशेष प्रयोग और मुहावरे

(1) बने रहना—सकुशल रहना, जैसे कोई फकीर दुआ देता है—आपके बच्चे बने रहें।

(2) बन-ठनकर—बन-संवरकर—गहने आदि से सुसज्जित होकर बन पड़ना। बन पड़ा तो आज शाम को आऊँगा।

(3) प्राणों पर आ बनना—जान जोखिम में पड़ जाना।

अगरचे जान पे बन गई मोहब्बत में।
किसी के आगे न रखा कभी गिला दिल का।

(4) बन आना—अब तो तुम्हारी बन आई है। तुम्हारे चाचा कोतवाल हो गए हैं।

(5) बनी रहना—संबंध अच्छे रहना—या रब, बने बनी में हमेशा बनी रहे। अब तो सुनते हैं, तुम्हारी बड़े भाई से बनने लगी है।

(6) काम पूरा होना – जैसे भी बनेगा मैं आऊँगा अवश्य।

(7) बनने लगना—पारस्परिक व्यवहार अच्छा हो जाना।

(8) इस संबंध में गालिब के ये शेर पठनीय हैं—

नुकताचीं है ग़मे दिल उसको सुनाये न बने।
क्या बने बात जहाँ बात बनाये न बने॥
मैं बुलाता तो हूँ उसको मगर ऐ जज्बा-ए-दिल।
उस पे बन जाये कुछ ऐसी कि बिन आये न बने॥

बोझ वो सर से गिरा है कि उठाये न उठे ।
काम वो आन पड़ा है कि बनाये न बने ।।

'निर्माण' पु० (सं०) का अर्थ भी है तो बनना ही, किंतु ये ऐसी वस्तुएँ तैयार करने का द्योतक है जिसके बहुत से छोटे-छोटे अंश इकट्ठे करके विशेष क्रम से लगाए जाएँ, जैसे किले या महल का निर्माण।

यदि कोई फिल्म-निर्माता किसी पुरानी फिल्म की कहानी लेकर एक नया रूप देता है, तो उसे पुराने चित्र का पुर्ननिर्माण कहते हैं।

निर्माण कभी-कभी ऊँचे प्रसंगों में भी प्रयुक्त होता है, जैसे—साहित्य-निर्माण, काव्य-निर्माण, चरित्र-निर्माण। कभी-कभी हम विद्यार्थियों से यह भी कहते हैं कि आप लोगों को केवल इतिहास पढ़ना ही नहीं है, आप तो स्वयं इतिहास का निर्माण करेंगे।

(6) **बनाना**

रचना।

बनाना सकर्मक क्रिया है, जिसके कई अर्थ हैं—

(1) किसी वस्तु को सत्ता अथवा अस्तित्व में लाना। सबसे बड़ा बनाने वाला तो भगवान है, जिसने यह संसार बनाया है। एक पुराना शेर है—

तारीफ उस खुदा की जिसने जहाँ बनाया।
कैसी जमी बनाई, क्या आसमाँ बनाया।।

इसी अर्थ के अंतर्गत आते हैं, मकान बनाना, मशीन, इंजन या कारखाना बनाना। इसी प्रकार मोजा, बनियाइन बनाना, संदूक बनाना, पेटी बनाना आदि। इसी कार्य के थोड़े विस्तृत अर्थ में आएगा—नियम बनाना, कानून बनाना, सिद्धांत बनाना आदि।

(2) इसी से मिलते-जुलते अर्थ में आएँगे—खिलौने, मूर्तियों और मिट्टी के बर्तन बनाना इत्यादि। साथ ही चित्र बनाना, तसवीर बनाना, आदि।

(3) आटे से रोटी बनाना, चीनी से शर्बत बनाना, गुड़ के मालपुए बनाना।

(4) मरम्मत करना, ठीक करना, जैसे—कलम बनाना, घड़ी बनाना, डॉक्टर द्वारा आँख बनाना।

(5) कोई विशेष प्रक्रिया करके देखने योग्य अथवा सुंदर रूप देना, जैसे—बाल बनाना, दाढ़ी बनाना, नाखून बनाना।

(6) विकार, दोष आदि दूर करके किसी वस्तु को ऐसा रूप देना कि प्रयोग

में आ सके, जैसे—पछोड़ या फटककर अनाज बनाना।

(7) किसी खेल अथवा विशिष्ट प्रक्रिया में आंतिक स्थिति तक पहुँचा देना, जैसे—हाकी में गोल बनाना, क्रिकेट में रन बनाना, ताश में रमी बनाना, तुरुप का इक्का बनाना, कोट बनाना, शतरंज में प्यादे का वजीर बनाना, आदि।

(8) किसी पद पर आसीन करना या अधिकार आदि देकर प्रतिष्ठित करना, जैसे—किसी संस्था का अध्यक्ष बनाना, सभा का सभापति बनाना, दत्तक पुत्र बनाना, धर्म बहन बनाना, आदि।

(9) किसी की प्रवृत्ति बदलना अथवा विरोधी रूप में लाना, जैसे—किसी कांग्रेसी को जनता दल का सदस्य बनाना, नास्तिक को आस्तिक बनाना, मित्र को शत्रु बनाना, आदि।

विशेष प्रयोग और मुहावरे

बनाकर लिखना—धीरे-धीरे प्रयत्नपूर्वक सुंदर अक्षरों में लिखना।

बना-बनाया—जैसे बना-बनाया काम बिगाड़ देना, बनी-बनाई बात बिगाड़ देना। यदि कोई गरीब अंधा पैदा हो तो उसका बना-बनाया नाम होगा सूरदास और बना-बनाया काम भीख माँगना।

—प्रेमचंद।

किसी से बनाए रखना—संबंध बिगड़ने न देना।

तसवीर बनाता हूँ तकदीर नहीं बनती।

जिसके सिर पर हाथ रख दिया उसे आदमी बना दिया।

बात बनाना—(क) तुम्हारे सद्व्यवहार ने बिगड़ी हुई बात बना दी।

(ख) तुम्हें बात बनाना खूब आता है।

मुँह बनाना—(क) बाँसुरी तो तैयार है केवल मुँह बनाना रह गया है।

(ख) सौ रुपए का नाम सुनते ही उसने मुँह बना दिया।

बनाना—मजाक उड़ाना—आज तुमने उसे इतना बनाया कि बेचारा रो दिया।

(7) मलना

गूँधना, मलना, सानना।

(1) सानना और गूँधना—इन दोनों सकर्मक क्रियाओं में एक अर्थ सामान्य है—किसी चूर्ण को तरल पदार्थ में मिलाकर मिश्रित कर देना। जैसे—आटा गूँधना। इसी को आटा माँड़ना या सानना भी कहते हैं।

(2) सानना का एक अर्थ और भी है। कोई उपकरण सान पर तेज करना। लाक्षणिक अर्थ। रामचरितमानस में जब पार्वती जी शिव जी से बात कर रही थीं, तब यह दोहा आता है—

पुनि पुनि प्रभु पद कमल गहि जोरि पंकरुह पानि।
बोली गिरिजा बचन बर मनहुँ प्रेम रस सानि॥

भावार्थ—बार-बार स्वामी के चरण कमलों को पकड़कर और अपने कमल समान हाथों को जोड़कर पार्वती जी मानो प्रेमरस में सानकर सुंदर वचन बोली।

सानना का एक अर्थ और भी है—किसी को दोषमुक्त करना, जैसे—मुझे इस मामले में क्यों सानते हो। मैं तो निर्दोष हूँ।

मलना—यों तो इस शब्द का प्रयोग आँटा गूँधने के अर्थ में भी आता है, परंतु इसके अन्य अर्थ ऊपर के दोनों शब्दों के अर्थों से बिलकुल भिन्न हैं।

(1) कोई पदार्थ किसी अन्य पदार्थ पर लगाना और बार-बार रगड़ना, जैसे—शरीर पर तेल मलना या साबुन मलना।

(2) लेप करना, जैसे—शरीर पर मिट्टी का लेप करना। टोंडी पर हींग मलना।

(3) बार-बार दबाते हुए रगड़ना, जैसे—हथेली पर सुर्ती मलना।

(4) खुजली मिटाने अथवा किसी अन्य उद्देश्य से हाथ फेरना, जैसे—आँखें मलना।

विशेष प्रयोग तथा मुहावरे

हाथ मलना— पश्चाताप करना।

कान मलना—दंड देना।

(8) मिलाना

मिलाना, समोना।

मिलाना—मिलना का सकर्मक रूप है। इसके भी कई अर्थ होते हैं।

(1) एक पदार्थ को दूसरे में डालकर उससे एकाकार कर देना। मिश्रित कर देना, जैसे—

चाय में चीनी मिलाना।
दाल में नमक मिलाना।

(2) एक पदार्थ को दूसरे पदार्थ में इस प्रकार डाल देना कि दोनों का पृथक अस्तित्व बना रहे, जैसे—गेहूँ में जौ मिलाना। तुमने दोनों प्रकार की पुस्तकें मिला दी हैं। अब छाँटना कठिन हो गया है।

(3) किसी व्यक्ति या दल को अपने दल में सम्मिलित कर लेना। रावण ने सुग्रीव के विषय में यह कहा था कि इस योद्धा को चतुराई से हम अपनी ओर मिला लेंगे।

(4) दो या अधिक वस्तुओं या तत्त्वों का आकृति रूप, गुण आदि में मेल बैठाना। उनके गुणों में सामंजस्य स्थापित करना, जैसे—तबले और सारंगी को तो मिला लो। जन्मपत्रियाँ मिलाकर देख लो कि सगाई हो सकती है या नहीं। क्या तुमने यह घड़ी घंटाघर से मिला ली है ?

समोना—यह कदाचित समाना का सकर्मक रूप है।

(1) एक वस्तु का दूसरी में इस प्रकार मिलाना कि दोनों में से किसी का अलग अस्तित्व न रह जाए, जैसे—घी को आटे में समोना। तुमने तो उक्त सीरियल को वड़ी फिल्म में समो दिया है।

(9) सँभलना

ये सँभालना का अकर्मक रूप है। इसके अर्थ—

(1) गिरने, फिसलने, लुढ़कने आदि से रुकना।

(2) बिगड़ी हुई स्थिति से सुधरना, जैसे—कल तक तो रोगी की दशा गिरती ही जा रही थी, पर आज कुछ सँभल गई है।

यूँ ही रोते-रोते जो टल जाएगी,
तो गर्मी हृदय की निकल जाएगी।
दशा आज जो है, न कल को रहेगी,
सँभलते सँभलते सँभल जाएगी ॥

सँभलने का प्रयोग चरित्र के संबंध में भी होता है, जैसे—बुरी संगत में पड़ने से उसके पैर डगमगाने लगे थे, परंतु अब वह सँभल गया है।

(3) सावधान रहना या होना, जैसे—इस सड़क पर कंकड़-पत्थर बहुत हैं, सँभलकर चलो। तुम तो मेरे ऊपर गिरे जा रहे हो, सँभलकर बैठो। तुम्हारे ऊपर आक्रमण होने वाला है, सँभले रहना।

(10) सँभालना

सँभालना, सहेजना।

इन दोनों शब्दों में जो सकर्मक क्रियाएँ हैं, एक विवक्षा सामान्य है—जो क्रिया करना, सावधानी सेकरना। अधिक प्रचलित शब्द है सँभालना। इसका मुख्य अर्थ है—

(1) सँभालने में सहायता करना।

(2) गिरते हुए को रोकना, गिरने न देना।

(3) सहेजना—निगरानी करना, रक्षा करना।

मैं अपने घर का कुछ सामान तुम्हारे पास रक्खे जा रहा हूँ, इसे सँभालकर रखना।

हम लाए हैं तूफान के किश्ती निकाल के।
इस देश को रखना मेरे बच्चो सँभाल के।।

सँभाल-सँभालकर लिखना—कलम रोककर, धीरे-धीरे, सावधानी से लिखना।

बच्चों की सँभाल—बच्चों की निगरानी। इतने बच्चों की सँभाल अकेली बहू से नहीं हो पाएगी।

दो मित्र बातें कर रहे थे। एक ने कहा कि हमने वार्षिक छुट्टियाँ मनाने का निराला ढंग निकाला है। हम तीन परिवार एक साथ कार्यक्रम बनाते हैं। सब मिलाकर अट्ठारह बच्चे हैं। किसी पहाड़ पर बड़े-बड़े कमरे ले लेते हैं। हम में से दो मर्द घर पर रह जाते हैं। और शेष पहाड़ पर जाकर दो-तीन हफ्ते आनंद से छुट्टी मनाते हैं।

मित्र : परंतु अट्ठारह बच्चों की सँभाल करना स्वयं एक पूर्णकालिक कार्य है। उनके साथ फिर 'छुट्टी' क्या रह जाएगी।

पहला मित्र : 'छुट्टी उन लोगों के लिए नहीं होती जो पहाड़ पर जाते हैं। केवल उन दोनों के लिए होती है जो घर पर रह जाते हैं।

(4) बिगड़ी स्थिति को सँभालना—'जैसे, गोदान उपन्यास ने प्रेमचंद की गिरती प्रतिष्ठा को सँभाल लिया।

चरित्र सँभालना—वह बुरी संगत में पड़ गया था, किंतु तुमने उसका चरित्र सँभाल लिया।

संतुलन बनाए रखना—मैं जानता हूँ तुम्हारे ऊपर विपत्ति का पहाड़ टूट पड़ा है, किंतु फिर भी अपने संतुलन को बिगड़ने मत देना, सँभाले रखना।

सँभाला—जब कोई दीया बुझने वाला होता है तो उसमें से एक लौ बहुत तेज निकलती है और प्रज्वलित होकर एकदम बुझ जाती है। उसे दीए की अंतिम लौ कहते हैं। इसी प्रकार जब कोई रोगी मरणासन्न होता है तब उसमें एक क्षण के लिए विशेष स्फूर्ति आ जाती है। वह भला-चंगा-सा दिखाई देता है। एक क्षण बाद स्फूर्ति गायब हो जाती है और रोगी दम तोड़ देता है। इस प्रकार की परि-घटना को हम इस रूप में व्यक्त करते हैं कि रोगी ने सँभाला लिया था।

(5) किसी वार को सहन करना—शत्रु छुरी से वार कर रहा है, इसे सँभालो।

(6) कोई कर्तव्य या दायित्व का कार्य अपने ऊपर लेकर उसका निर्वाह करना, जैसे—अब तो मैंने संस्था के मंत्री का कार्य सँभाल लिया है।

(11) सजाना

सँजोना, सँवारना, सजाना।

उपरिलिखित तीनों सकर्मक क्रियाओं में एक विवक्ष सामान्य है—क्रम से रखना, व्यवस्थित रूप में रखना।

सजाना—इनमें सबसे अधिक प्रचलित शब्द है, 'सजाना', जिसका अर्थ है (1) क्रम से लगाना, जैसे—अलमारी में पुस्तकें सजाना, बर्तनों को मेज पर सजाना, भोजन की सामग्री थाली में सजाना। (2) अलंकृत करना, इस प्रकार रखना कि देखने में सुंदर लगे, जैसे दुल्हन को सजाना, पलँग को फूलों से सजाना, वेदी को गुब्बारों से सजाना। जो वस्तु हम क्रम से लगाते हैं उसमें आवश्यकतानुसार और वस्तुएँ जोड़ भी सकते हैं, जैसे—गुलदस्ते में फूल-पत्तियाँ सजाना; रसोई में शीशियाँ तथा बर्तन सजाना।

साज-सज्जा—यह ऐसी वस्तुओं को कहते हैं जिनसे किसी वस्तु की शोभा बढ़ जाती है, जैसे हाथी या घोड़े पर झूल।

जब किसी योद्धा को किसी युद्ध पर भेजना होता है तो उसके शरीर पर अपेक्षित हथियार यथास्थान लगाते हैं। तब कहते हैं कि योद्धा अस्त्र-शस्त्र से सुसज्जित होकर जा रहा है।

सँवारना—इसके अर्थ भी बहुत कुछ वैसे ही हैं, जैसे सजाना के। वस्तुओं को इस प्रकार क्रम से लगाना कि विन्यास सुन्दर जान पड़े। इस शब्द के साथ कुछ विशेष प्रयोग भी चलते हैं, जैसे बाल सँवारना। जब कोई नहाकर निकलता है तब सामान्यतया उसके सिर के बाल तितर-बितर रहते हैं। उन्हें सुन्दर रूप देने के लिए कंधा करना पड़ता है। उक्त क्रिया को बाल काढ़ना भी कहते हैं। सँवारना में मुख्य भाव यह है कि यदि किस वस्तु का क्रम बिगड़ा हुआ हो तो उसे क्रम से लगा देना और उसे प्रदर्शनीय बना देना।

यूँ तो घर के साथ सजाना और सँवारना दोनों शब्द चलते हैं, परंतु दोनों के अर्थों में सूक्ष्म अंतर है। मान लीजिए हमारे कमरे में एक तरफ कूड़ा पड़ा है, एक कोने में कोयला बिखरा हुआ पड़ा है, झाड़ू लगी नहीं है, कुछ फलों के छिलके पड़े हुए हैं और एक ओर दो बक्से पास-पास रखे हुए हैं। हम कमरे में झाड़ू लगा देते हैं, बक्सों को क्रम से तले-ऊपर रख देते हैं, कूड़ा उठाकर बाहर फेंक देते हैं, कोयले की ढेरी कोने में लगा देते हैं, तो यह सब करके हमने कमरे को सँवार दिया, परंतु अभी तक उसे सजाया नहीं है।

अब मान लीजिए हमने कमरे की खिड़कियों पर गुलदस्ते रख दिए और उनमें फूल लगा दिए। कमरे की मेज पर हमने मेजपोश बिछाकर उस पर नमक-दानी, चीनीदानी इत्यादि कायदे से रख दी, दीवारों पर कुछ सुंदर-सुंदर चित्र टाँग दिए। अब हमने कमरे को सजा दिया। सँवारने में भाव व्यवस्थित ढंग से रखने का है, सजाने में भाव सौंदर्य और प्रदर्शनीयता का है।

सँवारने का एक अर्थ बिगड़ी हुई दशा को सुधारने का भी है, जैसे—'नाथ हमारे बिगड़े काम सँवारो।' लड़का बिगड़ता जा रहा था, एक संत की संगति ने उसके चरित्र को सँवार दिया, अर्थात् सुधार दिया।

सँजोना—सँजोना का एक अर्थ है सजाकर रखना। बहुत बार हम थाल में भोजन की सामग्री किसी विशेष क्रम से इस प्रकार रखते हैं कि सुंदर लगे। उसे थाल सँजोना कहते हैं। परंतु इस शब्द में एक विवक्षा एकत्र करके होशियारी से रखने की भी है। हम बहुत बार गहना और अमूल्य वस्तुएँ अलमारी में रख कर ताले में बंद कर देते हैं। इसको भी सँजोना कहते हैं।

एक मुहावरा 'सपने सँजोना' भी है। इसमें भाव यह है कि हम कल्पना-जगत में विचरण करते हैं और तरह-तरह की योजनाएँ बना लेते हैं, चाहे वह व्याव-हारिक हों या न हों। एक भजन में यह दोहा आता है—

कभी तो मोहन आएँगे, यह आशा बँधी हुई है।
इसी भरोसे पर हे सखियो सपने नए सँजो लो।।

(12) **सटाना**

लगाना, सटाना।

इन दोनों सकर्मक क्रिया-पदों में एक विवक्षा सामान्य है। किसी पदार्थ के पार्श्व या तल को किसी अन्य पदार्थ के पार्श्व या तल के पास इस प्रकार ले जाना कि दोनों आंशिक या पूर्णरूप से एक दूसरे के साथ सट जाएं या मिल जाएँ। सटाना, संलग्न करना।

लगाना—स० (1) संबद्ध या अन्वित करना। सटाना, जैसे—दीवार पर चित्र लगाना। किताब की जिल्द पर कागज लगाना। चित्र पर शीशा लगाना।

2. जड़ना, जोड़ना, टोंकना, ठोंकना, बैठाना, सटाना, चिपकाना, जैसे—

चित्र पर चौखटा लगाना—लिहाफ में गोट लगाना।

लिफाफे पर स्टाम्प लगाना।

मकान में बिजली या टेलीफोन लगाना।

दरवाजे में कुंडी लगाना।

पल्ले में शीशा लगाना।

कुरते में बटन लगाना।
नाव में पाल लगाना।
बाँस में झंडा लगाना।

(3) किसी तल पर किसी तरल पदार्थ का लेप करना, पोतना या मलना, जैसे—

हाथों में मेंहदी लगाना।
दीवार पर रंग या सफेदी लगाना।
कपड़ों में कीचड़ लगाना।
मुँह पर गुलाल लगाना।
माथे पर तिलक लगाना।
संदूक पर चिह्न लगाना।
जख्म पर दवा लगाना।
बालों में तेल लगाना।
पान पर चूना लगाना।

(4) सन्निविष्ट या समाविष्ट करना, जैसे—
कापी में पन्ने लगाना।
पुस्तक में परिशिष्ट लगाना।
अधिनियम में अधिसूची लगाना।

(5) नियत स्थान पर पहुँचने पर निश्चित स्थान से सटाकर रोकना या ठहरना, जैसे—
प्लेटफार्म पर रेलगाड़ी लगाना।
किनारे पर नाव या जहाज लगाना।
दरवाजे पर पालकी लगाना।
सवारियों की अदला-बदली अथवा और किसी प्रयोजन से एक जहाज का दूसरे जहाज से लगाना या सटाकर खड़ा करना।

मुहावरे

(नाव) किनारे लगाना—काम पूरा कर देना।
काम ठिकाने लगाना—काम पूरा करना।

(6) उगाना, उत्पन्न करना, जैसे—
बाग में फूल लगाना।
जमीन में पेड़ लगाना।

(7) व्यवस्थित रूप में रखना, सजाना, जैसे—

दुकान लगाना, बाजार लगाना, अलमारी में पुस्तकें या फाइल लगाना, मेला लगाना, नाव में पाल लगाना (फैलाना), पान के बीड़े लगाना, बिछौना या जाल लगाना।

बाजार लगाना, जैसे—पद में भी दो विवक्षाएँ हैं—

(क) यहाँ हर बुध को बाजार लगता है। अर्थात हर बुध को दुकानदार नियमित रूप से अपना सौदा बेचने के लिए यहाँ इकट्ठे होते हैं।

(ख) बाजार अभी लगा नहीं है। अर्थात बाजार अभी व्यवस्थित रूप में आ नहीं पाया है।

(8) आघात या चोट करना, जैसे—

लात, घूँसा या थप्पड़ लगाना, बेंत लगाना। धक्का लगाना, टक्कर लगाना।

ठोकर लगाना—ठोकर से मारना।

(9) गले लगाना।

महावरे

मुँह लगाना—किसी को इतनी छूट दे देना कि वह उद्दंडता से बातें करे।

प्रयोग—तुमने नौकर को बड़ा मुँह लगा रक्खा है।

(किसी काम में) हाथ लगाना—(किसी काम को) आरंभ करना।

प्रयोग—अब हाथ लगा दिया है तो पूरा मकान बनाकर ही छोड़ना।

(10) किसी वस्तु या काम को ऐसी स्थिति में पहुँचाना कि जिस प्रयोजन के लिए उसे बनाया गया हो उसकी सिद्धि के लिए बिलकुल तैयार हो जाए, जैसे—

रेलवे में पार्सल लगाना, डाकखाने में तार लगाना, पाठ्यक्रम में पुस्तक लगाना।

(11) प्रज्वलित करना, जैसे—

आग लगाना।

प्रयोग—किसी ने जंगल में आग लगा दी। सारा जंगल भस्म हो गया।

मुहावरे

यह आग उसी की लगाई हुई है, नहीं तो काम इतना न बिगड़ता।

लूका लगाना—आग लगाना।

(12) किसी पैनी, नुकीली या धारदार वस्तु की नोक का चुभोना, जैसे—

इस आम में तो गिलहरी ने दाँत लगा दिया है।

(13) कोई कार्य पूरा करने के लिए किसी प्रकार के उपकरण या साधन का उपयोग या प्रयोग करना, जैसे—

(क) कमरा बंद करने के लिए कुंडी या सिटकनी लगाना।

(ख) दरवाजे में किवाड़ लगाना। डिब्बे या संदूक में ढक्कन लगाना। ताले में ताली लगाना, फ्रेम में शीशा लगाना। बोतल में कार्क लगाना।

(14) लाभ, उपयोग अथवा शारीरिक शोभा बढ़ाने के लिए किसी वस्तु अथवा उपकरण का प्रयोग करना, जैसे—चश्मा लगाना, बिंदी लगाना, दवा लगाना।

(15) किसी विशेष क्रिया को आरंभ करना, जैसे—सेंध लगाना, समाधि लगाना, कलम लगाना, भीड़ लगाना।

मुहावरे

हूँस लगाना, नजर लगाना।

प्रयोग—बच्चे को पड़ोसिन ने नजर लगा दी, उसने दूध पीना ही छोड़ दिया है।

(16) वस्तु का व्यय करना अथवा काल का व्यतीत करना। उपभोग में लाना, खर्च करना।

बेटी के विवाह में सने एक लाख रुपए लगा दिए। समस्त ईंटें तो तुमने दीवार में लगा दीं, अब छत कैसे बनाओगे। जरा-सी कोठरी में दो गाड़ी भूँसा लगा दिया। देर लगाओगे तो काम बिगड़ जाएगा। अभी तो काम लगाया ही है, सारा मकान बनने में छह महीने लग जाएँगे।

(17) (धन-संपत्ति, आदि का) लाभ, आय आदि की दृष्टि से उपयोग में लाना, जैसे—उसने कितना रुपया ब्याज पर लगाया। मैंने तो सारा धन व्यापार में लगा दिया।

(18) नाप-जोख, अथवा अन्य गणितीय क्रियाओं के क्षेत्र में किसी क्रिया को पूरा करना, जैसे—अभी जोड़-बाकी लगा लिया या नहीं। सबेरे से हिसाब में लगे हो, फिर भी अभी तक पूरा हिसाब नहीं लगा पाए।

(19) किसी पर कोई दोषारोपण करना, जैसे—

हत्या, कलंक या अभियोग लगाना। शाप लगाना। किसी का नाम लगाना। कोई धारा या नियम लगाना।

(20) (किसी पर) कोई दातव्य निश्चित करना, जैसे—लगान, कर, या महसूल लगाना। जुर्माना लगाना। किराया लगाना। ऋण पर सूद लगाना। शर्त पर रखना। युधिष्ठिर ने समस्त संपत्ति दाँव पर लगा दी थी। होड़ लगाना। दाम आँकना, कूतना या क्रय के लिए प्रस्तावित करना, जैसे—

किसी वस्तु पर दाम लगाना।

(किसी शब्द पद या वाक्य आदि का अर्थ) ठीक-ठीक प्रतिपादित करना, जैसे—किसी श्लोक, दोहे अथवा सूत्र का अर्थ लगाना।

(21) इकट्ठा करना अथवा (यथोचित भागों में) बाँटना, ढेर लगाना, हिस्से लगाना।

मुहावरे

शान में बट्टा लगाना—प्रतिष्ठा गिरा देना।

चार चाँद लगाना—प्रतिष्ठा या शोभा बढ़ाना, जैसे—

बेटी भारतीय प्रशासन में आ गई। उसने तुम्हारी प्रतिष्ठा में चार चाँद लगा दिए।

मिट्टी ठिकाने लगाना—शव को जलाना या दफनाना।

सटाना—सटाना की मुख्य विवक्षा है कि एक वस्तु को दूसरी वस्तु के इतने समीप ले जाना कि एक दूसरे से लग जाए, जैसे—

मेज को दीवार से सटाना, संदूक को संदूक से सटाना।

सटाना का एक अर्थ चिपकना भी है, जैसे—

लोहे का टुकड़ा चुम्बक से सट गया है,—छुटाए नहीं छूट रहा है।

(13) **सड़ना**

गलना, सड़ना।

इन दोनों अकर्मक क्रियाओं में एक विवक्षा सामान्य है—किसी वस्तु का, ताप, परिपक्वता अथवा किसी अन्य कारण से प्रयोग के योग्य न रह जाना, अर्थात नष्ट कर देने या फेंक देने योग्य होना। यदि कोई आम बिलकुल पक जाए और फिर भी हम उसे डाल से न तोड़ें तो थोड़े दिन में वह पिलपिला हो जाएगा, उसका ठोस भाग तरल हो जाएगा। यदि फिर भी हम उसे न तोड़ें या तोड़कर जमीन ही पर पड़ा रहने दें तो भी और कुछ दिन बीतने पर उसके संयोजक तत्त्व अलग-अलग हो जाएँगे और उसमें से दुर्गंध भी आने लगेगी। पहली स्थिति में हम कहते हैं कि 'आम गल गया', परंतु जब बदबू आने लगती है तो कहते हैं, 'आम सड़ गया'। यदि कागज या कपड़ा भी बहुत दिनों तक पड़े रहने दिया जाए तो एक

स्थिति ऐसी आएगी कि हाथ लगाने से ही फट जाएगा। हम कहेंगे कि कागज या कपड़ा गल गया। कुछ वर्ष पहले तक यह आम प्रथा थी कि कागज और मिट्टी की दौरियाँ बनाई जाती थीं। पहले कागज को पानी में डाल दिया जाता है। कुछ दिनों बाद वह गल जाता है। तब उसमें थोड़ी-सी मिट्टी मिलाकर उसकी लुगदी बनाई जाती है। उससे छोटी-छोटी डलियाँ बनाते हैं और धूप में सुखा देते हैं। इसमें स्त्रियाँ बीजर्चियाँ गोलियाँ आदि रखती हैं। अब तो प्लास्टिक के आने से इसका रिवाज खत्म हो गया है।

लोग हमें बताते हैं कि जिस तरह जंगली जानवर पहाड़ों की खोहों में अपनी माँदें बनाते हैं, उसी प्रकार मगर और घड़ियाल पानी के अंदर मिट्टी खोदकर माँद बनाते हैं। जब कभी ये किसी जानवर का शिकार करते हैं तो अधिकतर उसे तुरंत नहीं खाते, माँद में रख देते हैं। कुछ दिन बाद जब उसके शव से में हल्की-सी सड़ाँध आने लगती है, तब खाते हैं।

कुष्ठ रोगी का रोग जब पुराना पड़ जाता है, तब उसके अंग-अंग गलने लगते हैं और शरीर से अलग होने लगते हैं। अंत में एक स्थिति ऐसी आती है जब अंग सड़ने लगते हैं। तब उनमें से बदबू आने लगती है। वह दशा देखी नहीं जाती।

एक बार एक अखबार में, जिसका नाम हमें याद नहीं है, एक घटना का विवरण छपा था। एक व्यक्ति मरणासन्न पड़ा था और सब डॉक्टरों ने जवाब दे दिया था। इतने में एक परामनोवैज्ञानिक आया और उसने रोगी के घर वालों से कहा कि आपके लिए तो यह व्यक्ति मृतक समान है। यदि आप अनुमति दें तो मैं अपना एक प्रयोग इस पर कर लूँ। उसको अनुमति मिल गई। उसने किसी विशेष प्रक्रिया द्वारा रोगी की आत्मा को अपने वश में कर लिया और उसे मरने से रोक लिया। वह प्रतिदिन आता रहा और उस व्यक्ति का हाल-चाल लेता रहा। देखने में वह व्यक्ति मर चुका था, परंतु उसकी आत्मा जाग्रत थी। तीन महीने तक शरीर ज्यों-का-त्यों पड़ा रहा, न गला, न सड़ा। तीन महीने बाद उसने उस व्यक्ति से कहा कि 'मेरा प्रयोग समाप्त हो चुका है। अब तुम्हारी क्या इच्छा है ?' शरीर से उसे यह उत्तर मिला कि अब मुझे इस शरीर से निकल जाने दो। परामनोवैज्ञानिक ने उस पर से अपना अधिकार हटा लिया। शरीर तुरंत गल गया और सड़ गया और उसमें असंख्य कीड़े रेंगते हुए दिखाई दिए। यूँ समझना चाहिए कि उसकी दशा वैसी ही हो गई, जैसी एक मुरदे की हो जो तीन महीने से पड़ा हो।

जब कोई मनुष्य मरता है तब सामान्यतः अपनी-अपनी प्रथा के अनुसार उसके शरीर को जलाते हैं या कब्र में गाड़ देते हैं, परंतु यदि शरीर को यों ही

पड़ा रहने दें तो बहुत जल्दी सड़ जाएगा। गर्म देशों में तो सामान्यतः शव एक या दो दिन ही में सड़ने लगता है, परंतु ठंडे देशों में बहुत दिनों तक ज्यों-का-त्यों बना रहता है। उत्तरी ध्रुव के समीप के प्रदेशों में प्रायः सदैव बर्फ जमी रहती है। वहाँ पर कई बार जानवरों के शव तो ऐसे मिले हैं जो सैकड़ों वर्ष से यों ही पड़े हैं। न सड़े हैं, न गले। मिस्र देश के ममी इसके ज्वलंत उदाहरण हैं।

यदि किसी पदार्थ में खमीर उठने लगता है तो उसे भी सड़ना कहते हैं। गाय के गोबर में, जब वह सड़ने लगता है, तब उसमें उर्वरक तत्त्व बढ़ जाते हैं। बहुत से लोग गोबर को किसी गड्ढे में भर देते हैं। कुछ महीनों में उसकी बढ़िया खाद बन जाती है।

पद---सड़े-गले आम, सड़ी-गली तरकारी।

सड़ी गर्मी—वर्षा ऋतु की ऐसी गर्मी जिसमें उमस बहुत होती है।

लाक्षणिक प्रयोग—बेचारा हफ्तों से अस्पताल में पड़ा सड़ रहा है। कोई उसकी देख-रेख और इलाज करने वाला भी नहीं है। कैदी वर्षों से जेल में पड़ा सड़ रहा है।

यहाँ हमने 'गलना' के केवल एक ही अर्थ का विवेचन किया है।

इस क्रिया-पद के शेष अर्थों के लिए देखिए हमारी पुस्तक—'शब्दचर्चा', राजकमल प्रकाशन, नई दिल्ली।

(14) सड़ाना

गलाना, सड़ाना।

ये दोनों क्रिया-पद क्रमशः गलना और सड़ना के सकर्मक रूप हैं। अतः इनके अर्थ बहुत कुछ गलना और सड़ना के अर्थों से निकल आते हैं।

गलाना—(1) किसी ठोस पदार्थ को इतना तपाना कि वह तरल हो जाए। जैसे—सोना-चाँदी गलाना, दाल गलाना, तरकारी गलाना।

(2) तरल पदार्थ में किसी विशेष क्रिया से कोई विलेय वस्तु घुलाना, जैसे—तेजाब में सोना गलाना। अत्यधिक श्रम या चिंता से शरीर को दुर्बल कर देना, जैसे—बेटी के विवाह की चिंता में उसने अपना शरीर गला दिया।

सड़ाना—(1) किसी वस्तु को सड़ने में प्रवृत्त करना। किसी पदार्थ को ऐसी स्थिति में पहुँचा देना कि उसके अवयव गलने लगें और उसमें से दुर्गंध आने लगे, जैसे—तुमने तो सारे आम सड़ा दिए। अत्यधिक पानी देकर पौधे को क्यों सड़ाते हो।

(2) अत्यधिक कष्ट देकर दुर्दशा करना, जैसे—सरकार ने कैदी को जेल में सड़ा रखा है।

(15) सपरना

सपरना, सरना।

इन दोनों सकर्मक क्रियाओं के अर्थों में एक विवक्षा समान है : किसी काम का निर्वाह या पूरा होना।

सपरना—(1) किसी काम का समाप्त होना—निबटना।

मुहावरा—सपर जाना—मर जाना, स्वर्गवासी हो जाना।

(2) किसी काम का हो सकना, जैसे—कोई काम हाथ में लेने से पहले यह सोच लो कि तुमसे सपरेगा या नहीं।

सरना—(1) निर्वाह होना, जैसे—यह काम हमसे सरना कठिन है परंतु बिना जाए भी सरेगा नहीं।

शक्ति के अनुसार काम करना, जैसे—जितना हमसे सरेगा उतना आदर-सत्कार तो हम कर ही देंगे। मेरे पास तो एक छोटा-सा संदूक है, क्या इससे काम सरेगा ?

(16) समेटना

समेटना, बटोरना।

इन दोनों शब्दों में मुख्य भाव है इकट्ठा करना। परंतु अर्थ-छटाओं में सूक्ष्मांतर है। दोनों में भाव यह है कि बहुत-सी बिखरी हुई वस्तुओं को एकत्रित कर दिया जाए। समेटना में एक विवक्षा यह भी है जो वस्तुएँ तितर-बितर पड़ी हों, उन्हें व्यवस्थित करके इस प्रकार रखना कि देखने में भद्दा न लगे। बटोरकर रखने में यह आवश्यक नहीं है।

समेटना के कई प्रकार के और भी प्रयोग हैं, जैसे—फैले हुए रोजगार को समेटना, अर्थात उसे संकेंद्रित करके छोटा रूप दे देना। दुख समेटना, जैसे—उसने विधवा से शादी करके उसके सारे दुःख समेट लिए।

'समेटना' का एक उदाहरण और देखिए—बूढ़े रामदयाल ने सारे परिवार को समेट रखा है, उसके मरते ही परिवार बिखर जाएगा।

एक दूसरा प्रयोग—माँ ने रोते हुए बच्चे को आँचल में समेट लिया।

समेटने का एक अर्थ यह भी है—तह करके व्यवस्थित रूप में रख देना। जैसे—चादर समेटना, दरी समेटना।

बटोरना—बहुत-सी बिखरी हुई वस्तुओं को सरकाकर या उठाकर इकट्ठा करना। मुख्य अर्थ तो यही है, पर इस क्रिया-पद के साथ कुछ विशेष प्रयोग भी चलने लगे हैं, जैसे—धन बटोरना = धन उपार्जन करना। पाप या पुण्य बटोरना।

एक उपाहार-गृह में एक प्रौढ़ा स्त्री अपनी नवयौवना मित्र से कह रही थी कि देखो, वह व्यक्ति जो उस कोने पर बैठा हुआ है, बराबर मुझे घूरे जा रहा है। जी में आता है, उसका मुँह नोच लूँ। नवयौवना बोली—मैं उसे जानती हूँ, वह एक कबाड़िया है, जहाँ कहीं इसे कूड़ा-करकट दिखाई पड़ता है, बटोरने लगता है।

(17) सुहाना

जँचना, फबना, सुहाना, सोहना।

इन चारों अकर्मक क्रियाओं में एक विवक्षा सामान्य है: सुंदर लगना, सुशोभित होना। इनमें सबसे प्रचलित शब्द है सुहाना, जिससे सुहावना विशेषण बना है। यों कुछ लोग शिथिल रूप में सुहाना का प्रयोग भी विशेषण-रूप में करते हैं, जैसे—

तुम्हारे शहर का मौसम बड़ा सुहाना लगे। मैं शाम चुरा लूँ अगर बुरा न लगे।

सुहाना का एक अर्थ है पसंद आना। जैसे—तुम्हारी बातें मुझे बिलकुल नहीं सुहातीं।

सोहना का भी मुख्य अर्थ तो वही है, जो सुहाना का है, अर्थात सुशोभित, होना, रुचिकर होना, अच्छा लगना।

एक लोकोक्ति है—जिसका काम उसी को सोहे।

फबना—इस क्रिया का एक अर्थ है उपयुक्त स्थान पर रखे जाने पर किसी चीज का सुशोभित होना या सुंदर लगना। जैसे—

सफेद साड़ी पर काले फूल फबते हैं। उसकी साड़ी पर किनारीदार गोटा फब रहा है।

फबना का एक अर्थ यह भी है—ठीक अवसर पर किसी बात का उपयुक्त लगना, जैसे—

तुम इतने बड़े प्रोफेसर हो, तुम्हारे मुँह पर अपशब्द नहीं फबते। कलाकार पर इतनी लचर बात नहीं फबती।

फबना का एक प्रयोग यह भी है—किसी व्यक्ति का बढ़िया कपड़े पहनने पर सुंदर लगना। जैसे—

महारानी सीता का वेष उस लड़की पर फब रहा था। यह लाल टोपी बच्चे के सिर पर फब रही है।

जँचना, जचना—इसका एक विशेष अर्थ है, जाँचा या परखा जाना। दूसरा अर्थ है, जाँच में पूरा उतरना। जैसे—जंचा हुआ हाथ = सधा हुआ हाथ।

इसी से मिलता-जुलता एक अर्थ है—पसंद आना। जैसे—मुझे उसकी बात जँच गई। एक विशेष प्रयोग यह भी है—देखो, उस वस्तु को ठीक से जंचाकर रखना, अर्थात यह इत्मीनान करके रखो कि टिकेगी या नहीं।

(18) **सौंपना**

सहेजना, सौंपना।

सौंपना—स० (1) किसी के अधिकार में दे देना, किसी के जिम्मे या सुपुर्द कर देना, जैसे—

मैं तीर्थाटन जा रहा हूँ। अपना सारा माल-मता तुम्हें सौंपे जा रहा हूँ, जब लौटकर आऊँगा तब ले लूंगा।

(2) पूरी तरह से, सदा के लिए दे देना, जैसे—

मैंने अपने बड़े पुत्र को अपनी समस्त जमीन-जायदाद सौंप दी है और संन्यास ले लिया है। मेरे जीवन का कोई ठिकाना नहीं है, थोड़े ही दिन का मेहमान हूँ। अपने बच्चे तुम्हें सौंपता हूँ।

सहेजना का अर्थ हम पिछली माला (4) में दे चुके हैं। सौंपना का अर्थ है—कोई वस्तु किसी को साधारण रूप में दे देना। सहेजना में एक भाव यह है कि जो वस्तु हम दे रहे हैं वह मूल्यवान है। इसलिए उक्त वस्तु जताकर सावधानी के साथ दी जाती है। यदि उसके कई अंग हों तो एक-एक करके गिनाकर दिए जाएँगे। जैसे—

चूड़ियाँ गिनाकर दी जाएँगी। सोने की मटरमाला के मटर गिनाकर दिए जाएँगे।

सहेजना—(1) किसी चीज को लेते समय उसे अच्छी तरह जाँच लेना कि वह पूरी या संतोषजनक है या नहीं, जैसे—

जो गहना लड़की वाले की तरफ से आया हो, उसे सहेज लो। जो सामान मैं बाजार से खरीद कर लाया हूँ, पहले उसे सहेज लो, पीछे कोई और काम करना।

(2) सहेज देना—कोई वस्तु किसी को दिखलाकर और बताकर सौंपना, जैसे—

उसे समस्त वस्तुएँ एक-एक करके गिनाकर सहेज देना।

(19) **स्वीकारना**

सकारना, स्वीकारना।

इन दोनों सकर्मक क्रियाओं में एक विवक्षा सामान्य है—मानना, मंजूर कर लेना।

सकारना का अर्थ तो विशेषित है। प्राचीन समय में आजकल के ढंग के बैंक तो होते नहीं थे। महाजन लोग अपने-अपने घरों से ही पैसे का लेन-देन और ब्याज-बट्टे का काम किया करते थे। आजकल तो बैंकों में सिक्कों के बदले कागजों का लेन-देन चलता है। यदि नगद पैसा पास न हो तो चेकों से काम चलता है। मान लीजिए हम किसी को दस हजार रुपए देना चाहते हैं तो इतनी बड़ी रकम जेब में रखकर ले जाने में खतरा होता है, अतः उसके बदले हम एक प्रकार के विशेष प्रपत्र पर लिख देते हैं कि अमुक व्यक्ति को दस हजार रुपए दे दिए जाएँ। इसी को चेक कहते हैं। पुराने समय में इस प्रकार के कागजों को हुंडी कहते थे।

यदि हम कोई चेक लिखेंगे तो ऐसे बैंक के नाम पर ही लिखेंगे, जिससे हमारा लेन-देन चलता हो। और यदि कोई हमारा चेक उस बैंक में ले जाएगा तो बैंक उसे अपेक्षित रकम दे देगा। इसी को हुंडी सकारना कहते हैं। कोई दूसरा बैंक हमारे चेक अथवा हुंडी को नहीं सकारेगा।

स्वीकारना—यह शब्द सकारना से अधिक व्यापक है। यदि हम कोई अपराध करके आएँ और किसी के सामने उसे कबूल कर लें तो कहा जाएगा—हमने अपराध स्वीकार कर लिया। इस प्रकार चोरी स्वीकार करना, हत्या स्वीकार करना, गबन स्वीकार करना जैसे प्रयोग चलते हैं। यदि कोई किसी मुकदमे में अपना अपराध स्वीकार कर ले तो दंड घटा दिया जाता है।

यदि हम किसी से ऋण लें और उपयुक्त समय आने पर मान लें कि हमारे ऊपर उसका ऋण है तो इसको भी स्वीकारना ही कहा जाएगा। इसी प्रकार जब साझियों में देने-पावने का हिसाब होता है तो जिस पर राशि निकलती है, उसके लिए कहा जाता है कि उस पर इतनी देन है। यदि वह मान लेता है तो उसको भी देन का स्वीकार करना कहते हैं।

एक व्यक्ति ने एक नए ढंग का बीजगणित लिखा है, जिसका नाम रखा है, अनूठा बीजगणित। उसमें धन और ऋण चिन्हों की उत्पत्ति के विषय में उसने एक मधुर कल्पना की है, जो इस प्रकार है—

लक्ष्मी जी के दो पुत्र थे : 'लेन जी' और 'देन जी'। लक्ष्मी जी की संपत्ति सारे संसार में फैली हुई थी। वह अपने दोनों पुत्रों में इसका बटवारा करना चाहती थी। उसे यह काम असंभव-सा दिखाई दिया, क्योंकि अरबों-खरबों वस्तुएँ थीं। तो उन्होंने एक तरकीब निकाली। हर एक वस्तु पर एक छोटा-सा निशान डाल दिया। यह 'देन जी' की संपत्ति की निशानी थी। फिर जो वस्तु 'लेन जी' को देनी थी उस पर लकीर खींचकर + बना दिया। ऐसी सारी वस्तुएँ लेन जी की हुई। इस प्रकार धन और ऋण चिन्ह प्रचलित हो गए।

(20) हड़पना

हड़पना, हथियाना।

(1) हड़पना का मुख्य अर्थ मुँह में डालकर निगलना, पेट में जल्दी-जल्दी उतारना। जब हमें कहीं जाने की जल्दी होती है और खाना खाकर जाना चाहते हैं तो हम बहुत जल्दी-जल्दी खाते हैं, बल्कि निगलते हैं। इसी को हड़पना कहते हैं। जैसे—इधर-उधर मत देखो, बस हड़प जाओ।

(2) अनुचित रूप से लेकर दबा बैठना, कभी वापस न देने की इच्छा से लेना, लेकर कभी न देना। जैसे—वह दो दिन के लिए मेरा फरसा लेकर गया था। महीनों बीत गए हैं। लगता है उसे हड़प गया है। वह तो अपने भाई की सारी जायदाद हड़प चुका है। मेरी पुस्तक लेते जा रहे हो, पर वापस कर देना, हड़प मत जाना।

हथियाना—(1) हाथ में लेना, पकड़ना।

(2) कौशल से या धोखा देकर या बलपूर्वक कब्जा कर लेना।

(3) चुपके से अपने कब्जे या अधिकार में कर लेना। जैसे—

अभी तो यहाँ मेरी बीस छड़ियाँ रखी थीं, अब उन्नीस रह गई हैं। मालूम होता है जो व्यक्ति यहाँ बैठा था, एक छड़ी हथिया ले गया है।

अनुक्रमणिका

सकारना
सजाना
सटाना
सड़ना
सड़ाना
सपरना
सानना
समेटना
समोना
सरना
सरापना
सहेजना
सुहाना
सोहना
सौंपना
स्वीकारना
हड़पना
हथियाना
हिलगना

वर्तनी और उच्चारण

1

ध्वनियों का वर्गीकरण

जितनी ध्वनियाँ संसार में उत्पन्न होती हैं, स्थूल रूप से दो वर्गों में विभाजित हो सकती हैं—

(1) निरर्थक ध्वनियाँ

(2) सार्थक ध्वनियाँ

यहाँ हमारा संबंध केवल सुस्पष्ट, सार्थक ध्वनियों से है। हम जानते हैं कि ध्वनि तरंगों में चलती है। जब मैं बोलता हूँ तब मुख यंत्र प्रेषक का काम करते हैं। वाणी तरंगों के रूप में चलती है और श्रोता के कानों तक पहुँचती है। इस प्रकार श्रोता ग्राही का कार्य करता है। इस प्रक्रिया के तीन पक्ष हैं—

(1) ध्वनि का उद्‌गम

(2) ध्वनि की गति

(3) ध्वनि का श्रवण

ध्वनियों का वर्गीकरण इन तीनों में से किसी भी पक्ष को आधार मानकर किया जा सकता है। सबसे पहले हम तीसरे पक्ष पर विचार करेंगे। स्पष्ट है कि यह एक बिलकुल व्यक्तिनिष्ठ आधार होगा। सैद्धांतिक रूप में हम ध्वनियों का वर्गीकरण इस प्रकार भी कर सकते हैं—मीठी, कड़वी, कठोर, कोमल, कर्कश, पतली।

परंतु एक ही ध्वनि किसी को मीठी और किसी को कर्कश लगेगी। कोयल की कूक नव दम्पति को मधुर लगती है, किंतु विरहिणी को काट खाती है।

स्पष्ट है कि इतना व्यक्तिनिष्ठ विषय वर्गीकरण का आधार नहीं बन सकता।

दूसरा पक्ष है ध्वनि की गति। तरंगों में तीन प्रकार से वैभिन्य हो सकता है। गुणता में, तीव्रता में, तारता में। यदि हम इस पक्ष को वर्गीकरण का आधार बनाएँगे तो हमें ध्वनिकी के बदले भौतिकी के क्षेत्र में बहुत गहरे घुसना पड़ेगा।

अपनी नैसर्गिक आँखों से हमें इन तरंगों की अनुभूति नहीं हो सकती। हमें बहुत ही सूक्ष्म उपकरण बनाने होंगे, जिनसे केवल भौतिकिज्ञ ही काम ले सकेंगे। अतएव, वाणी का यह पक्ष भी वर्गीकरण के आधार के लिए अनुपयुक्त ठहरता है।

अब हम ध्वनि के प्रथम पक्ष पर आते हैं। वर्गीकरण की यह विधि भी कोई बहुत संतोषजनक नहीं है। ये ध्वनियाँ किस प्रकार उत्पन्न होती हैं, इस विषय में हमें कोई नामावली बनानी होगी। मान लीजिए मैं किसी लड़के के चपत लगाता हूँ तो उस ध्वनि का नाम हम क्या रखेंगे? हाथ-गाल-ध्वनि? यदि मैं मेज पर हाथ मारूँ तो उक्त ध्वनि को क्या कहेंगे? हाथ-मेज-ध्वनि? और यदि मैं किसी व्यक्ति को छड़ी से मारूँ तो उस ध्वनि का क्या नाम होगा? छड़ी-शरीर-ध्वनि?

ध्वनियों का इस प्रकार का नामकरण हास्यास्पद होगा। किंतु यदि और कोई पद्धति व्यावहारिक ही न हो तो कदाचित इसी को वर्गीकरण का आधार बनाना पड़ेगा।

2

स्वर और व्यंजन

सार्थक ध्वनियाँ स्वरों और व्यंजनों में विभाजित की गई हैं। ध्वनियों का सबसे शास्त्रीय और सुविधाजनक वर्गीकरण यही है। यूरोप में स्वरों और व्यंजनों की सबसे पहली परिभाषाएँ थोरेक्स ने 200 ई० पू० के पास दी थी, जो इस प्रकार हैं—

(1) स्वर वे ध्वनियाँ हैं, जिनका उच्चारण बिना किसी अन्य ध्वनि की सहायता के किया जा सके। या यों कहिए कि स्वर वे ध्वनियाँ हैं, जो स्वतः बोली जा सकें। और,

व्यंजन वे ध्वनियाँ हैं, जिनका उच्चारण स्वरों की सहायता के बिना नहीं हो सकता।

अचरज की बात है कि प्रायः उसी समय भारत में पतंजलि ने भी यही परिभाषाएँ दी थीं। ध्वनियों को स्वरों और व्यंजनों में विभाजित करने का विचार भारत में सबसे पहले 1000 ई० पू० के लगभग उत्पन्न हुआ था, किंतु उसे सुस्पष्ट रूप से व्यक्त सबसे पहले पतंजलि ने ही किया था।

आज के भाषाशास्त्री इन परिभाषाओं को दोषपूर्ण समझते हैं। स्वरों के विषय में तो यह कहना सर्वथा सही है कि ये बिना किसी अन्य ध्वनि की सहायता के बोले जा सकते हैं। किंतु यह कहना गलत है कि बिना स्वरों की सहायता के व्यंजन बोले ही नहीं जा सकते। हाँ, इतना अवश्य कर सकते हैं कि अधिकांश स्थितियों में व्यंजनों के उच्चारण के लिए स्वरों की सहायता लेनी पड़ती है। सामान्यतः किसी व्यंजन के आगे या पीछे कोई-न-कोई स्वर आता ही है। कुछ सीधे-सादे शब्द लीजिए—

घी लो मा खाई छू पौ दे।

इन शब्दों में व्यंजन के बाद स्वर आया है। अब कुछ शब्द इस प्रकार के लीजिए—

अब आप इस ईख उस एक ओर।

इन सब शब्दों में व्यंजन के पहले स्वर आया है। उपरलिखित समस्त शब्दों में व्यंजनों का उच्चारण स्वरों की सहायता से होता है। यही बात तथाकथित अर्ध-स्वरों के विषय में भी सत्य है। पहले नागरी लिपि में चार अर्ध-स्वर माने जाते थे—

य र ल व।

हम यहाँ कुछ शब्द ऐसे लेते हैं जिनमें ये अर्ध-व्यंजन स्वरों का काम करते हैं—

क्या ग्राम ग्लानि द्वारा।

यहाँ अर्ध-स्वर व्यंजनों के बाद आए हैं। अब हम कुछ ऐसे शब्द लेते हैं जिनमें वे व्यंजनों के पहले आते हैं—

यम धर्म गुल्म तीव्र।

परंतु यह कहना गलत होगा कि हम किसी भी व्यंजन को बिना किसी स्वर की सहायता के बोल ही नहीं सकते। इन ध्वनियों पर विचार कीजिए—

म्···न्···फ्···ज्···श्···स्

ये सब शुद्ध व्यंजन हैं, किंतु सबके सब स्वरों के बिना उच्चरित हो सकते हैं। इतना ही नहीं, किसी-किसी भाषा में तो पूरे के पूरे शब्द स्वर-रहित होते हैं। अफ्रीका की इबों भाषा में एक शब्द है जिनमें पाँच व्यंजन हैं और कोई स्वर है ही नहीं।

ङ् ग् ङ् ग् ङ् = पार्सल।

चेक भाषा में तो एक पूरा का पूरा वाक्य बिना स्वर के है।

स्ट्क प्स्ट स्क्र्ज़ क्क =(अपने) गले को उँगली से दबाओ।

अतः स्पष्ट है कि स्वरों और व्यंजनों की उपर्युक्त परिभाषाएँ संतोषजनक नहीं हैं। आधुनिक भाषाशास्त्रियों ने एक अन्य परिभाषा दी है—

(2) स्वरों का सतत उच्चारण हो सकता है, व्यंजनों का नहीं। यह परिभाषा भी दोषरहित नहीं है। इसके दोनों ही भाग गलत हैं। इसमें संदेह नहीं कि प्रधान स्वरों में से अधिकतर का उच्चारण सतत हो सकता है, जैसे इन शब्दों में—

काल पी छू मेल सैर मोर कौर।

किंतु ह्रस्व स्वरों का सतत उच्चारण नहीं हो सकता, जैसे इन शब्दों में—

अब किन पुल।

इसके विपरीत कई व्यंजन ऐसे हैं कि उनका सतत उच्चारण हो सकता है, जैसे—

म न फ़ ज़ श स ष।

और अर्ध-स्वरों का तो हो ही सकता है।

स्पष्ट है कि इस परिभाषा से भी हमारा काम नहीं चलेगा। तब एक तीसरी परिभाषा दी गई—

(3) स्वर वे वाग्ध्वनियाँ हैं, जिनके उच्चारण में वायु मुख-विवर से अबाध गति से निकल जाती है।

व्यंजन वे वाग्ध्वनियाँ हैं, जिनके उच्चारण में वायु अबाध गति से नहीं निकल पाती। वायु-मार्ग में पूर्ण या आंशिक अवरोध उत्पन्न हो जाता है।

यदि अवरोध पूर्ण होता है तो वायु जरा-सा रुककर फिर आगे बढ़ती है, अन्यथा वह संकीर्ण मार्ग से घर्षण करते हुए निकलती है। यदि यह भी नहीं तो किसी भाग को कंपित करते हुए निकलती है।

पहली दोनों परिभाषाओं की तुलना में तो यह परिभाषा अवश्य ही अधिक परिष्कृत है। बहुत से भाषाशास्त्रियों ने इस परिभाषा को मान लिया है। किंतु फिर भी वे कहते हैं कि यह समस्त ध्वनियों पर लागू नहीं है। अधिकतर स्वरों के उच्चारण में वायु अबाध गति से निकलती है। 'ईख' और 'ऊब' में वायु बिलकुल मुक्त रूप से नहीं निकल पाती। इसके विपरीत व्यंजन 'ह' के उच्चारण में कम-से-कम अवरोध होता है।

(4) स्वर वाग्ध्वनियाँ आक्षरिक होती हैं और व्यंजन वाग्ध्वनियाँ अनाक्षरिक। यह कथन अधिकांशित: सत्य है, किंतु कसौटी पर यह भी खरा नहीं उतरता, क्योंकि यह भी समस्त ध्वनियों पर लागू नहीं है। इसमें संशय नहीं कि द्विस्वरों को छोड़कर प्राय: सभी स्वर आक्षरिक होते हैं, किंतु यह बात भी निर्विवाद है कि कुछ व्यंजन भी आक्षरिक होते हैं। हिंदी में तो ऐसे व्यंजनों का उदाहरण मिलना कठिन है, किंतु अंग्रेजी में

garden का n

और

uncle का l

दोनों आक्षरिक हैं।

संस्कृत और कुछ मध्य-योरोपीय भाषाओं—जैसे चेक, बल्गेरियन और पश्चिमी सूडान की भाषा—में र भी आक्षरिक होता है। संस्कृत का 'व्याघ्र' इसका दृष्टांत है।

(5) स्वरों और व्यंजनों में एक अंतर यह भी है कि व्यंजनों की अपेक्षा

स्वर अधिक मुखर होते हैं।

अब हम मुखरता पर एक दूसरे दृष्टिकोण से विचार करेंगे।

मान लीजिए एक रेलगाड़ी जा रही है। रेल की पटरियों से जो ध्वनि निकलती है, कोई यात्री उसे कान लगाकर सुनता है। उसे कुछ ऐसी ध्वनि सुनाई देती है—

खट पट, खट पट, खट पट।

गाड़ी में कोई तरकारी वाला बैठा है। उसके विचार में आवाज इस प्रकार की होगी—

अदरक अदरक अदरक।

एक तीसरा व्यक्ति कोई संगीतज्ञ है। उसके कानों में कुछ इस प्रकार की ध्वनि पड़ेगी—

सरगम सरगम सरगम।

संभव है गाड़ी में कोई स्कूल मास्टर जा रहे हों, जिन्हें इस प्रकार की ध्वनि सुनाई दे—

हर दम खट पट मत कर।

एक दृष्टांत और लीजिए। सवेरे के समय कहीं पर पपीहा कूक रहा है। मार्ग में कोई मौलाना जा रहा है। उसे पपीहे की आवाज में ये शब्द सुनाई पड़ रहे हैं—

सब कुछ उसी की बरकत।

दूसरी ओर से कोई पंडित जी आ रहे हैं, उनके कानों में कुछ ऐसे शब्द पड़ेंगे—महिपाल नाम दशरथ।

तीसरी ओर से कोई कुंजड़ा ये शब्द सुन रहा है—मूली, साग, शलजम।

किंतु किसी कसाई के कानों में कुछ ऐसी गूंज आएगी—कर ज़िबी और ढक रख।

यहाँ हम इन पदों के केवल अंतिम शब्दों पर विचार करेंगे—बरकत, दशरथ, शलजम, ढक रख।

ये शब्द एक दूसरे से भिन्न हैं, किंतु फिर भी इनमें एक साम्य है। पर यह तुकांत वाला साम्य नहीं है, वरन उससे भिन्न है। मान लीजिए कि इन शब्दों में जहाँ-जहाँ 'अ' ध्वनि आई है, वहाँ हम 'अ' लिखते हैं और उसे इस प्रकार निरूपित करते हैं—

अ　　　　अ　　　　अ　　　　अ

ब　र　क　त　द　श　र　थ

अ　　　　अ　　　　अ　　　　अ

श　ल　ज　म　ढ　क　र　ख

स्पष्ट है कि प्रत्येक शब्द में दो-दो शिखर हैं, प्रत्येक शिखर पर स्वर 'अ' है, और शिखरों का सब शब्दों में एक ही स्थान है। इसके अतिरिक्त शेष ध्वनियों की संख्या भी समान है, स्थान भी।

एक उदाहरण और लीजिए। मान लीजिए कोई व्यक्ति बाजार जा रहा है। जब वह थोड़ी दूर जा चुकता है, हमें एक बात याद आती है। हम आवाज लगाकर उससे कहते हैं—

'खाट लेते आना।'

संभव है 'खाट' शब्द उसे पूरा सुनाई न दे। वह समझता है कि हमने उससे कहा है—

'पाट लेते आना।'

यह भी संभव है कि वह खाट के बदले इनमें से कोई शब्द सुने—

चाट, साग, डाल, दाल, भात ।

किंतु यह असंभव है कि वह यह समझ ले कि—

कबूतर लेते आना। अथवा
मेज लेते आना। अथवा
कुमकुम लेते आना।

अतः यह निश्चित है कि इन शब्दों में कोई समान गुण है—

खाट, पाट, चाट, साग, डाल, दाल, भात।

और वह गुण ऐसा है, जो इन शब्दों में विद्यमान नहीं है—

कबूतर, मेज, कुमकुम।

यह समान गुण है 'आ' की ध्वनि। प्रत्येक शब्द में एक ही 'आ' है और वह शब्द के मध्य में ही है। इसके अतिरिक्त, इस ध्वनि में प्रत्येक शब्द की अन्य ध्वनियों की तुलना में अधिक तीव्रता है जिसके कारण यह ध्वनि दूर से भी सुनाई दे जाती है। शेष ध्वनियाँ इस ध्वनि के आगे दबकर रह जाती हैं।

मान लीजिए हम इस ध्वनि को शिखर स, और शेष ध्वनियों को तला स

निरूपित करते हैं, तो शब्दों की ध्वनियों की आकृतियाँ इस प्रकार की होंगी—

	आ			आ			आ	
ख		ट	ड		ल	भ		त

इन शिखर ध्वनियों को शीर्ष ध्वनियाँ कहते हैं, शेष ध्वनियों को 'गह्वर ध्वनियाँ'। स्पष्ट है कि प्रत्येक शब्द में तीन ध्वनियाँ हैं जिनमें से एक शीर्ष ध्वनि है, शेष दोनों गह्वर ध्वनियाँ; और प्रत्येक शब्द में शीर्ष ध्वनि गह्वर ध्वनियों के बीच में ही आती है। यही इन शब्दों की ध्वनियों का साम्य है।

ये शीर्ष ध्वनियाँ, जो स्वर हैं, शेष ध्वनियों से अधिक मुखर होते हैं। इसीलिए ये दूर से सुनाई पड़ जाती हैं। इन ध्वनियों से हमें शब्दों के अक्षर विभाजन में बड़ी सहायता मिलती है। प्रत्येक शीर्ष ध्वनि से हमें एक अक्षर प्राप्त होता है। कुछ लेखक तो यहाँ तक कहते हैं कि स्वरों से सदैव शीर्ष ध्वनियाँ उत्पन्न होती हैं, व्यंजनों से नहीं। आइए इस कथन पर विचार कर लें।

दीर्घ स्वरों से तो सदैव शीर्ष ध्वनियाँ उत्पन्न होती हैं, किंतु यह बात हम ह्रस्व स्वरों के विषय में नहीं कह सकते। निम्नलिखित स्वरों से सदैव शीर्ष ध्वनियाँ नहीं बनतीं—

अ, इ, उ, ऋ।

1. इन शब्दों में 'अ' शीर्ष ध्वनि नहीं है : अनार, अपील, अकेला, अल्हैया।
2. इन शब्दों में 'इ' शीर्ष ध्वनि नहीं है : इलाज, इरीश, अग्नि, ध्वनि, बुद्धि, वाल्मीकि।
3. इन शब्दों में 'उ' शीर्ष ध्वनि नहीं है : उफान, उनींदा, चक्षु, इक्ष्वाकु।
4. इन शब्दों में 'ऋ' शीर्ष ध्वनि नहीं है : ऋषि, कृपया, मृणाल।

हम केवल इतना कह सकते हैं कि अकेला व्यंजन कभी शीर्ष ध्वनि उत्पन्न नहीं करता; स्वर शीर्ष ध्वनि उत्पन्न कर सकता है, और बहुधा करता भी है।

अब हम स्वरों और व्यंजनों के गुणों का सारांश देते हैं।

(i) अधिकतर स्वर स्वयं उच्चरित हो सकते हैं। दो-चार अपवादों को छोड़कर, व्यंजन स्वयं उच्चरित नहीं हो सकते।

(ii) अधिकतर स्वरों का सतत उच्चारण हो सकता है; दो-चार अपवादों को छोड़कर, व्यंजनों का नहीं हो सकता।

(iii) अधिकतर स्वरों के उच्चारण में वायु मुख विवर से प्रायः अबाध गति से निकलती है; व्यंजनों के उच्चारण में ऐसा नहीं होता।

(iv) अधिकतर स्वरों से अक्षरों का निर्माण होता है; व्यंजनों से प्रायः नहीं होता।

(v) व्यंजनों की अपेक्षा स्वर अधिक मुखर होते हैं।

ये सारे विभेद वर्णन के रूप में अच्छे हैं। इनमें से किसी से भी तर्कसम्मत, संतोषजनक परिभाषा नहीं निकलती। कभी-कभी कोई स्वर व्यंजन का-सा काम करता है, और कहीं-कहीं व्यंजन स्वर-रूप बन जाता है।

और इन सब बातों के ऊपर अर्ध-स्वरों ने एक नया उलझट्टा डाल रक्खा है। इतना तो प्रायः निश्चित हो चुका है कि—र और ल व्यंजन रूप अधिक हैं, स्वर-रूप कम। अतः इनकी गिनती व्यंजनों में होनी चाहिए। केवल य और व को हम अर्ध-स्वर मान सकते हैं। (दे० अध्याय 6)

3

नागरी लिपि के स्वर

स्वरों का वर्गीकरण तीन लक्षणों पर आधारित है :

1. जिह्वा का कौन-सा भाग करण का कार्य करता है ?

इस दृष्टिकोण से जिह्वा को तीन मुख्य भागों में विभाजित किया गया है : अग्र, मध्य, और पश्च । तदनुसार, जो स्वर उत्पन्न होते हैं, उन्हें क्रमानुसार अग्र, मध्य और पश्च स्वर कहते हैं ।

2. जिह्वा का तत्संबंधी भाग कितनी ऊँचाई तक उठता है ?

स्वरों के उच्चारण के लिए जिह्वा कितनी ऊंची उठती है, उसकी एक सीमा है । यदि जिह्वा उस सीमा से ऊपर चली जाए तो तब जो ध्वनि निकलेगी, वह स्वर की नहीं होगी । अत: उक्त रेखा को स्वर-रेखा कहते हैं ।

यदि जिह्वा उक्त सीमा पर पहुँच जाए तो मुख-विवर का बहुत थोड़ा-सा भाग खुला रह जाएगा, जिसमें से श्वास-वायु निकल सके । अतएव, संगत स्वरों को 'संवृत स्वर' अर्थात बंद स्वर कहते हैं ।

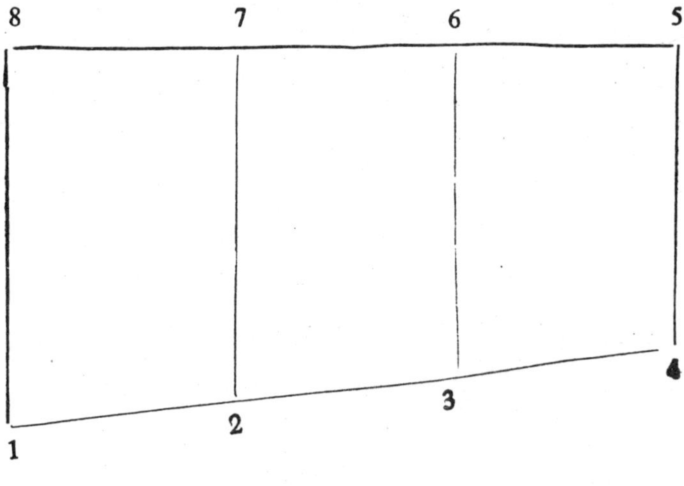

जिह्वा की तीन अन्य स्थितियाँ संभव हैं । उन्हीं के अनुसार संगत स्वरों को क्रमानुसार अर्ध-संवृत, अर्ध-विवृत और विवृत कहते हैं।

3. ओष्ठों की क्या स्थिति होती है ?

ओष्ठों की एक तो सामान्य स्थिति है, जिसे 'उदासीन स्थिति' कहते हैं। इसके अतिरिक्त वे विस्तृत हो सकते हैं अथवा वृत्ताकार। इन दोनों में से भी प्रत्येक की चार-चार स्थितियाँ मानी गई हैं।

व्यवहार में, वर्गीकरण के लिए, पहले दो लक्षण ही पर्याप्त होते हैं, क्योंकि, जैसा आगे चलकर पता चलेगा, तीसरी कसौटी तो आप से आप उन्हीं दो में बैठ जाता है।

अब हम तथाकथित स्वर त्रिभुज खींचते हैं। वास्तव में इसे स्वर समलंब कहना चाहिए।

नीचे की क्षैतिज रेखा, उदग्र रेखा और ऊपर की क्षैतिज रेखा 2 : 3 : 4 के अनुपात में है। तिरछी रेखा मुँह के अग्र भाग को निरूपित करती है। संख्याएँ 1, 2, 3, 4 जिह्वा को ऊपर से नीचे तक चारों स्थितियों को निरूपित करती हैं। जिह्वा के पश्च भाग की स्थितियों का निरूपण संख्याएँ 5, 6, 7, 8 करती हैं।

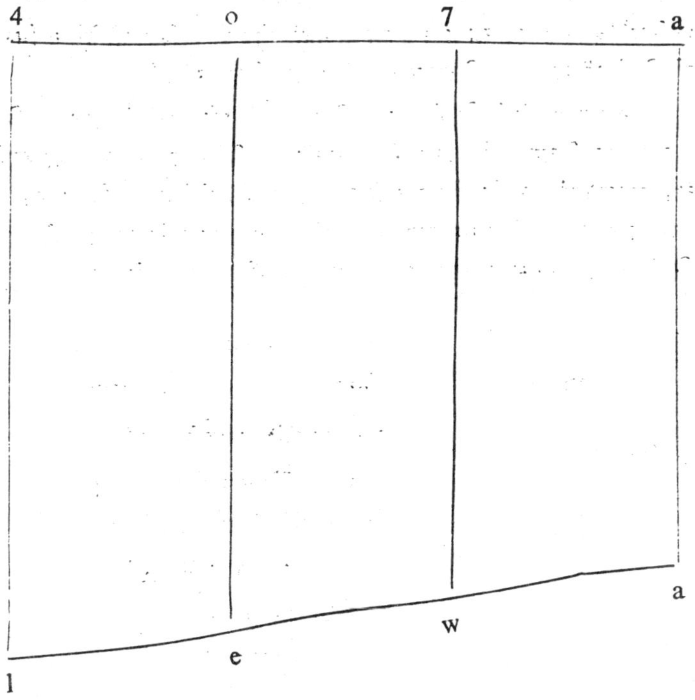

ये आठ संख्याएँ डेनियल जोंस द्वारा स्थापित आठ स्वरों की स्थितियों को इंगित करती हैं। ये किसी विशिष्ट भाषा के स्वर नहीं हैं। ये किसी भी भाषा के आठ प्राथमिक स्वरों की आदर्श स्थितियाँ हैं। जब हम किसी भाषा की ध्वनिक प्रणाली का अध्ययन करते हैं तो यह देखना आवश्यक होता है कि उसके प्राथमिक स्वरों का उस प्रणाली के परिप्रेक्ष्य में क्या स्थान है।

कुछ स्वरों के उच्चारण में वाग्यंत्र की मांसपेशियां ढीली रहती हैं, कुछ में तनी हुई। इस गुण को आधार मानकर भी स्वरों का वर्गीकरण हो सकता है। e की एक ढीले प्रकार की ध्वनि sit के i के उच्चारण से निकलती है। इसका उच्चारण स्थान e के समीप ही होता है, किंतु केंद्र की ओर थोड़ा हटकर। यदि oo के आतत (तनावदार) उच्चारण का उदाहरण लेना हो तो put वाले u का उच्चारण उपयुक्त रहेगा। इसका स्थान oo के निकट ही है, केवल थोड़ा-सा केंद्र की ओर हटा हुआ।

जो स्वर न अग्र रेखा के समीप हैं, न पश्च रेखा के, केंद्रीय स्वर कहलाते हैं। इनमें सबसे प्रमुख हैं beggar का ह्रस्व a और sofa का a।

स्वर-ध्वनियों के प्रकारों का कोई अंत नहीं है। इतना कहना ही पर्याप्त होगा कि संसार-भर में कोई-सी भी दो भाषाएं ऐसी न मिलेंगी जिनकी स्वर-ध्वनियाँ बिलकुल एक-सी हों। इतना ही नहीं, कोई दो व्यक्ति भी ऐसे न मिलेंगे जो किसी भी अक्षर को बिलकुल एक जैसा उच्चरित करते हों।

अब हम नागरी लिपि की स्वर-ध्वनियों पर आते हैं। सर्वप्रथम हम प्राथमिक 6 स्वरों पर विचार करेंगे। नागरी लिपि की एक विशेषता इसकी मात्रा-पद्धति है। ये मात्राएँ स्वरों के चिह्न होती हैं। जब कभी कोई व्यंजन किसी स्वर के साथ आता है, उसके साथ पूरा स्वर नहीं लिखा जाता, केवल स्वर की मात्रा लिखी जाती है। हम यहाँ छहों प्रमुख स्वर मात्रा-चिह्नों सहित देते हैं—

स्वर	विवरण	मात्रा
अ	ह्रस्व अ, जैसे अनार में	
आ	दीर्घ आ, जैसे काम में	ा
इ	ह्रस्व इ, जैसे जिसमें	ि
ई	दीर्घ ई, जैसे जीत में	ी
उ	ह्रस्व उ, जैसे कुल में	ु
ऊ	दीर्घ ऊ, जैसे चूल में	ू

अब हम नागरी लिपि के अगले चार स्वरों पर विचार करते हैं, जो द्विस्वर हैं—

विवरण	मात्रा
ए (अ+इ) जैसे, मेल में	े
ऐ (अ+ए) जैसे, कैसा में	ै
ओ (अ+उ) जैसे, गोल में	ो
औ (अ+ओ) जैसे, कौन में	ौ

हिंदी भाषा की एक विशेषता है जिसे संधि कहते हैं। ये चारों द्विस्वर संधि के सबसे सरल उदाहरण हैं।

एक बात ध्यान देने योग्य है : स्वर अ का कोई चिह्न नहीं है। प्रत्येक व्यंजन में यह स्वर निहित रहता है। इस विचार से रोमन लिपि और नागरी लिपि के व्यंजनों में आधारित अंतर है। रोमन लिपि में वर्ण एक शुद्ध व्यंजन ध्वनि है। इसका उच्चारण हो ही नहीं सकता, यदि इसके आगे या पीछे कोई स्वर न हो। किंतु नागरी लिपि के प का घटन इस प्रकार है—

प=प्+अ=शुद्ध व्यंजन भाग+स्वर भाग।

अतः जब भी हम नागरी लिपि का कोई व्यंजन लिखते हैं, उसके अंत में अ-स्वर निहित रहता है।

यहाँ हम संधियों के कुछ उदाहरण देते हैं—

अ+इ=ए : देव+इंद्र=देवेंद्र

अ+ए=ऐ : एक+एकैक

अ+उ=ओ : पर+उपकार=परोपकार

अ+ओ=औ : जल+ओघ=जलौघ

यह बात ध्यान देने योग्य है कि इन चारों द्विस्वरों में से पहले और तीसरे एक प्रकार के हैं, शेष दोनों दूसरे प्रकार के। पहले और तीसरे द्विस्वरों के संघटकों का उच्चारण लुप्त हो गया है और इनका उच्चारण संघटकों के उच्चारण से बिलकुल भिन्न हो गया है। अतः अब ये दोनों स्वतंत्र स्वर कहलाने लगे हैं।

किंतु शेष दोनों द्विस्वरों में उनके संघटकों का उच्चारण अब भी दृष्टिगोचर होता है। ऐ का उच्चारण अ और ए के उच्चारणों का मिश्रण ही है। इसी प्रकार, औ का उच्चारण अ और आ के उच्चारण-मिश्रण से प्राप्त होता है।

किंतु ए के उच्चारण में न अ के उच्चारण का पता चलता है, न इ के। इसी प्रकार, ओ का उच्चारण अ और उ के उच्चारण से सर्वथा भिन्न है।

एक बात और : ऐ और औ के उच्चारण में मौलिक परिवर्तन होता जा रहा है। तनिक इन शब्दों पर विचार कीजिए—

जैसा, वैसा, कैसा, पैसा, ऐसा, छैला, शैला

इन शब्दों के तीन प्रकार के उच्चारण सुनाई देते हैं—

(क) जइसा, वइसा, कइसा, पइसा, अइसा, छइला, शइला

(ख) जएसा, वएसा, कएसा, पएसा, अएसा, छएला, शएला

पिछले उच्चारण में ए पूरा नहीं बोला जाता। 'जएसा' में 'जए' इस प्रकार बोला जाएगा, मानो यह दो अक्षरों से नहीं बना, वरन एक ही अक्षर है।

(ग) jaisa, vaisa, kaisa, paisa, aisa, chhaila, shaila

अब उक्त शब्दों के (क) ओर (ख) जैसे उच्चारण संस्कृत तत्सम शब्दों में तो रह गए हैं, किंतु अधिकतर लोग तद्भव शब्दों का वही उच्चारण करते हैं जो (ग) में दिया है। इस उच्चारण के स्वर और अंग्रेजी के man वाले a के उच्चारण में तनिक भी अंतर नहीं है।

अब तनिक इन शब्दों पर विचार कीजिए—

कौन, औरत, चौथा, जौनपुर

इन शब्दों के भी तीन प्रकार के उच्चारण सुनने में आते हैं—

(क) कउन, अउरत, चउथा, जउनपुर।

(ख) कओन, अओरत, चओथा, जओनपुर

पिछले उच्चारण में 'ओ' पूरा नहीं बोला जाता। कओन में 'कओ' इस प्रकार बोला जाएगा, मानो यह दो अक्षरों से नहीं बना, वरन एक ही अक्षर है।

(ग) kaun, aurat, chautha, Jaunpur

जब उक्त शब्दों के (क) और (ख) उच्चारण (संस्कृत के तत्सम शब्दों को छोड़कर) उड़ते जा रहे हैं और अधिकतर लोग तद्भव शब्दों का वही उच्चारण करते हैं जो (ग) में दिया है। इस उच्चारण के स्वर और अंग्रेजी के शब्दों god, hockey, not, pot के स्वर o के उच्चारण में थोड़ा-सा ही अंतर है। अंग्रेजी पढ़े-लिखे लोग तो उपरिलिखित स्वरों का उच्चारण (ग) की तरह करते हैं। लक्षण ऐसे दिखाई दे रहे हैं कि शीघ्र ही उपर्युक्त दोनों द्विस्वरों का पुराना उच्चारण लुप्त हो जाएगा, और ये दोनों भी स्वतंत्र स्वरों की गिनती में आ जाएँगे।

अत में इतना कह देना और आवश्यक है कि उच्चारण, बलाघात और लहजा किसी व्यक्ति की निजी थाती नहीं है। प्रत्येक व्यक्ति के बात करने, बोलने, भाषण करने का निराला ही ढंग होता है। उच्चारण, बलाघात अथवा लहजे में जरा-सा भी अंतर होने से अर्थ का अनर्थ हो सकता है।

'तुम भीतर जाओगे' का सीधा-सादा अर्थ है कि 'तुम अंदर जाओगे'। किंतु यदि हम 'भी' के बाद थोड़ा-सा रुक जाएँ तो भाव निकलेगा—तुम भी तर जाओगे !

4

नागरी लिपि के व्यंजन

(स्फोटक अथवा स्पर्श व्यंजन)

हम ऊपर कह चुके हैं कि व्यंजनों के उच्चारण में श्वास के वायुमार्ग में अवरोध होता है, जिससे घर्षण की उत्पत्ति होती है। व्यंजनों का वर्गीकरण निम्न-लिखित आधारों पर किया जाता है—

1. उस बिंदु की स्थिति जहाँ अवरोध होता है; इसे उच्चारण-बिंदु कहते हैं।

2. जिस ढंग से उच्चारण होता है; उसे उच्चारण-विधि कहते हैं।

3. स्वर-यंत्र में कम्पन की विद्यमानता या अभाव।

इनमें से पहले आधार पर जो वर्गीकरण किया गया है, वही सर्वाधिक महत्त्व-पूर्ण है, किंतु हमारे लिए पहले अंतिम दोनों आधारों पर विचार करना सुविधा-जनक होगा। जब हम कोई वाक्-ध्वनि निकालना चाहते हैं, वायु हमारे मुख-यंत्र में प्रवेश करती है। जब अवरोध होता है, तब या तो वायु एक क्षण के लिए बिलकुल रुककर चलती है, या श्वास-वायु किसी अन्य मार्ग से जाती रहती है—कभी जिह्वा के पार्श्वों में से, कभी नाक में से, कभी उस रंध्र में से जो जिह्वा के केंद्र में बन जाता है।

जिन व्यंजनों के उच्चारण में मार्ग क्षण-भर के लिए बिलकुल अवरुद्ध हो जाता है, स्फोटक अथवा स्पर्श व्यंजन कहलाते हैं; व्यंजनों का सबसे महत्त्वपूर्ण वर्ग यही होता है। शेष व्यंजनों को सप्रवाह व्यंजन कहते हैं।

कुछ व्यंजन ऐसे भी होते हैं जिनके उच्चारण में सीत्कार ध्वनि होती है। इन्हें महाप्राण कहते हैं, शेष व्यंजनों को अल्पप्राण।

यों तो यह वर्गीकरण और व्यंजनों पर भी लागू होता है, किंतु स्फोटक व्यंजनों के लिए इसका महत्त्व सबसे अधिक है।

महाप्राण, नागरी लिपि की विशेषता है, किंतु रोमन लिपि में उनका अभाव-सा है। अंग्रेजी में महाप्राण के सबसे समीप की ध्वनि हमें abhor के bh की ध्वनि मिलती है।

कोई ध्वनि महाप्राण है या नहीं, इसका परीक्षण बहुत सरल है। हाथ की हथेली मुख के आगे रखकर कोई महाप्राण ध्वनि, जैसे 'भ' निकालिए। आपको प्रतीत होगा कि आपके मुँह की वायु हथेली पर आकर लग रही है। लेकिन यदि 'ब' जैसी कोई अल्पप्राण ध्वनि निकालेंगे तो वायु के स्पर्श की कोई प्रतीति नहीं होगी।

जब आप कोई ध्वनि निकालें और आपके स्वरयंत्र में कम्पन हो तो उक्त ध्वनि को सघोष कहते हैं। यदि कोई कम्पन न हो तो ध्वनि अघोष कहलाती है।

इसका परीक्षण भी आसान है। 'क' अघोष है, 'ग' सघोष। अपने हाथों से अपने कान बंद कर लीजिए और 'क' का उच्चारण कीजिए। कानों में कोई गूँज सुनाई नहीं देगी। अब यही प्रयोग 'ग' के साथ कीजिए। अब आपको गूँज सुनाई देगी।

रोमन लिपि और नागरी लिपि, दोनों सघोष ध्वनियाँ प्रचुर संख्या में हैं।

जब मार्ग अवरुद्ध होता है, तब उन्मोचन के पश्चात या तो वायु मुख से निकलती है या नाक से। पहली अवस्था में व्यंजन मौखिक कहलाता है, दूसरी में नासिक्य।

अत: स्पष्ट है कि स्फोटक व्यंजनों के उच्चारण में तीन स्थितियाँ होती हैं: वायु का आगमन, अवरोध और उन्मोचन। पहली दोनों स्थितियाँ तो सभी स्फोटकों में प्राय: एक-सी होती हैं, किंतु उन्मोचन कई प्रकार का हो सकता है।

अभी तक हमने व्यंजनों के वर्गीकरण के अंतिम दोनों आधारों पर विचार किया है। अब हम पहले आधार पर आते हैं, उच्चारण-स्थान पर। नागरी लिपि ने वर्गीकरण के तीनों आधारों का समन्वय करके स्फोटक व्यंजनों की एक बहुत तर्कयुक्त और वैज्ञानिक प्रणाली तैयार की है।

नागरी में 25 स्फोटक व्यंजन होते हैं। इन्हें पाँच पंचकों में विभक्त किया गया है। प्रत्येक पंचक के व्यंजन वाक्यंत्र के एक विशिष्ट क्षेत्र से सम्बद्ध होते हैं और प्रत्येक में दो अघोष, दो सघोष और एक नासिक्य व्यंजन होता है।

इनमें से पहला कंठ्य पंचक है।

कंठ्य पंचक/कोमल तालव्य पंचक

इस पंचक के उच्चारण में जिह्वा का स्पर्श कंठ अर्थात कोमल तालु से होता है। यहाँ हम इस वर्ग के पाँचों व्यंजन उनके उच्चारण सहित देते हैं।

अघोष अल्पप्राण	क,	जैसे कबूतर में
महाप्राण	ख,	जैसे खटमल में
सघोष अल्पप्राण	ग,	जैसे गधा में
महाप्राण	घ,	जैसे घर में
नासिक्य	ङ,	जैसे, जंगल में बिंदी की ध्वनि ।

थोड़ी देर के लिए हम नासिक्य व्यंजनों को छोड़ देते हैं। उन पर हम एक साथ विचार करेंगे।

शेष चारों व्यंजनों का एक अपूर्ण रूप भी होता है। हम ऊपर कह चुके हैं कि प्रत्येक स्फोटक व्यंजन के उच्चारण में तीन स्थितियाँ होती हैं। यदि तीसरी स्थिति न पहुंच पाए तो व्यंजन को अपूर्ण अथवा स्वर-रहित अथवा शुद्ध व्यंजन कहते हैं।

साधारणतः ऐसा तभी होता है जब उक्त व्यंजन के तुरन्त बाद कोई दूसरा व्यंजन आ जाए। ऐसी स्थिति में मुख यंत्र को पहली ध्वनी के पूर्ण होने से पहले ही दूसरी ध्वनि के उच्चारण के लिए तैयार हो जाना पड़ता है, जैसे—

रक्त, शुक्ल, वक्र में क ध्वनि अपूर्ण है
ख्याति, में ख ध्वनि अपूर्ण है
ग्लानि, भग्न, व्यग में ग ध्वनि अपूर्ण है
व्याघ्र में घ ध्वनि अपूर्ण है

इसके अतिरिक्त, अल्पप्राणों की ध्वनि तब भी अपूर्ण होती है जब वे किसी शब्द के अंत में आएँ, जैसे—

वाक् में क ध्वनि अपूर्ण है

वर्त्स्य-तालव्य पंचक

इस पंचक के व्यंजनों में जिह्वा तालू तो छूती है, किंतु उन्मोचन तत्काल नहीं होता। यह धीरे-धीरे होता है। इसीलिए इसे स्पर्श-संघर्षी पंचक भी कहते हैं।

अघोष अल्पप्राण, जैसे -- चतुर में च
अघोष महाप्राण, जैसे—छत में छ
सघोष अल्पप्राण, जैसे—जाल में ज
सघोष महाप्राण, जैसे—झील में झ
नासिक्य, जैसे पंछी में बिंदी की ध्वनि
अपूर्ण ध्वनि के उदाहरण—
च्यूँटी में 'च्' की ध्वनि
उच्छ्वास में छ की ध्वनि
वज्र में ज की ध्वनि

मूर्धन्य पंचक

इस पंचक के व्यंजनों में जीभ मूर्धा को छूता है। उक्त पाँचों व्यंजनों के उच्चारण इस प्रकार हैं—

अघोष अल्पप्राण, जैसे—टोपी में ट
अघोष महाप्राण, जैसे—ठोकर में ठ
सघोष अल्पप्राण, जैसे—डलिया में ड
सघोष महाप्राण, जैसे—ढोलक में ढ
नासिक्य, जैसे—कंठ में बिंदी की ध्वनि

अपूर्ण ध्वनियाँ

काट्य में ट् की ध्वनि
ओष्ठ्य में ठ् की ध्वनि
जाड्य में ड् की ध्वनि
धनाढ्य में ढ् की ध्वनि

दंत्य पंचक

इस पंचक के व्यंजनों के उच्चारण में जीभ दाँतों की ऊपर की पंक्ति को छूती है।

अघोष अल्पप्राण, जैसे—तीली में त
सघोष महाप्राण, जैसे—थन में थ
सघोष अल्पप्राण, जैसे—दाल में द
सघोष महाप्राण, जैस—धन में ध
नासिक्य, जैसे—मन में न

अपूर्ण ध्वनियाँ

त्रास में त् की ध्वनि
पथ्य में थ् की ध्वनि
द्रव में द् की ध्वनि
ध्यान में ध् की ध्वनि

द्वयोष्ठ्य पंचक

इस पंचक के व्यंजनों के उच्चारण में दोनों होंठ मिलकर वायु को रोक देते हैं। ध्वनियाँ इस प्रकार हैं—

अघोष अल्पप्राण, जैसे—पान में प
अघोष महाप्राण, जैसे—फल में फ
सघोष अल्पप्राण, जैसे—बेल से ब

सघोष महाप्राण, जैसे—भील में भ

नासिक्य, जैसे—मन में म

अपूर्ण ध्वनियाँ

प्यार में प् की ध्वनि

फ्यास में फ् की ध्वनि

ब्रज में ब् की ध्वनि

भ्रम में भ् की ध्वनि

सब लोगों का उच्चारण एक-सा नहीं होता। कुछ व्यक्तियों का उच्चारण तो निराला ही होता है। बहुत-से लोग 'व' के स्थान पर 'ब' और 'य' के बदले 'ज' बोलते हैं। कुछ व्यक्ति 'श' और 'स' में भी गड़बड़ा जाते हैं।

5

नागरी लिपि के व्यंजन

(सप्रवाह और ऊष्म)

नागरी लिपि के चार व्यंजन ऊष्म (Sibilants) कहलाते हैं—

श ष स ह

इनके उच्चारण में एक प्रकार की सीत्कार ध्वनि सुनाई पड़ती है।

(i) **श की ध्वनि**

इस व्यंजन के उच्चारण में जीभ वर्त्स के सम्मुख रखकर एक प्राय: चपटे रंध्र की सृष्टि करती है। साथ ही जीभ का मध्य भाग कठोर तालु की ओर उठ जाता है। यह एक अघोष वर्त्स-तालव्य संघर्षी ध्वनि है। इसकी ध्वनि 'शत' में श जैसी है। यह हिंदी और अंग्रेजी दोनों में बहुत प्रयुक्त होती है।

इस ध्वनि का एक सघोष प्रतिरूप भी है। श़; यह हिंदी में तो बहुत कम प्रयुक्त होती है। केवल अरबी के कुछ शब्दों में काम आती है, जैसे—

अश़दहा: मिश़गाँ

यह फ्रेंच में बहुत प्रयुक्त होती है और अंग्रेजी में यदा-कदा ही, जैसे pleasure और occasion में।

कुछ लोग इस ध्वनि को झ़ से निरूपित करने लगे हैं, किंतु यह उचित दिखाई न ीं देता क्योंकि झ़ में महाप्राणत्व है जो उर्दू के 'जिम् हे' में नहीं है। जो संबंध ज और उर्दू के 'जे' में है (दोनों सघोष, दोनों अल्पप्राण, पहला तालु-वर्त्स्य स्पर्श-संघर्षी, दूसरा वर्त्स्य-संघर्षी), लगभग वही संबंध झ और झ़ में है—

दोनों सघोष, दोनों महाप्राण, पहला स्पर्श-संघर्षी, दूसरा वर्त्स्य-संघर्षी।

अत: झ़ से ऐसी ध्वनि को निरूपित करना चाहिए जो झ के अधिक समीप हो। ऐसी ध्वनि हमें अंग्रेजी के ऐसे शब्दों में दिखाई पड़ती है—

exhaust अँग्झ़ॉस्ट exhibit अँग्झ़िबिट

(ii) **ष की ध्वनि**

इस ध्वनि के उच्चारण में जिह्वानोक उलटकर वर्त्स के पिछले भाग के समीप पहुँच जाती है। इस प्रकार रंध्र बन जाता है, जिससे घर्षण उत्पन्न होता है। जीभ के किनारे कठोर तालु को स्पर्श करते हैं। यह एक अघोष मूर्धन्य संघर्षी ध्वनि है। यह संस्कृत और मराठी में बहुत प्रयुक्त होती है। हिंदी में तो यह उन्हीं शब्दों में काम में आती है जो संस्कृत से तत्सम रूप में ले लिए गए हैं। यह अंग्रेजी में कभी प्रयुक्त नहीं होती।

इस ध्वनि का भी एक सघोष प्रतिरूप है, जिसे ष़ से निरूपित कर सकते हैं। इस ध्वनि को हम सघोष मूर्धन्य संघर्षी कह सकते हैं। यह मराठी में प्रयुक्त होती है, हिंदी में नहीं।

(iii) **स की ध्वनि**

ऊष्म व्यंजनों में सबसे महत्त्वपूर्ण यही है। हिंदी के शब्दों की सबसे अधिक संख्या इसी से आरंभ होती है और अंग्रेजी के शब्दों की भी सबसे बड़ी संख्या इसकी संगत ध्वनि s से।

इस ध्वनि के उच्चारण में जीभ की नोक वर्त्स के बहुत समीप पहुँच जाती है। ष की ध्वनि जिह्वानोक से उत्पन्न होती है, स की ध्वनि जीभ के मध्य भाग से। जीभ की नोक दाँतों के पीछे शांत पड़ी रहती है। इस ध्वनि के उदाहरण हैं—

संत सौ वसंत ओस

यह एक अघोष वर्त्स्य संघर्षी ध्वनि है। इस ध्वनि का एक किंचित भिन्न रूप भी है, जिसमें जीभ की नोक दाँतों के बीच में दबकर ध्वनि उत्पन्न करती है। उक्त ध्वनि को अघोष दंत्य संघर्षी कहते हैं। यह हिंदी में प्रयुक्त नहीं होता। इसे हम स़ से निरूपित करेंगे।

स का एक सघोष प्रतिरूप भी होता है ज़ (उर्दू के 'ज़ाल'), जिसे सघोष वर्त्स्य संघर्षी कहते हैं। यह ध्वनि अंग्रेजी शब्द zero के z में प्रयुक्त होती है। यह हिंदी के ऐसे हजारों शब्दों में आती है जो उर्दू से लिए गए हैं। वस्तुतः इस ध्वनि को स़ से निरूपित करना चाहिए, किंतु इसके लिए ज़ का प्रयोग इतना चल पड़ा है कि अब उसको बदलना असंभव-सा है।

उपरिलिखित तीनों ऊष्मों में वर्त्स के समीप रंध्र बनता है। किंतु श में जीभ की नोक वर्त्स के पिछले भाग के संपर्क में आती है, ष में मूर्धा के, और स में दाँतों के। स के उच्चारण में रंध्र गोलाकार होता है, शेष दोनों के उच्चारण में प्रायः तालु के सामांतर।

(iv) ह (ः विसर्ग) की ध्वनि

इस ध्वनि के उच्चारण में काकल में संघर्ष होता है और वायु आकस्मिक झटके के साथ निकलती है। यह ध्वनि अघोष, काकल्य संघर्षी है। हिंदी में यह एक बहु प्रयुक्त ध्वनि है। इसका चिह्न ऊपर-नीचे अंकित दो बिंदियाँ (:) होता है। उक्त चिह्न को विसर्ग कहते हैं। यह सामान्यतः प्रत्यय के रूप में ही प्रयुक्त होता है, जैसे इन शब्दों में--

स्वत: प्राय:

इस ध्वनि का भी एक सघोष प्रतिरूप होता है: ह। इसकी ध्वनि सघोष, काकल्य, संघर्षी होती है। अंग्रेजी में यह अधिकतर शब्दों के बीच में आती है, जैसे—behalf, cuhart में। हिंदी में यह ध्वनि शब्दों के आदि, मध्य, अंत—किसी भी भाग में आ सकती है, जैसे—

हो वाहन वह

(v) क़ की ध्वनि

यह ध्वनि अल्पप्राण अघोष अलिजिह्व स्पर्शी है। यह हिंदी के उन शब्दों में बहुत प्रयुक्त होती है जो अरबी, फारसी से लिए गए हैं, जैसे—

क़लम इन्क़लाब मशक़

में। इस ध्वनि के उच्चारण में जिह्व-पश्च का अंतिम भाग कौए के साथ मिलकर वायु-मार्ग को बंद कर देता है। फिर आंतरिक अवरुद्ध वायु के दबाव के कारण एकाएक स्फोटन होता है और उक्त भाग अलग हो जाता है।

(vi) ख़ की ध्वनि

यह ध्वनि अघोष कोमल तालव्य संघर्षी है। यह जर्मन के कुछ शब्दों में आती है। यह हिंदी के ऐसे शब्दों में आती है जो उर्दू से लिए गए हैं, जैसे—

ख़ाना ख़ून पख़

(vii) ग़ की ध्वनि

यह ध्वनि सघोष, अल्पप्राण, कोमल तालव्य, संघर्षी है। यह अंग्रेजी में तो प्रयुक्त नहीं होती, फ्रेंच के कुछ शब्दों में पाई जाती है। उर्दू में यह ऐसे शब्दों में आती है, जैसे—

ग़लत बग़ीचा बालिग़

इसका एक महाप्राण प्रतिरूप होता है घ़। इस ध्वनि के उदाहरण मिलना बहुत कठिन है।

उपरिलिखित तीनों व्यंजनों की कोमल तालव्य संघर्षी तिकड़ी कहलाती है। संघर्षियों की एक अन्य तिकड़ी भी होती है : दंतोष्ठ्य संघर्षियों की।

दंतोष्ठ्य संघर्षी

(viii) फ़ की ध्वनि

इस ध्वनि के उच्चारण में दाँतों की ऊपर पंक्ति निचले होंठ के संपर्क में आती है। श्वास-वायु के निकलने के लिए बहुत पतला मार्ग रह जाता है। अतः वायु घर्षण के साथ निकलती है। ऊपरी होंठ और जीभ प्रायः उदासीन रहते हैं। यह ध्वनि अंग्रेजी के f जैसी है। हिंदी में यह ध्वनि उर्दू वाले शब्दों में ही प्रयुक्त होती है, जैसे—

फ़ालतू सफ़ेद साफ़ फ़ोटो

यह दंतोष्ठ्य संघर्षी अघोष अल्पप्राण ध्वनि है।

(ix) व की ध्वनि

दाँतों की ऊपरी पंक्ति और निचले होंठ की स्थिति तो वैसी ही होती है जैसी फ़ में। किंतु इसके उच्चारण में घर्षण इतना कम और श्वास-वायु की गति इतनी मंद होती है कि घर्षण कठिनाई से ही सुनाई पड़ता है। व को कुछ लोग घर्षणहीन व्यंजन कहते हैं। यह दंतोष्ठ्य सघोष, अल्पप्राण ध्वनि है। यह अंग्रेजी और हिंदी दोनों में बहुत प्रयुक्त होती है, जैसे—

विप्र अवध नव में।

(x) व्ह की ध्वनि

उपरिलिखित ध्वनि का एक महाप्राण जैसा रूप भी होता है 'व्ह'।

यह ध्वनि हिंदी या अंग्रेजी में प्रयुक्त नहीं होती। किंतु, बहुत से अंग्रेज रोमन लिपि की v का उच्चारण व्ह जैसा करते हैं, जैसे—

व्हैलर व्हाल्व

उत्क्षिप्त व्यंजन

(xi) ड़ की ध्वनि

जीभ की नोक उलटकर जब तालु को छू देती है, तब वह पीछे की ओर

गिरती है और उसका निचला भाम मूर्धा को छूकर यह ध्वनि उत्पन्न करता है। यह सघोष, अल्पप्राण, मूर्धन्य, उत्प्रेक्षित ध्वनि है। हिंदी में यह ऐसे शब्दों में आती है—

उड़ना तोड़।

(xii) ढ़ की ध्वनि

उपर्युक्त ध्वनि का एक महाप्राण प्रतिरूप होता है—ढ़। इस ध्वनि के उदाहरण—

गढ़ बढ़ना चिढ़।

पार्श्विक व्यंजन

(xiii) ल की ध्वनि

जीभ की नोक वर्त्स को छूकर मार्ग बंदकर देती है। किंतु श्वासवायु जीभ के एक या दोनों पार्श्वों में से निकल जाती है। जीभ को ल की स्थिति में रखकर श्वास को अंदर खींचिए। यदि आपको वायु जीभ के एक ही पार्श्व में से अंदर जाती हुई लगे तो समझ लीजिए कि ल के उच्चारण में वायु उसी ओर से बाहर जाएगी। यदि श्वास के अंदर जाने की प्रतीति दोनों ओर हो तो वायु दोनों ओर से बाहर निकलेगी।

यह एक सघोष वर्त्स्य अल्पप्राण पार्श्विक ध्वनि है। अंग्रेजी के अतिरिक्त प्राय: सभी यूरोपीय भाषाओं में पाई जाती है। हिंदी में भी बहु प्रयुक्त है। उदाहरण स्वरूप—

लेना लाल दल

इस ध्वनि को शुक्ल ल (Clear L) कहते हैं।

अंग्रेजी में इस ध्वनि का एक दूसरा प्रकार भी होता है, जिसे कृष्ण ल (Dark L) कहते हैं। यह जीभ के पिछले भाग को उठाकर निर्मित होता है। यह कोमल तालु की ओर उठती है और वायु मुंह के पिछले भाग में जीभ के ऊपर से होकर बाहर निकल जाती है। यह ध्वनि हिंदी में प्रयुक्त नहीं होती।

अंग्रेजी में शुक्ल ल, जो सघोष होता है, प्राय: शब्दों के आरंभ में आता है, जैसे—

Look Lack Log

कृष्ण ल सामान्यत: शब्दों के अंत में प्रयुक्त होता है, जैसे—

full till

कृष्ण ल कभी-कभी आक्षरिक होता है और स्वर का काम देता है, जैसे—

little uncle में।

हिंदी में अब तक इस ध्वनि की गिनती अर्ध-स्वरों में होती आ रही है, यद्यपि बहुत से आधुनिक भाषाशास्त्री इसे व्यंजन मानते हैं।

(xiv) ल्ह की ध्वनि

नागरी का ल अल्पप्राण है। इसका एक महाप्राण प्रतिरूप होता है : ल्ह। यह बहुत कम प्रयुक्त होता है। उदाहरणस्वरूप—

ल्हासा आल्हा ल्हेस।

(xv) ळ की ध्वनि

इस ध्वनि के उच्चारण में जीभ की नोक वर्त्स के बदले मूर्धा को छूती है। अतः इसे सघोष, अल्पप्राण, मूर्धन्य, पार्श्विक व्यंजन कहते हैं। यह हिंदी में तो प्रयोग में नहीं आती, किंतु कई अन्य भारतीय भाषाओं में पाई जाती है, जैसे—मराठी, तमिल, उड़िया। भारत सरकार ने हाल ही में इस ध्वनि को भी नागरी वर्णमाला में स्थान दे दिया है।

इस ध्वनि का एक महाप्राण प्रतिरूप भी होता है, जो उड़िया में प्रयुक्त होता है।

लुंठित व्यंजन

(xvi) र ध्वनि-वर्ग

जब जीभ की नोक बहुत तेजी से चलती है, और या तो श्वास-वायु में स्वतंत्र रूप से फड़फड़ाती है या किसी अन्य अंग से टकराती है, तब ऐसी ध्वनि उत्पन्न होती है। अधिकतर भाषाओं में इस वर्ग की ध्वनियाँ होती हैं, किंतु प्रायः सभी एक-दूसरे से भिन्न होती हैं। हिंदी के र की ध्वनि सघोष अल्पप्राण, वर्त्स्य, लुंठित होती है। यह हिंदी में बहुत प्रयुक्त होती है, जैसे

रोना, मराल, और।

कुछ शब्दों में दुहरे और तिहरे लुंठन में भी पाए जाते हैं, जैसे—

ग़र्रा, छर्रा, चर्र, मर्र।

अंग्रेज़ी में एक विस्मयबोधक शब्द होता है bvvtt, जिसका अर्थ होता है—ठंढ।

जर्मन भाषा में एक अलिजिह्व लुंठन इस प्रकार के शब्दों में दिखाई पड़ता है—rund = गोल।

इसी वर्ग की एक अमेरिकी ध्वनि है जो र और ड़ के बीच में पड़ती है। इसे भाषाशास्त्रियों ने एक विशेष नाम दे रखा है : सघोष पश्चीय संघर्षी, क्योंकि जिह्वा और पश्च वर्त्स की एक विचित्र स्थिति में पहुंचकर यह उत्पन्न होती है। इसे n से निरूपित किया जाता है।

'र' ध्वनि का एक महाप्राण रूप भी होता है—र्ह। हिंदी में यह ध्वनि अर्हता में प्रयुक्त नहीं होती। अंग्रेजी नाम Rhodesia में इसका समीपतम रूप दिखाई पड़ता है।

6

अर्ध-स्वर

कुछ दशाब्दियों पहले तक नागरी लिपि की निम्नलिखित चार ध्वनियों को अर्ध-स्वर माना जाता था—

य र ल व।

किंतु अधिकतर आधुनिक भाषाशस्त्रियों का यह मत है कि र और ल में स्वरों की अपेक्षा व्यंजनों के गुण अधिक हैं। अतएव इस विचारधारा के अनुसार अर्ध-स्वर केवल दो ही हैं: य और व। और ये दोनों अर्ध-स्वर संसार की अधिकतर भाषाओं में पाए जाते हैं।

इन दोनों ध्वनियों के उच्चारण में, आरंभ में तो जीभ की स्थिति संवृत स्वर जैसी होती है, और तत्पश्चात विवृत स्वर जैसी हो जाती है।

(i) य-ध्वनि (Y-sound)

इस ध्वनि के उच्चारण के लिए पहले तो जीभ 'इ' जैसी ध्वनि के लिए तैयार होती है, और तत्पश्चात एक प्रकार के 'अ' जैसी। जिह्वा का मध्य भाग उठाकर कठोर तालु के बहुत पास पहुँच जाता है। यह सघोष, अवृत्ताकार, तालव्य है। इस ध्वनि के उदाहरण—

यम वयस्क साया

अंग्रेजी में भी यह एक बहु प्रचलित ध्वनि है जैसे इन शब्दों में—

Yes Yoke Dayen

हिंदी में यह स्वर का काम तब देता है जब यह किसी व्यंजन के उच्चारण में सहायता करता है, जैसे इन शब्दों में—

क्या अन्य सुरम्य

अंग्रेजी में इस ध्वनि का स्वर-रूप में प्रयोग बहुत कम होता है। इसमें संदेह नहीं कि इन शब्दों—

symbol, nylon, type

में y स्वर का काम दे रही है, किंतु यहाँ इसकी मौलिक ध्वनि 'य' नहीं निकलती। यहाँ तो यह 'इ' अथवा 'आइ' का काम दे रही है। मौलिक ध्वनि के दृष्टांतों के लिए कोई कम परिचित शब्द लेना होगा, जैसे—

myoll (मइयल)=आस्ट्रेलिया की एक प्रकार की लकड़ी।

ryat (रइयत)=किसान।

इस ध्वनि का एक अघोष प्रतिरूप भी होता है : ह्य अर्थात hy; यह हिंदी के ऐसे शब्दों में आता है—

बाह्य, गुह्य।

अंग्रेजी में इससे मिलती-जुलती ध्वनि ऐसे शब्दों में दृष्टिगोचर होती है—

huge (ह्यूज)=वृहत hue (ह्यू)=रंग की छाया।

(ii) व़-ध्वनि (w-sound)

नागरी लिपि के 'व' के दो उच्चारण हैं। पहला उच्चारण तो अंग्रेजी के v जैसा है। उदाहरण—

वायु, अवध, तव।

यह ध्वनि तो शुद्ध व्यंजन है और दंतोष्ठ्य है। दूसरी ध्वनि अंग्रेजी के w जैसी है। उदाहरण—

द्वारा, क्वार, उच्छ्वास, परिपक्व।

यह ध्वनि द्वयोष्ठ्य है, और शुद्ध स्वर है। इसे हम 'व़' से निरूपित करेंगे।

कुछ शब्द ऐसे हैं, जिनमें 'व' की दोनों ध्वनियाँ प्रयुक्त होती हैं, जैसे—

विश्व।

अंग्रेजी में यह ध्वनि w से निरूपित होती है। दृष्टांत—

wall, wat, win।

यह ध्वनि द्वयोष्ठ्य तो है ही, किंतु इसके उच्चारण में जिह्वा-पश्च उठ जाता है। इसलिए इसे 'कंठोष्ठ्य' भी कहा जाता है। और चार्टों में इस (व) के रूप में लिखकर द्वयोष्ठ्य के साथ-साथ कंठ्य वर्ग में भी रखा जाता है। इसका उच्चारण (उ) जैसा है।

किंतु ऐसे शब्दों में यह व्यंजन का काम करता है। स्वर-ध्वनि के प्रयोग के लिए दृष्टांत रूप में ऐसे शब्दों पर विचार कीजिए—

sweet twain swim
(स्वीट) (ट्वेन) (स्विम)

हिंदी में यह ध्वनि कभी व्यंजन का काम नहीं देती।

इस ध्वनि का एक अघोष प्रतिरूप भी होता है। अंग्रेजी में तो वह इस प्रकार के शब्दों में आता है—

why	when	where
व्हाइ	व्हेन	व्हेअर

किंतु स्कॉटलेंड और आयरलेंड में इसकी ध्वनि ह्व जैसी हो जाती है और इसे hw से निरूपित करते हैं।

हिंदी में भी एक ऐसी ध्वनि है। यह इस प्रकार के शब्दों में आती है—

आह्वान	'ह्वाँ' (वहाँ के लिए एक गँवारू शब्द)

यह अघोष द्वयोष्ठ्य ध्वनि है।

नागरी लिपि में अर्ध-स्वरों के इन अघोष प्रतिरूपों की कोई स्वतंत्र सत्ता नहीं है। अतः इनके लिए कोई पृथक चिन्ह नहीं है।

भाग ख : नासिक्य ध्वनियाँ

7

नासिक्य ध्वनियों की उत्पत्ति

हमारा श्वसन तंत्र दो प्रकार की क्रियाएँ करता है। वह बाहर से वायु खींच कर शरीर के अंदर ले जाता है। उक्त वायु को 'श्वास' कहते हैं। यह वायु सामान्यत: शुद्ध होती है—उतनी शुद्ध जितनी शुद्ध हमारे वायुमंडल में साधारणत: हुआ करती है। दूसरी क्रिया शरीर के अंदर की वायु को बाहर निकालना है। यह वायु शरीर के अंदर से दूषित होकर निकलती है। इसे ही प्रश्वास कहते हैं।

पाठक हारमोनियम, बाँसुरी आदि आघात यंत्रों (percussian instrument) से परिचित होंगे। इन यंत्रों में वायु को एक स्थान पर दबाकर, नियंत्रित करके, दूसरे स्थानों से निकालते हैं। कुछ-कुछ ऐसी ही स्थिति हमारे श्वसन-यंत्र की है। स्वर-यंत्र तक पहुँचने तक वायु में कोई विकार नहीं होता। स्वर-यंत्र को पार करने के पश्चात् वायु के बाहर निकलने के दो मार्ग हैं—

(1) मुख-विवर (mouth cavity)

(2) नासिका-विवर (nasal cavity)

यदि सारी वायु मुख-विवर से ही निकले तो इस प्रकार जो ध्वनियाँ उत्पन्न होती हैं, मौखिक ध्वनियाँ (oral sounds) कहलाती हैं।

यदि वायु अंशत: मुख-विवर से, और अंशत: नासिका-विवर से निकले तो इस प्रकार जो ध्वनियाँ उत्पन्न होती हैं, मौखिक नासिक्य ध्वनियाँ (semi nasal sounds) कहलाती हैं।

यदि वायु पूर्णत: नासिका-विवर से ही निकले तो इस प्रकार उत्पन्न ध्वनियों को शुद्ध नासिक्य ध्वनियाँ (pure nasal sounds) कहते हैं।

अनुनासिक स्वर

सच पूछिए तो अनुनासिक स्वर केवल एक है—अँ। इसकी मात्रा ँ है। यह ऐसे शब्दों में दृष्टिगोचर होती है—

अँकुड़ा, अँखियाँ, अँगना, अँगीठी, अँगूठी।

जब कभी कोई संयुक्त व्यंजन किसी शब्द के अंत में आता है, तब उसका स्वरांश बहुत हल्का बोला जाता है, जैसे—

कष्ट, दंत, दंभ के अंत में 'अ' विद्यमान है, किंतु बहुत हल्का। ऐसे स्वर को कुछ लेखक 'ह्रस्वार्ध अ' कहते हैं—यद्यपि यह नाम बहुत उपयुक्त नहीं है।

अनुनासिक स्वर ऋ और ह्रस्वार्ध अ को छोड़कर सभी स्वरों के साथ लग जाता है।

हम यहां ऐसे कुछ शब्द देते हैं जिनमें अनुनासिक स्वर अन्य स्वरों के साथ लगता है—

आँकड़ा, आँख, आँगन, आँच, आँट, आँत, आँधी, आँवला, आँसू।
इँगुरौटी, इँगुर।
उँगली।
ऊँच, ऊँचा, ऊँट।
ऐँचना, ऐँ, ऐँचा-ताना, ऐँठ।
ओँठ।
औँगना, औँधा।

अनुनासिक स्वर प्रायः प्रत्येक व्यंजन के साथ भी लग जाता है। सुविधा के लिए हम ऐसे कुछ शब्दों की सूची दे रहे हैं। वास्तव में इस सूची और उपर्युक्त शब्दों में कोई सैद्धांतिक भेद नहीं है, क्योंकि प्रत्येक व्यंजन के अंत में कोई-न-कोई स्वर रहता ही है।

शब्द-सूची

कँकड़ीला, कँगना, कँगारू, कँगूरा, कँटीला, कँपकँपी।
खँचिया, खँजड़ी, खँडसाल, खँडहर।
गँजेड़ी, गँठबंधन, गँडेरी, गँदला, गँवाना, गँवार।
घँघोलना।
चँगेर, चँदवा, चँदिया, चँवर।
छँगुली, छँटनी।
जँचना, जँभाई, जँवाई।
झँगुली, झँझोड़ना, झँझोटी, झँपना।

टँकाई।
ढँकुली, ढँढोरा।
तँबिया।
धँसना।
पँचमेल, पँसरहट्टा।
फँसना।
बँगला, बँटना, बँदरिया।
भँगेड़ी।
मँगनी, मँगाना, मँजना, मँजीरा, मँझला, मँझोला, मँडराना, मँडवा।
रँगना, रँगीला।
लँगड़ा, लँगोट।
सँकरा, सँजोना, सँडसी, सँभलना, सँवरना, सँवरिया।
हँकारना, हँडिया, हँसना, हँसुली, हँसिया।

हमने केवल थोड़े-से बहु-प्रचलित शब्द ही दिए हैं, वह भी ऐसे जिनमें अनुनासिक स्वर के पश्चात ह्रस्व 'अ' है। यों उक्त स्वर के पश्चात कोई भी ह्रस्व अथवा दीर्घ स्वर आ सकता है, जैसे इन शब्दों में—

साँप, फाँसी, निँदिया, पिँजरा, छीँक, नीँद।
रुँधना, मुँदरी, मारूँ, खूँटा, पेँच, सेँकना।
हैँ, मैँस, कोँपल, सोँधा, चौँकना, भौँकना।

किंतु यदि ऐसे समस्त शब्द इकट्ठे किए जाएँ तो उनकी संख्या सैकड़ों तक नहीं, हजारों तक पहुँचेगी।

अनुनासिक स्वर मौखिक नासिक्य हैं।

अनुनासिक व्यंजन

नागरी लिपि में स्पर्श व्यंजन पाँच-पाँच व्यंजनों के पाँच वर्गों में विभाजित हैं। प्रत्येक वर्ग का अंतिम व्यंजन एक अनुनासिक व्यंजन है जो साधारणतः शेष चारों के साथ ही प्रयुक्त होता है—

(1) **कोमल तालव्य व्यंजन**

क ख ग घ ङ।

उदाहरण—अङ्क पङ्ख गङ्गा कङ्घी।

यह इन शब्दों का मौलिक रूप है। आजकल अधिकतर लेखक ङ के स्थान

पर बिंदी का प्रयोग करके इन शब्दों को इस प्रकार लिखते हैं—

अंक, पंखी, गंगा, कंघी।

पहले इस वर्ग के व्यंजनों को कंठ्य (guttural) कहा जाता था, किंतु भाषाविज्ञानियों का मत है कि अब इनका उच्चारण-स्थान कंठ से हटकर कोमल तालु हो गया है।

(2) वर्त्स-तालव्य व्यंजन

च छ ज झ ञ।

उदाहरण—पञ्ज पञ्छी रञ्ज मञ्झा।

ऐसे शब्दों को भी आजकल बिंदी लगाकर इस प्रकार लिखा जाता है—

पंच पंछी रंज मंझा।

'ञ' वर्त्स तालव्य वर्ग में रखा जाता है, किंतु भाषाविज्ञानियों का मत है कि इसका स्थान वर्त्स-तालू नहीं, तालू है।

(3) मूर्धन्य व्यंजन

ट ठ ड ढ ण।

उदाहरण—घण्टा कण्ठी पण्डित ठण्ड।

आधुनिक रूप: घंटा, कंठी, पंडित, ठंड।

(4) दन्त्य व्यंजन

त थ द ध न।

उदाहरण—तन्तु पन्थ गन्दा अन्धा।

वास्तव में न दन्त्य नहीं, वर्त्स्य है।

(5) ओष्ठ्य व्यंजन

प फ ब भ म।

उदाहरण—कम्प गुम्फन लम्बी दम्भ।

बिंदी लगाने के विषय में हम विस्तारपूर्वक आगे लिखेंगे।

प्रयत्न करने पर हम अनुनासिक व्यंजनों के स्वर-रहित रूपों—

ङ् ञ् ण् न् म्

का उच्चारण कर सकते हैं। अधिकतर भाषाविज्ञानी उन्हीं को शुद्ध नासिक्य ध्वनियाँ मानते हैं।

अनुनासिक व्यंजनों की ध्वनियों में भी मुख के अंदर वही क्रिया होती है जो अन्य स्पर्श व्यंजनों की ध्वनियों में। अंतर केवल इतना है कि इन ध्वनियों के उत्पादन के समय कोमल तालु कुछ नीचे को झुक जाता है। अतः अंदर की वायु को निकलने के लिए मुख-विवर के अतिरिक्त नासिका-विवर का द्वार भी खुल जाता है। अतएव वायु दोनों मार्गों से बाहर निकलती है।

अनुनासिक व्यंजन अपनी कोमलता के कारण ध्वनियों को माधुर्य प्रदान करते हैं। इस गुण में यह व्यंजनों की अपेक्षा स्वरों के अधिक निकट हैं। साधारणतः यह समस्त ध्वनियाँ सघोष अल्पप्राण होती हैं। अब हम इन ध्वनियों का विस्तृत विवेचन करते हैं।

(1) ङ

इस ध्वनि के उच्चारण में जिह्वा का पश्च भाग कोमल तालु से बिलकुल सट जाता है। इस प्रकार मुख-विवर पूर्णतः बंद हो जाता है और समस्त वायु नासिक-विवर से निकलती है। यह अल्पप्राण सघोष कोमल-तालव्य नासिक्य व्यंजन है।

इस वर्ण से हिंदी का कोई भी शब्द आरंभ नहीं होता। न यह किसी शब्द के अंत में ही आता है। सामान्यतः यह क-वर्गीय व्यंजनों से पहले ही प्रयुक्त होता है, किंतु थोड़े-से शब्दों में म के पहले भी आता है जैसे—

वाङ्मय　　पराङ्मुख।

यह ध्वनि प्रायः सभी भारतीय भाषाओं में पाई जाती है। अंग्रेजी में भी यह ध्वनि बहुत प्रयुक्त होती है, यद्यपि इसके लिए रोमन लिपि में कोई स्वतंत्र चिह्न नहीं है। कहीं-कहीं पर इसका काम n से लिया जाता है, जैसे इन शब्दों में—

ink	uncle	anchor
इंक	अंकल	ऐंकर

यह आवश्यक नहीं है कि जब कभी n के पश्चात क ध्वनि आए तब n व्यंजन ङ का ही द्योतन करे, जैसे—

encourage	concur	uncover	
इन्करेज	कोन्कर	अन्कवर	में।

अधिकतर स्थलों पर इस ध्वनि के लिए ng का प्रयोग होता है, जैसे—

single	strong	sung	
सिंगल	स्ट्राँग	संग	में।

किंतु यह भी आवश्यक नहीं है कि जहाँ कहीं ng आए, सदैव ङ की ही ध्वनि

दे। इन शब्दों के उच्चारण पर विचार कीजिए—

engrave	ungratful	ingredient
इन्ग्रेव	अन्ग्रेटफुल	इन्ग्रीडियेट

(2) ञ

इस ध्वनि के उच्चारण में जीह्वा का अग्रभाग कठोर तालू से मिलकर मुख-विवर को बंद कर देता है। यह अल्पप्राण सघोष तालव्य नासिक्य व्यंजन (unaspirate voiced paletal nasal consonant) है। यह ध्वनि कुछ-कुछ यँ से मिलती-जुलती है।

इस वर्ण से भी हिंदी का कोई शब्द आरंभ नहीं होता। न यह किसी शब्द के अंत में ही आता है। यह च वर्ग के व्यंजनों के पहले ही प्रयुक्त होता है। किंतु उनमें भी अब इसका उच्चारण न के उच्चारण से लगभग अभिन्न हो गया है। हमने ऊपर ये शब्द दिए थे—

पञ्च पञ्छी रञ्ज मञ्झा।

इन शब्दों का उच्चारण अब इस प्रकार का हो गया है—

पन्च पन्छी रन्ज मन्झा।

अत: कह सकते हैं कि ठेठ हिंदी से तो इसका उच्चारण उड़ गया है। हिंदी की कुछ बोलियों में कहीं-कहीं यह ध्वनि सुनाई देती है, जैसे ब्रज की बोली में 'साञ साञ'।

जब पेड़ हवा से हिलते हैं तो उनके पत्तों से जो धान निकलता है, उसे द्योतित करने के लिए इस पद का प्रयोग होता है। किंतु हिंदी वाले इसे इस रूप में बोलते हैं : सारा जंगल साँय-साँय कर रहा था।

अतएव नागरी लिपि के लिए अब यह व्यंजन निरर्थक-सा हो गया है। अंग्रेजी में यह ध्वनि नहीं पाई जाती, किंतु फ्रांसीसी में बहुत प्रयुक्त होती है, जैसे—

temps ताञ् (समय), enfant आञफाञ् (बच्चा)

अधिकतर हिंदी वाले इन शब्दों को इस प्रकार उच्चरित करते हैं—

ताँ आँ फाँ

(3) ण

इस ध्वनि के उच्चारण में जिह्वा नोक उलटकर कोमल तालू के अगले भाग (मूर्धा के समीप) को छू लेती है। इसीलिए इसे उत्प्रेक्षित उल्टित (retroflax) ध्वनियों में रखा गया है। यह अल्पप्राण सघोष मूर्धन्य नासिक्य का व्यंजन (unaspirate voiced cerebral nasal consonant) है। ये ध्वनि यूरोपीय भाषाओं

में नहीं मिलती। हिंदी में इसका स्वर युक्त रूप तो केवल संस्कृत के तत्सम शब्दों में ही पाया जाता है, जैसे—

दर्पण वाणी मृणाल।

यह ध्वनि शब्दों के आदि में कभी नहीं आती। हिंदी में इसके स्वर-रहित रूप का प्रयोग होता तो है, किंतु कम ही होता है। जब कभी ण् अपने वर्ग के अक्षरों—

ट ठ ड ढ

के पहले आता है, तो इसका उच्चारण न् (उलटी जिह्वा-नोक वाला न) जैसा हो जाता है। इन शब्दों—

घण्टा कण्ठी पण्डित ठण्ड

का उच्चारण अब प्रायः इस प्रकार का होता है—

घन्टा कन्ठी पन्डित ठन्ड

किंतु जब ण् अन्य वर्गों के अक्षरों के साथ प्रयुक्त होता है तब इसके दूसरे मौलिक उच्चारण (जो हिंदी में ड़ँ जैसा है) में विकार नहीं होता, जैसे इन शब्दों में—

पुण्य कण्व विषण्ण अक्षुण्ण

संस्कृत के बहुत से शब्द, जिनमें ण प्रयुक्त होता है, हिंदी की बोलियों में तद्भव रूप में गृहीत हुए हैं, जिनमें ण का न हो जाता है, जैसे—

पुण्य अवगुण चरण

पुन्न अवगुन/औगुन चरन

हिंदी की बोलियों में ण का प्रयोग नहीं के बराबर ही है, किंतु मारवाड़ी, मराठी, उड़िया आदि भाषाओं में बहुत है, जैसे—पाणी (पानी)।

(4) न

इस ध्वनि के उच्चारण में जिह्वा-नोक वर्त्स के साथ मिल जाती है। इसीलिए इसे अल्पप्राण सघोष वर्त्स्य नासिक्य व्यंजन कहते हैं। यह हिंदी में बहुत प्रयुक्त होती है।

दन्त्य व्यंजनों त थ द ध के पहले तो सदैव न् ही प्रयुक्त होता है। हिंदी में तो अन्य वर्गों के व्यंजनों के पहले यह साधारणतः काम में नहीं आता, किंतु अन्य भाषाओं के शब्दों की वर्तनी में प्रयुक्त होता है। ऐसे दो-एक अंग्रेजी शब्दों के उदाहरण तो हमने ऊपर 'ङ' के अंतर्गत दिए हैं। दो-तीन उदाहरण और देखिए—

conscience dandy dental

कॉन्शेन्स डैन्डी डेन्टल

हम दो-एक दृष्टांत उर्दू शब्दों के भी देते हैं—

इन्कार उन्का गुन्चा

इसके अतिरिक्त यह म, य, व के पहले भी प्रयुक्त होता है, जैसे—

तन्मय उन्माद अन्य अन्वय चिन्ह।

न का महाप्राण से मिलता-जुलता रूप न्ह भी होता है। यह इस प्रकार के शब्दों में दृष्टिगोचर होता है—

चिन्ह उन्हें कन्हैया।

इसे नागरी में स्वतंत्र सत्ता नहीं दी गई है, कदाचित इसलिए कि इसमें न के उच्चारण में विकार नहीं होता, जैसे क का ख में, प का फ में।

ठेठ हिंदी में तो यह किसी शब्द के आरंभ में नहीं आता, किंतु बोलियों में कभी-कभी आ जाता है, जैसे—न्हान में 'न' को दंत्य वर्ग के व्यंजनों में रखा गया है। संभव है किसी दिन इसका उच्चारण दंत्य रहा हो। इस उच्चारण में जिह्वा-नोक ऊपर के दाँतों की पंक्ति को अंदर से छूती है। इसके लिए हम न् का प्रयोग कर सकते हैं। न के और भी कई विकार हैं, किंतु उच्चारण की दृष्टि से उनमें और सामान्य न में बहुत कम अंतर है, अतएव उनका विशेष महत्त्व नहीं है।

(5) म

इस ध्वनि के उच्चारण में दोनों ओठ मिलकर मुख-विवर को बिलकुल बंद कर देते हैं। अतः सारी वायु नासिका-विवर से ही निकलती है। यह अल्पप्राण सघोष द्वय ओष्ठ्य नासिक्य व्यंजन है। यह ओष्ठ्य स्पर्श व्यंजनों प फ ब भ के पहले प्रयुक्त होता है।

'म' का एक महाप्राण रूप 'म्ह' भी है। यह ऐसे शब्दों में प्रयुक्त होता है—

तुम्हें, कुम्हार।

इसको भी नागरी लिपि में कोई स्वतंत्र सत्ता नहीं दी गई है।

म-ध्वनि का एक विकार ऐसा है जिसमें नीचे का ओष्ठ ऊपर के ओठ के बदले ऊपर के दाँतों को छूता है। जब म किसी दन्तोष्ठ्य संघर्षी ध्वनि 'फ' अथवा 'व' के पहले आता है तब इसकी ऐसी ध्वनि बनती है।

कुछ उदाहरण ये हैं—

इम्फाल, सम्वाद।

हम इसे म् से निरूपित करते हैं। यह दन्तोष्ठ्य, सघोष अल्पप्राण है। इस प्रकार हम देखते हैं कि सभी नासिक्य व्यंजन सघोष हैं।

अनुस्वार

सामान्यतः स्वर का उच्चारण स्वतंत्र रूप से होता है और व्यंजन किसी स्वर के सहारे बोलता है। इसीलिए व्यंजन स्वर के पहले आता है। नागरी लिपि के समस्त व्यंजन क, ख, ग···स्वर-युक्त हैं। वास्तव में—

क = क् + अ, ख = ख् + अ।

किंतु अनुस्वार की स्थिति निराली है। इसमें स्वतंत्र गति नहीं है, अतः यह स्वर नहीं है और यह सदैव स्वर के बाद आता है, अतएव व्यंजन भी नहीं है। इस प्रकार यह स्वर और व्यंजन के बीच का तत्त्व है। 'अंग' का विश्लेषण इस प्रकार होगा—

अ + ं + ग, अर्थात् स्वर + अनुस्वार + व्यंजन।

'अनुस्वार' का अर्थ ही है 'स्वर के पीछे आने वाला'। यह सामान्यतः अंतस्थ और ऊष्म व्यंजनों में अनुनासिकता लाने के लिए प्रयुक्त होता है, जैसे—

वंश प्रशंसा संयम हंस।

यहाँ बिंदी के बदले न् का प्रयोग गलत होगा।

किंतु यहाँ यदि व्यंजनों की अनुनासिक ध्वनि के पश्चात कोई त-वर्गीय अथवा प-वर्गीय व्यंजन होगा, तब अनुनासिकता के लिए न् अथवा म् का ही प्रयोग होगा, जैसे—

वन्ध्या, सम्भल, रन्ध्र, रम्भ, सन्त, सन्तान, सन्थाल, सन्दर्भ, सम्पन्न, सम्मान, सन्मान, सन्न, लम्बा, लम्पट, उपालम्भ, यन्त्र।

अनुस्वार और अनुनासिक में भेद

इन शब्दों पर विचार कीजिए—

अँगना अंगना

अँगना = आँगन

अंगना = सुंदर अंगों वाली, जैसे—वीरांगना, देवांगना।

जब हम 'अंगना' कहते हैं, तब 'अंग' में (जैसा हम ऊपर कह चुके हैं) तीन ध्वनियाँ हैं—

अ + ं + ग।

किंतु जब हम 'अँगना' कहते हैं, तब 'अंग में केवल दो ध्वनियाँ हैं—

अं + ग।

'अंग' में अनुस्वार की सत्ता 'अ' से अलग है। 'अँग' में अनुनासिक स्वर ँ की सत्ता 'अ' से अलग नहीं है।

'अंग' में अनुस्वार अ के बाद बोलता है, अँग में ँ और अ एक साथ बोलते हैं। यदि हम चाहें तो 'अंग' के 'अं' को काफी देर तक बोल सकते हैं, फिर भी वह 'अं' ही रहेगा। इसके विपरीत यदि हम 'अँ' को लम्बा करके बोलें तो वह 'अँ' नहीं रह जाता, 'आँ' जैसा हो जाएगा। जब हम 'अंग' का उच्चारण आरंभ करते हैं, तब पहले तो 'अ' बोलता है, जो एक शुद्ध मौखिक ध्वनि है, तत्पश्चात उसमें अनुस्वार 'आ' जुड़ता है जो एक नासिक्य ध्वनि है। किंतु अँग का उच्चारण आरंभ करते ही नासिक्य ध्वनि निकलती है। कहना चाहिए कि नासिक्यता 'अँ' का नैसर्गिक गुण है। बरफी में मिठास उसका मौलिक गुण है, किंतु इलायची ऊपर से छिड़की जाती है। मिठास बरफी से अलग नहीं रह सकती, इलायची रह सकती है। इलायची से बरफी का स्वाद बढ़ जाता है। यदि इलायची हटा दी जाए तो बरफी बरफी तो बनी रहेगी, किंतु मिठास के बिना बरफी में 'बरफीपन' नहीं रहेगा।

छंदशास्त्र की भाषा में हम कह सकते हैं कि 'अँग' में दो मात्राएँ हैं, 'अंग' में तीन।

कुछ लेखक कहते हैं कि अनुनासिक का उच्चारण लघु होता है, अनुस्वार का तीव्र, किंतु बात ऐसी नहीं है। हम ऊपर देख चुके हैं कि अनुनासिक दीर्घ स्वरों के साथ भी चलता है जैसे—ताँत, ऊँट, घौंसा, चोंच आदि में।

अनुस्वार संज्ञा है। जिस अक्षर पर अनुस्वार बिंदु लगा हो उसे 'सानुस्वार अक्षर' कहेंगे, जैसे 'कं' 'सानुस्वार क' कहलाएगा। इसकी देखा-देखी कुछ लोग 'सानुनासिक' भी लिख जाते हैं, जो गलत है, क्योंकि 'अनुनासिक' तो स्वयं विशेषण है, उस पर 'स' लगाकर दुहरा विशेषण नहीं बनाया जा सकता है। 'कँ' को कहेंगे 'अनुनासिक क'। सानुनासिक शब्द तो ऐसा ही रहेगा, जैसे कोई नया पद 'नमकीन नमक' बना दे। क्या कहीं मीठा नमक भी हुआ करता है ?

'मुर्गाबी' शब्द का विश्लेषण इस प्रकार है—

मुर्ग + आबी (पानी का)

यह एक पक्षी है जो पानी पर तैरता है और मछलियाँ पकड़कर खाता है। इसे 'जल मुर्गा' अथवा 'जल कुक्कट' भी कहते हैं। यह नाम तो ठीक है, किंतु कुछ लोग उक्त पक्षी को 'जल मुर्गाबी' कहते हैं जो सर्वथा अशुद्ध है। कुछ व्यक्ति तो

इससे भी आगे बढ़ जाते हैं और 'पानी की जल मुर्गाबी' कहते हैं! इस पद में 'पानी' के लिए तीन समानार्थी शब्दों का प्रयोग हुआ है। 'निखालिस' भी इसी प्रकार का शब्द है।

अनुस्वार का प्रयोग

जैसा हम ऊपर लिख चुके हैं, आजकल पंचम वर्णों—

ङ् ञ् ण् न् म्

के स्थान पर बिंदी लगाने की प्रथा चल पड़ी है। इससे कई सुविधाएँ हैं—

(1) मुद्रण में कई मुद्रियों की बचत हो जाती है। अंतिम तीन वर्ण तो प्रत्येक प्रेस को रखने ही पड़ते हैं, क्योंकि इनका प्रयोग ऐसे शब्दों में भी होता है जहाँ बिंदी से काम नहीं चल सकता। इसका संकेत हम ऊपर कर चुके हैं। किंतु 'ञ्' के बिना तो सर्वत्र काम चल सकता है। स्वर-युक्त व्यंजन 'ञ' की भी हिंदी में तो आवश्यकता नहीं पड़ती। 'ङ' के बिना भी काम चल जाता है। ङ् की आवश्यकता भी नाम मात्र ही है।

(2) मुद्रलेखन में भी स्पष्ट रूप से दो मुद्रियों की बचत है।

(3) लेखन में बिंदी लगाने में समय और श्रम कम लगता है। ङ् वाले शब्दों के लिखने के तो दो ही ढंग हैं—

लङ्ग, सङ्ग। बिंदी लगाकर—इस प्रकार 'संग' लिखना बहुत ही सरल है।

अतः हमारा विचार है कि स्वर-रहित पंचम वर्णों के स्थान पर बिंदी लगाना वांछनीय है। किंतु इस प्रथा को नियमबद्ध करना होगा।

(1) पं० किशोरीदास वाजपेयी का मत है कि जब कभी ङ् ञ् ण् में से कोई अपने सवर्गी व्यंजन के साथ प्रयुक्त हो तो उनके स्थान पर सदैव बिंदी लगानी चाहिए। अतएव—

रंक	संग	मंग	संघ
इंच	पंछी	कुंजी	मंझा
अंटी	डंठल	खंड	ठंड

लिखना चाहिए, न कि—

रङ्क	सङ्ग	मङ्ग	सङ्घ
इञ्च	पञ्छी	कुञ्जी	मञ्झा
अण्टी	डण्ठल	खण्ड	ठण्ड

(2) किंतु न् और म् के स्थान पर बिंदी नहीं लगानी चाहिए। अतएव—

कंत कंथ मंद धुंध
लंप गुंफन बंब रंभ

लिखना गलत होगा। कारण यह है कि न् और म् तो जहाँ कहीं भी अपने सवर्गी व्यंजनों के साथ आते हैं, इनका उच्चारण इनके मौलिक रूप में ही होता है। ञ् और ण् के लिए कोई अन्य चिन्ह लगाना इसलिए आवश्यक है कि इनके उच्चारण बदलकर न् जैसे हो गए हैं; और ङ् के लिए बिंदी लगाना सुविधाजनक है, क्योंकि इस व्यंजन का स्वर-रहित रूप बनता नहीं। न् और म् के संबंध में इस प्रकार का कोई कारण नहीं है।

हमारे विचार में व्यावहारिक मार्ग यह होगा कि ङ्, ञ्, ण् के स्थान पर नियमतः बिंदी लगाई जाए, और न्, म् के स्थान पर बिंदी न लगाई जाए, इन्हीं चिन्हों का प्रयोग किया जाए। किंतु यदि एकरूपता लाने के लिए कोई इनके स्थान पर भी बिंदी लगाए तो उसे अशुद्ध न माना जाए।

कुछ लेखकों को बिंदी लगाने पर यह आपत्ति है कि इस प्रकार एक ही चिन्ह के कई उच्चारण हो जाएँगे। सामान्यतः नागरी लिपि में एक उच्चारण के लिए एक ही चिन्ह होता है, और एक चिन्ह का एक ही उच्चारण होता है। यह नियम भंग हो जाएगा। परंतु जीवन में बहुत बार व्यावहारिकता और उपयोगिता की वेदी पर सिद्धांत का बलिदान करना पड़ता है। इसके अतिरिक्त इस प्रकार बिंदी लगाना कोई अलल-टप्पू नहीं होगा, वरन एक नियम के अनुसार होगा, और नियमबद्धता ही नागरी लिपि की विशेषता है।

(3) जहाँ कहीं ण् अपनी मौलिक ध्वनि देता हो, वहाँ बिंदी नहीं लगाई जा सकती। इन शब्दों—

नगण्य कण्व विषण्ण

को इस रूप—

नगंय कंव विषंण

में लिखना गलत होगा।

इस संबंध में यह पुस्तक पठनीय है : किशोरीदास वाजपेयी : 'अच्छी हिंदी का नमूना', जनवाणी प्रेस एंड पब्लिकेशन लि०, 36, वाराणसी घोष स्ट्रीट, कलकत्ता-7 (1948)

इसके पृ० 152 पर वाजपेयी जी लिखते हैं—

> "दीर्घ स्वरों पर हिंदी में अनुस्वार सदा अनुनासिक का ही उच्चारण देता है। हिंदी में दीर्घ स्वरों पर अनुस्वार अपने प्रकृत रूप में उच्चरित होता ही नहीं।"

यह बात तो हमारे गले नहीं उतरती। यदि यह सत्य है तो 'दांत' और 'दान्त' में कोई अंतर नहीं रहेगा।

इस संदर्भ में वाजपेयी जी की यह पुस्तक अधिक महत्त्वपूर्ण है : 'हिंदी की वर्तनी और शब्द-विश्लेषण', राजधानी ग्रंथगार, नई दिल्ली-14 (1968) इसके पृ० 66 पर वाजपेयी जी लिखते हैं—

> "जो मात्राएँ शिरोरेखा के ऊपर जाती हैं, उनके साथ केवल बिंदु का ही प्रयोग होता है—'छींट', 'ईंट'। यहाँ यह बिंदु अनुस्वार नहीं हैं, अनुनासिकता प्रकट करने का चिन्ह हैं। 'छींट', 'ईंट' आदि में अनुस्वार उच्चरित होता ही नहीं। 'छींट' लिखने से भी कोई 'छीङ्' जैसा उच्चारण नहीं करता। टंकट-मुद्रण की सुविधा के लिए ऐसा है।"

यही बात तर्कसंगत है। यही बात वाजपेयी जी ने पृ० 74 पर पुनः दुहराई है :

> "मात्रा-प्रयोग की सुविधा के लिए केवल 'बिंदु' का विन्यास होता है।"

इस प्रसंग में वाजपेयी जी की यह पुस्तक भी अवलोकनीय है : 'लेखनकला', रामनारायन लाल, इलाहाबाद (संवत 2006)

इस पुस्तक के पृ० 73 पर वाजपेयी जी ने लिखा है—

> "दाँत और दान्त के उच्चारण में ही नहीं, अर्थ में भी आकाश-पाताल का अंतर है।"

ऐसा प्रतीत होता है कि जो बात वाजपेयी जी ने 'अच्छी हिंदी का नमूना' में लिखी है, बड़ी असावधानी में लिखी है। पहली बात तो यह है कि चंद्रबिंदु के स्थान पर अनुस्वार का प्रयोग दीर्घ स्वरों पर नहीं होता, केवल उन स्वरों पर होता है जिनकी मात्राएँ शिरोरेखा के ऊपर जाती हैं, यथा—

ई ए ऐ ओ औ।

यदि ईँट, पेँच, भैँस, भौँकना, चौँकना लिखें तो मुद्रण और मुद्रलेखन में असुविधा होगी और स्थान भी अधिक लगेगा। अतः इन शब्दों को इस प्रकार लिखा जाता है—

ईंट पेंच भैंस भौंकना चौंकना।

यह प्रश्न सिद्धांत का नहीं, व्यावहारिक सुविधा का है। किंतु ऐसे दीर्घ स्वरों पर चंद्रबिंदु के स्थान पर अनुस्वार नहीं लगाया जाता, जिनकी मात्राएँ शिरोरेखा के ऊपर नहीं आतीं, यथा—

आ ऊ।

हम बराबर लिखते हैं—

कहाँ जहाँ तहाँ ऊँट खूँटा।

इनमें अनुस्वार क्यों लगाया जाए, जबकि चंद्रबिंदु (जो वास्तव में लगना चाहिए) के लगाने में कोई अड़चन नहीं है ?

दूसरी बात यह है कि जहाँ कहीं हम चंद्रबिंदु के बदले अनुस्वार लगाते हैं, वहाँ उससे उच्चारण की हत्या नहीं होती।

'हैँ' का शुद्ध रूप यही है, किंतु 'हैं' लिखने में कोई हानि नहीं होती, क्योंकि 'हैम्' जैसा कोई शब्द हिंदी में है ही नहीं, जिससे हैं का भ्रम हो। यदि ऐसे भ्रम की गुंजायश होती तो 'हैँ' चंद्रबिंदु के साथ ही लिखा जाता।

तनिक इन शब्दों पर विचार कीजिए—

खोँचा खोंचा

खोँचा = लग्घी, वह बाँस जिस पर पक्षियों को फँसाने के लिए, बहेलिए लासा लगाते हैं।

खोंचा = वह थाल जिसमें फेरी लगाने वाले विक्रय पदार्थ रखते हैं।

स्पष्ट है कि 'खोंचा' में बिंदी लगानी होगी और 'खोँचा' में चंद्रबिंदु; यद्यपि यहाँ तत्संबंधी मात्रा शिरोरेखा के ऊपर जाती है। सुविधा के लिए हम ऐसी मात्राओं पर चंद्रबिंदु के स्थान पर बिंदी लगा सकते हैं, किंतु इस नियम का भी सर्वत्र पालन नहीं हो सकता, अन्यथा, 'बिंदी' और 'बिँदिया' के पहले अक्षरों के उच्चारण में कोई भेद नहीं रहेगा। अतएव हम वाजपेयी जी की यह उक्ति नहीं मानते कि "दीर्घ स्वरों पर अनुस्वार अपने प्रकृत रूप में उच्चरित होता ही नहीं।"

उपर्युक्त चलन के अनुकरण पर कुछ लोग यह सुझाव देते हैं कि चंद्रबिंदु को नागरी लिपि से बिलकुल निकाल देना चाहिए। यह प्रस्ताव अनर्थकारी है। हम जानते हैं कि 'हँस' और 'हंस' के अर्थों में आकाश-पाताल का अंतर है। ऐसे शब्द-युग्म इक्का-दुक्का नहीं, दर्जनों हैं। हमने इस पुस्तक में ऐसे शब्द-युग्मों की सूची दी है।

8

कुछ फुटकर बातें

'अच्छी हिंदी का नमूना' के पृ० 151 पर वाजपेयी जी लिखते हैं—

"वस्तुतः हिंदी में 'ढँग' शब्द है अनुनासिक, सानुस्वार नहीं। इसी के संग से 'रंग' ने भी रंग बदला और इसके साथ मेल मिलाकर 'रँग-ढँग' हो गया। रंग-ढंग कोई नहीं बोलता।"

'हिंदी की वर्तनी और शब्द-विश्लेषण' के पृ० 75 पर भी आपने लिखा है—

"रँग-ढँग को 'रंग-ढंग' लिखते हैं। शब्द 'ढँग' है 'ढंग' नहीं।"

वाजपेयी जी की एक अन्य पुस्तक है—'अच्छी हिंदी'; हिमाचल ऐजेंसी, कनखल (उ० प्र०) (1952)। इस पुस्तक के पृ० 56 पर आप लिखते हैं—

" 'कांग्रेसाध्यक्ष' आदि पद बेढँगे जान पड़ते हैं।"

पृ० 140 पर यह वाक्य भी देखिए—

"····दीपक आदि के ढँग से ओपम्य प्रतीत हो रहा है।"

इन उदाहरणों से स्पष्ट है कि यह बात वाजपेयी जी ने असावधानी से नहीं लिखी, वरन यह आपका सुविचारित, सुनिश्चित मत है।

वाजपेयी जी की उक्तियाँ पढ़कर हम सन्नाटे में आ गए हैं। आपका तर्क (यदि इस तर्कहीन कथन को तर्क कहें तो) किसी भी कसौटी पर ठीक नहीं उतरता। इस संबंध में हम दो तथ्य देते हैं—

(1) आज तक हमारा संपर्क हजारों ऐसे व्यक्तियों से हुआ है जो खड़ी बोली बोलते हैं। उनमें से एक भी व्यक्ति ऐसा नहीं मिला जो 'रंग-ढंग' के स्थान पर 'रँग-ढँग' बोलता हो—एक भी नहीं।

(2) इस समय हमारे पास छोटे-बड़े सब मिलाकर लगभग एक दर्जन हिंदीकोश हैं। उनमें से प्रत्येक में 'रंग-ढंग' शब्द दिए हैं, एक में भी

'रँग-ढँग' जैसे शब्द नहीं दिए गए हैं। फिर हम कैसे मान लें कि सब कोश गलत हैं, केवल वाजपेयी जी ठीक हैं।

(3) 'रंग' से 'रंगीला' विशेषण निकलता है। यदि इसी बिना पर वाजपेयी जी यह कहें कि शुद्ध शब्द 'रँग' है, तो 'भंग' से 'भँगेड़ी' निकलता है, 'संग' से 'संगी-सँगाती' पद निकला है। तो क्या 'भंग' को 'भँग' कहना चाहिए और 'संग' को 'सँग' ?

एक बात और भी है। 'हिंदी वर्तनी और शब्द विश्लेषण' में लेखक का निवेदन देखिए। उसमें वाजपेयी जी लिखते हैं—'ठ' को 'ढ' हो गया। पृ० 64 पर आप लिखते हैं—'असुरान्' को 'असुराँ' हो गया है।

वाजपेयी जी की एक अन्य पुस्तक है—'हिंदी शब्द-मीमांसा', हिमाचल एजेंसी, कनखल (उ० प्र०) (1958)। इस पुस्तक के पृ० 50 पर आप लिखते हैं—"मतलब यह कि 'आ' को 'अ' हो जाता है।"

आपकी सबसे प्रसिद्ध पुस्तक है—'हिंदी शब्दानुशासन', (सुसंस्कृत और संबर्द्धित संस्करण), नागरी प्रचारिणी सभा, काशी (सं० 2023)।

पृ० 98 पर आप लिखते हैं—'स' को प्रायः 'ह' हो जाता है।

ये उदाहरण इक्का-दुक्का नहीं हैं। आपकी शैली ही ऐसी है। आपकी पुस्तकों में आदि से अंत तक ऐसे ही वाक्यों की भरमार रहती है। जिस खड़ी बोली से हम प्रदेश के उत्तरी और पूर्वी भाग में परिचित हुए हैं, वहाँ उपर्युक्त वाक्यों को इस प्रकार लिखा जाता है—

'ठ' का 'ढ' हो गया।

'असुरान्' का 'असुराँ' हो गया है।

'आ' का 'अ' हो जाता है।

'स' का प्रायः 'ह' हो जाता है।

पता नहीं वाजपेयी जी कहाँ की खड़ी बोली बोलते हैं। हमने सुना है भरतपुर के आसपास ऐसे वाक्य बोले जाते हैं, जैसे वाजपेयी जी ने लिखे हैं। हमें पता नहीं कि यह ब्रजभाषा का प्रभाव है या किसी अन्य भाषा या बोली का। हम इतना जानते हैं कि यदि खड़ी बोली के किसी क्षेत्र में कोई परीक्षार्थी परीक्षा-पुस्तिका में इस ढंग के वाक्य लिखेगा, जैसे वाजपेयी जी ने लिखे हैं, तो उन्हें अशुद्ध माना जाएगा और उसके अंक काट लिये जाएँगे।

जिस क्षेत्र में उपरिलिखित प्रकार के वाक्य बोले जाते होंगे, संभव है उसी क्षेत्र में रंग, ढंग को रँग, ढँग कहा जाता हो। खड़ी बोली के क्षेत्र में सर्वत्र रंग, ढंग ही बोला जाता है।

खड़ी बोली में तो, जहाँ तक हमें पता है, 'होना' क्रिया के साथ 'को' का प्रयोग इस रूप में होता है—

राम को खाँसी हो गई है।

देवी को जुकाम हो गया है।

उसको क्या हो गया है जो आ नहीं रहा ?

हम वाजपेयी जी से अनुरोध करते हैं कि इन तथ्यों पर पुनर्विचार करके अपने 'रँग-ढँग' को 'रंग-ढंग' के रंग में रँगकर एकरंग कर दें।

9

कोशों में शब्द-क्रम

हिंदी कोशों में अब यह प्रथा चल पड़ी है कि पहले वह शब्द दिए जाएँगे जिनमें व्यंजन के साथ चंद्रबिंदु अथवा अनुस्वार बिंदु हो। तत्पश्चात वे शब्द दिए जाएँगे जिनमें व्यंजन के पश्चात अन्य व्यंजन हों, जैसे—

कँ, कं के पश्चात क, क ख, क ग दिए जाएँगे। इसका कारण है। उदाहरण के लिए हम यहाँ थोड़े-से शब्द लेते हैं जो क से आरंभ होते हैं—

ककड़ी, कगर, कच, कछुआ, कजरी, कटक, कठिन, कड़ा, कढ़ाई,
कंकण, कंगन, कंघी, कंचन, कंछा, कंजा, कंटक, कंठ, कंडाल।

यदि कंकण को कङ्कण लिखें तो इसका स्थान ककड़ी, कगर के पश्चात आएगा। अत: हमें अक्षर-क्रम इस प्रकार रखना होगा—

ककड़ी
कगर
कङ्कण
कच
कछुआ
कजरी
कञ्चन
कञ्घा
कञ्जा

किंतु अब प्राय: सभी शब्दकोशों में ऐसे अक्षर सानुस्वार लिखे जाते हैं। अत: उपर्युक्त शब्दों का क्रम इस प्रकार होगा—

ककड़ी
कगर

कंकण
कच
कछुआ
कजरी
कंचन
कंघा
कंजा
कटक
कठिन
कड़ा
कढ़ाई
कण
कंटक
कंठ
कंडाल
......

इसका परिणाम यह होगा कि कं से आरंभ होने वाले शब्द पाँच स्थानों पर बिखर जाएँगे, और कोशों में शब्द ढूंढ़ना अधिक श्रमसाध्य हो जाएगा। अतएव सानुस्वार अक्षरों को आरंभ में ही रख दिया जाता है, जिससे ऐसे सारे शब्द एक साथ हो जाते हैं।

ऐसी ही कठिनाई अनुनासिक व्यंजनों (कँ, खँ, गँ, घँ,......) के विषय में पड़ेगी। अत: उन्हें भी सानुस्वार व्यंजनों के साथ, आरंभ में ही, रख दिया जाता है। हमारे विचार में ऐसे व्यंजनों को सानुस्वार व्यंजनों से भी पहले रखना चाहिए, क्योंकि—स्वभावत: स्वर को ही अनुस्वार से पहले स्थान मिलना चाहिए।

अतएव हमारा क्रम इस प्रकार का होना चाहिए—

कँक
कंक
कँख
कंख
कँग

कंग
कँघ
कंघ
......
कक
कख
कग
कघ
......

10

अनुनासन (नासिक्यकरण)

कुछ लोग प्रत्येक शब्द अथवा अक्षर अनुनासिकता के साथ उच्चरित करते हैं। यदि उन्हें कहना है कि 'वह जा रहा है',

तो वह कहेंगे—'वहँ जाँ रहाँ हैं।'

ऐसे व्यक्तियों को 'गुनगुना' या 'नँकना' कहते हैं। यह उच्चारण-दोष या तो तो किसी आंगिक दोष के कारण होता है या केवल आदत के कारण। किंतु यहाँ हमें इस प्रकार के दोषों पर विचार नहीं करना है।

कुछ शब्दों में कोई निरनुनासिक स्वर दो अनुनासिक ध्वनियों के बीच में पड़ जाता है. जैसे—'नाम' में। इस शब्द में बीच का स्वर 'आ' निरनुनासिक है, किंतु अनुनासिक व्यंजनों के सामीप्य के कारण इसके उच्चारण में थोड़ी-सी अनुनासिकता आ जाएगी जो 'नाम' वाली अनुनासिकता से कम होगी। इस प्रकार की हल्की अनुनासिकता को व्यक्त करने के लिए ध्वनिक संकेत लहरिल (tild) ~ का प्रयोग किया जाता है। अतएव ध्वनिक संकेतन में 'नाम' को इस रूप—

~
नाम

में लिखा जाएगा। इस परिघटना (phenomenon) को नासिक्यकरण/अनुनासन कहते हैं।

कुछ क्षेत्रों में निरनुनासिक ध्वनियाँ भी अनुनासिकता के साथ बोली जाती हैं, जैसे पंजाब में—अम्मा, दुनिया, गुरुदित्ता के स्थान पर अम्माँ, दुनियाँ, गुरुदित्ताँ बोले जाते हैं। इस परिघटना को सहज अनुनासन कहते हैं।

कुछ लोग नासिक्यकरण के स्थान पर भी अनुनासिकता का ही प्रयोग करते हैं।

लेकिन यह गलत है। अनुनासिकता स्वरूपगत होती है, नासिक्यकरण पर्यावरणगत (environmental)। मधु में नैसर्गिक मिठास होती है, किंतु बर्रों के जो

छत्ते नीम के पेड़ में लगते हैं उनके मधु में मिठास के साथ कड़वापन भी होता है। यह कड़वापन मधु का गुण नहीं है, यह उसमें पर्यावरण के कारण उत्पन्न हुआ है। इसी प्रकार 'नाम' के 'न' और 'म' में अनुनासिकता है। बीच के 'आ' में अनुनासिकता नहीं है, किंतु 'न' और 'म' के सामीप्य के कारण उसका उच्चारण नासिक्यकृत (noselised) हो जाता है।

एक कहानी है कि एक बार अकबर के दरबार में दो व्यक्ति आए—राम और श्याम। उन्होंने बताया कि उनकी नाक बहुत तेज है। वे लोग बहुत-सी बारीक बातें सूंघकर बता देते हैं। उन्हें नौकर रख लिया गया।

एक बार अकबर और राम और कई अन्य दरबारी एक हाथी पर बैठे जा रहे थे कि राम को जोर की छींक आई। अकबर ने इस बेअदबी पर नाक-भौं सिकोड़ी। राम ने कहा, "हजूर, मेरा कोई दोष नहीं है। हाथी के पैर के नीचे इलायची का एक छिलका आ गया था। उसी से मुझे छींक आई है।" अकबर को विश्वास नहीं हुआ। हाथी रोका गया। सब लोग उत्तर पड़े। दो-चार कदम पीछे जाने पर देखा कि इलायची का एक छिलका कुचला हुआ पड़ा है।

सुनते हैं अकबर के लिए कश्मीर के खेतों के सबसे बढ़िया चावल मँगाए जाते थे। वह चावल बहुत प्रसिद्ध थे। सामान्य प्रजा को वह नसीब नहीं होते थे।

एक बार वही चावल पढ़ाकर अकबर ने राम और श्याम को खिलाए। फिर दोनों से पूछा, "कहो चावल कैसे रहे?" श्याम बोला, "हुजूर, चावल तो बढ़िया हैं, क्या कहने! किंतु क्षमा करें तो एक बात कहूँ।" उसकी क्षमा-याचना स्वीकार हुई, तब उसने कहा, "इन चावलों में मुर्दे के मांस की बू आ रही है।" अकबर को बहुत क्रोध आया कि जिस चावल को वह बड़े शौक से वर्षों से खा रहा था, उसके विषय में कोई ऐसी अप्रिय बात करे। परीक्षा के लिए सब लोग काश्मीर गए। पता चला कि जिस खेत से वह चावल आए थे, उसके समीप ही एक कब्रि-स्तान था।

यह है पर्यावरण का प्रभाव।

11

शब्द-युग्म सूची

1. अँगना	पु० आँगन।
अंगना	स्त्री० सुंदर अंगों वाली स्त्री, सुंदरी, जैसे देवांगना।
2. अंतरा	पु० बीच का अवकाश।
अंतरा, अन्तरा	पु० किसी गीत के पहले पद (अर्थात टेक) को छोड़कर दूसरा पद।
3. अदाँत	वि० बिना दांत का (पशु)।
अदांत, अदान्त	वि० जिसने इंद्रियों का दमन न किया हो, अजितेंद्रीय।
4. आँतर	पु० 1. अंतर, भेद, 2. दूरी।
आंतर, आन्तर	वि० अंदर का, भीतरी।
5. कँपनी	स्त्री० कँपकँपी।
कंपनी, कम्पनी	स्त्री० व्यापारिक मंडली या संस्थान।
6. खोँचा	पु० वह बाँस जिस पर पक्षियों को फँसाने के लिए बहेलिये लासा लगाते हैं।
खोंचा	पु० वह थाल जिसमें फेरी वाले बेचने का सामान (फल, मिठाइयाँ आदि) रखते हैं।
7. गँजना	अ० 1. ढेर लगाना, 2. भर जाना।
गंजना	स० 1. अपमान या तिरस्कार करना, 2. नष्ट, भ्रष्ट करना।
8. गाँधार	वि० गंधार देश संबंधी।
गांधार, गान्धार	पु० हिंदुस्तानी संगीत पद्धति के सप्तक का दूसरा स्वर।

9. गुँजना	अ० 1. गुँजना,
	2. सिल्वटें पड़ जाना, जैसे साड़ी का गुँजना।
गुंजना	अ० भौंरे का गुंजार करना, गुनगुनाना।
10. ताँत	स्त्री० पशुओं की आंतड़ियों, नसों आदि से अथवा चमड़े को बटकर बनाई हुई पतली डोरी।
तांत, तान्त	वि० (वह शब्द) जिसके अंत में त हो, जैसे 'मात'।
11. दाँत	पु०
दांत, दान्त	वि० 1. जिसका दमन किया गया हो,
	2. (वह शब्द) जिसके अंत में द हो, जैसे गोद।
12. दाँता	पु० दाँत के आकार का नुकीला सिरा, जैसे आरे के दाँते।
दांता, दान्ता	एक अप्सरा का नाम।
13. पँच	वि० 'पाँच' का वह संक्षिप्त रूप जो दो मौखिक पदों के आरंभ में लगने पर प्राप्त होता है। जैसे पंच-कौड़ी, पँच-लड़ा।
पंच	पु० 1. पाँच व्यक्तियों का समुदाय,
	2. निर्णायक।
14. पँडाइन	स्त्री० 'पाँड' की स्त्री।
पंडाइन	स्त्री० 'पंडा' की स्त्री।
15. पलाँग	स्त्री० कलाँग, छलाँग।
पलांग	पु० सूंस।
16. पाँडुक	पु० पंडुक (पेडँकी)
पांडुक	पु० पीला रंग।
17. विसँभर	वि० (व्यक्ति) जो अपने आपको सँभाल न सके।
विसंभर	विश्वम्भर।
18. भँजना	अ० 1. भग्न होना, टुकड़े-टुकड़े होना,
	2. भुनना, जैसे रुपया भँजना।
भंजना	अ० पात्र आदि का टूट-फूट जाना।
19. भाँड	पु० मसखरा, विदूषक।
भांड	पु० पात्र, बरतन।

20. मँझा	वि० बीच वाला, मँझला।
मंझा	पु० पलंग, खाट।
21. माँस	अव्यय० में।
मांस	पु० गोश्त, चरबी।
22. माँसी	वि० उर्दू के रंग का।
मांसी	स्त्री० 1. जटामासी, 2. इलायची।
23. राँग	पु० राँगा, एक धातु।
रांग	वि० रंग संबंधी।
24. लँगर	वि० नटखट।
लंगर	पु० लोहे का बना हुआ काँटा या जंजीर।
25. सँकत	वि० सँकरा।
संकत	पु० 1. चिह्न, निशान। 2. इशारा।
26. सँघाती	पु० संगाती, संगी।
संघाती	वि० संघातक, प्राणनाशक।
27. सँभल	अ० क्रिया, 'सँभलना' से।
संभल, सम्भल	पु० मुरादाबाद जिले का एक कस्बा।
28. सँभार	स्त्री० सँभाल।
संभार, सम्भार	पु० सामग्री, साज-सामान।
29. सँवर	स्त्री० याद, स्मृति।
संवर	पु० 1. रुकावट, रोक, 2. पुल, सेतु।
30. सँवार	स्त्री० सँवारा हुआ रूप।
संवार	पु० बाधा, अड़चन।
31. साँग	स्त्री० एक प्रकार की बरछी या औजार।
सांग	वि० अंगों से युक्त, जैसे 'सांगोपांग'।
32. साँध	स्त्री० लक्ष्य, निशाना।
सांध	वि० संधि संबंधी।
33. साँवर	पु० संबल (राहखर्च)।
सांवर	पु० 1. सांभर (हिरन) 2. सांभा (नमक)।
34. स्वाँग	पु० नकली वेष-भूषा।
स्वांग	पु० अपना ही अंग।

35. हुंकार	स्त्री० हाँक, पुकार।
हंकार	पु० अहंकार।
36. हँस	अ० क्रिया, 'हँसना' से।
हंस	पु० एक प्रसिद्ध जनपक्षी।
37. हँसी	स्त्री० हँसने की क्रिया, ध्वनि या भाव।
हंसी	स्त्री० 'हंस' की मादा।
38. हाँस	स्त्री० हँसी।
हांस	वि० हंस संबंधी।

भाग-ग : ध्वनिक सारणियाँ

सारणी-1 : स्पर्श व्यंजन (Plosives)

क क़ ख ग घ

प फ ब भ

ट ट् ठ ड ड् ढ

त थ द ध

	अघोष (Voiceless)	सघोष (Voiced)
अल्पप्राण (Unaspirate)	क क़ ट ट् त प	ग ड ड् द ब
महाप्राण (Aspirate)	ख त थ फ	ध ढ ध भ

सारणी-2 : स्पर्श संघर्षी (Affricates)

	अघोष	सघोष
अल्पप्राण	च	ज
महाप्राण	छ	झ

सारणी-3 : पार्श्विक (Lateral)

सघोष अल्पप्राण	ल	ळ
सघोष महाप्राण	ल्ह	

सारणी-4 : संघर्षी (Fricatives)

ख़ ग़ घ़
फ़ व व्ह
श श़ ष ष़ स
ज़ झ़ स़ : ह

अघोष	अल्पप्राण	ख़	फ़	श	ष	स	स़	
	महाप्राण							:
सघोष	अल्पप्राण	ग़	व	श़	ष़	ज़		
	महाप्राण	घ़	व्ह		झ़			ह

सारणी-5 : अनुनासिक (Nasal)

ङ ञ ण

न न̲ म म̲

न्ह म्ह

	कोमल तालव्य	तालव्य	मूर्धन्य	वर्त्स्य	दंत्य	दंतोष्ठ्य	द्वयोष्ठ्य
अल्पप्राण	ङ	ञ	ण	न	न̲	म̲	म
महाप्राण				न्ह			म्ह

सारणी-6 : लुंठित (Rolled)

र ऱ्ह

	अघोष	सघोष
अल्पप्राण		र
महाप्राण		ऱ्ह

सारणी-7 : उत्क्षिप्त (Flapped)

ड़ ढ़

	अघोष	सघोष
अल्पप्राण		ड़
महाप्राण		ढ़

सारणी-8 : अर्ध-स्वर (Semi-vowels)

य व़

दोनों सघोष

सारणी-9 : द्वयोष्ठ्य (Bilabial)

प फ ब भ़ म म्ह व़

	अघोष	सघोष
स्पर्श अल्पप्राण	प	ब
महाप्राण	फ	भ़
अनुनासिक अल्पप्राण		म
महाप्राण		म्ह
अर्ध-स्वर		व़

सारणी-10 : दंतोष्ठ्य (Labiodental)

फ़ व व्ह म

	अघोष	सघोष
संघर्षी अल्पप्राण	फ़	व
महाप्राण		व्ह
अनुनासिक अल्पप्राण		म

सारणी-11 : कोमल तालव्य (Soft Palatal)

क ख ग घ ङ

ख़ ग़ घ़

	अघोष	सघोष
स्पर्श अल्पप्राण	क	ग
महाप्राण	ख	घ
अनुनासिक अल्पप्राण		ङ
संघर्षी अल्पप्राण	ख़	ग़
महाप्राण		घ़

सारणी-12 : दंत्य (Dental)

द थ द ध

न स़

	अघोष	सघोष
स्पर्श अल्पप्राण	त	द
महाप्राण	थ	ध
अनुनासिक अल्पप्राण		न
संघर्षी अल्पप्राण	स़	

सारणी-13 : वर्त्स्य (Alveolar)

ट् ड् ज़ भ़ न न्ह

ल ल्ह र र्ह स

		अघोष	सघोष
स्पर्श अल्पप्राण		ट्	ड्
संघर्षी	अल्पप्राण	स	ज़
	महाप्राण		भ़
अनुनासिक	अल्पप्राण		न
	महाप्राण		न्ह
पार्श्विक	अल्पप्राण		ल
	महाप्राण		ल्ह
लुंठित	अल्पप्राण		र
	महाप्राण		र्ह

सारणी-14 : मूर्धन्य (Cerebral)

ट ठ ड ड़ ढ ढ़ ण

ळ ष ष़

	अघोष	सघोष
स्पर्श अल्पप्राण	ट	ड
महाप्राण	ठ	ढ
संघर्षी अल्पप्राण	ष	ष़
अनुनासिक अल्पप्राण		ण
पार्श्विक अल्पप्राण		ळ
उत्क्षिप्त अल्पप्राण		ड़
महाप्राण		ढ़

सारणी-15 : वर्त्स्य-तालव्य (Alveo-palatal)

च छ ज झ श श़

	अघोष	सघोष
स्पर्श संघर्षी अल्पप्राण	च	ज
महाप्राण	छ	झ
संघर्षी अल्पप्राण	श	श़

सारणी-16 : अलिजिह्व (Uvular)

क़

स्पर्श अल्पप्राण अघोष

सारणी-17 : तालव्य (Palatal)

ञ य

	सघोष
अनुनासिक अल्पप्राण	ञ
अर्धस्वर	य

सारणी-18 : काकल्य (Glottal)

: ह

	अघोष	सघोष
संघर्षी	:	ह
महाप्राण		

सारणी-19 : प्राणत्व (Aspiration)

अल्पप्राण—क क़ ख़ ग ग़ ङ   च ज ज़ ञ   ट ट ड ड ड़ ण   त द न न   प फ़ ब म म
य र ल ळ   व व़ श श़ ष ष़ स स़

महाप्राण—ख घ घ़   छ झ झ़   ठ ढ ढ़   थ ध न्ह   फ भ म्ह   ल्ह र्ह व्ह : ह

	स्पर्शी		स्पर्श संघर्षी		संघर्षी		अनुनासिक	पार्श्विक	लुंठित	उत्क्षिप्त	अर्ध-स्वर
	अघोष	सघोष	अघोष	सघोष	अघोष	सघोष	सघोष	सघोष	सघोष	सघोष	सघोष
अल्पप्राण	क क़ ट ट त प	ग ड ड द ब	च	ज	ख़ फ़ श ष स स़	ग़ ज़ व श़ ष़	ङ ञ ण न न म म	ल ळ	र	ड़	य व़
महाप्राण	ख ठ थ फ	घ ढ ध भ	छ	झ	:	घ़ झ़ व्ह न्ह म्ह ह		ल्ह	र्ह	ढ़	

सारणी-20 : घोषत्व (Vocalisation)

अघोष—क ख च छ त थ प फ श ष स स़
क़ ट ख़ ट ठ फ़ :

सघोष—ग घ ज झ द ध ब भ श़ ष़ ज़ ङ ञ ड
ग़ ड ढ व व्ह ह ण न न न्ह़ म म म्ह
ल ल्ह ळ र र्ह ड़ ढ़ व़ य घ़ झ़

युग्मों में

अघोष	क	ख	च	छ	ट	ट	ड	त	थ
	प	फ	फ़	श	ष	स	:	ख़	
सघोष	ग	घ	ज	झ	ड	ड	ढ	द	ध
	ब	भ	व	श	ष	ज	ह	ग़	

युग्महीन

अघोष	क़	ख	ग	च़	ण	फ़	ः				
	श	:	ज	झ	ख़						
सघोष	ङ	घ़	ञ	झ़	ड़	ढ़	न	न्ह	म	म्ह	व्ह
	य	र	र्ह	ल	ल्ह	ळ	व़				

सारणी-21

प्रयत्न		स्थान	द्वयोष्ठ्य	दंतोष्ठ्य	दंत्य	वर्त्स्य	मूर्धन्य	वर्त्स-तालव्य	तालव्य	कोमल-तालव्य	कंठोष्ठ्य	अलि-जिह्वि	उपालि-जिह्वि	काकल्य
स्पर्श	अघोष	अल्पप्राण	प		त	ट्	ट			क		क़		
		महाप्राण	फ		थ		ठ			ख				
	सघोष	अल्पप्राण	ब		द	ड्	ड			ग				
		महाप्राण	भ		ध		ढ			घ				
स्पर्श-संघर्षी	अघोष	अल्पप्राण						च						
		महाप्राण						छ						
	सघोष	अल्पप्राण						ज						
		महाप्राण						झ						
संघर्षी	अघोष	अल्पप्राण		फ़	स़	स	ष	श		ख़				
		महाप्राण												
	सघोष	अल्पप्राण		व		ज़	ष़	श़		ग़				
		महाप्राण		व्ह		झ़				घ़				ह

अनुनासिक सघोष	अल्पप्राण	[illegible]	[illegible]	[illegible]	[illegible]	[illegible]	[illegible]	[illegible]
	महाप्राण	म्ह			न्ह			
पार्श्विक सघोष	अल्पप्राण				ल	ळ		
	महाप्राण				ल्ह			
लुंठित सघोष	अल्पप्राण				र			
	महाप्राण				ऱ्ह			
उत्क्षिप्त सघोष	अल्पप्राण					ड़		
	महाप्राण					ढ़		
अर्ध-स्वर	सघोष	व़					य	(व़)

सारणी-22 : प्रयत्न स्थान

	स्थान	प्रयत्न	प्राणत्व	घोषत्व
क	कोमल तालु	स्पर्श	अल्प	अघोष
ख	कोमल तालु	स्पर्श	महा	अघोष
ग	कोमल तालु	स्पर्श	अल्प	सघोष
घ	कोमल तालु	स्पर्श	महा	सघोष
ङ	कोमल तालु	अनुनासिक	अल्प	सघोष
च	वर्त्स-तालु	स्पर्श-संघर्षी	अल्प	अघोष
छ	वर्त्स-तालु	स्पर्श-संघर्षी	महा	अघोष
ज	वर्त्स-तालु	स्पर्श-संघर्षी	अल्प	सघोष
झ	वर्त्स-तालु	स्पर्श-संघर्षी	महा	सघोष
	तालु	अनुनासिक	अल्प	सघोष
ट	मूर्धा	स्पर्श	अल्प	अघोष
ठ	मूर्धा	स्पर्श	महा	अघोष
ड	मूर्धा	स्पर्श	अल्प	सघोष
ढ	मूर्धा	स्पर्श	महा	सघोष
ण	मूर्धा	अनुनासिक	अल्प	सघोष
त	दन्त	स्पर्श	अल्प	अघोष
थ	दन्त	स्पर्श	महा	अघोष
द	दन्त	स्पर्श	अल्प	सघोष
ध	दन्त	स्पर्श	महा	सघोष
न	वर्त्स	अनुनासिक	अल्प	सघोष
न्ह	वर्त्स	अनुनासिक	महा	सघोष
प	द्वयोष्ठ	स्पर्श	अल्प	अघोष
फ	द्वयोष्ठ	स्पर्श	महा	अघोष
ब	द्वयोष्ठ	स्पर्श	अल्प	सघोष
भ	द्वयोष्ठ	स्पर्श	महा	सघोष
म	द्वयोष्ठ	अनुनासिक	अल्प	सघोष
म्ह	द्वयोष्ठ	अनुनासिक	महा	सघोष
य	तालु	अर्धस्वर	अल्प	सघोष
र	वर्त्स	लुंठित	अल्प	सघोष
ऱ्ह	वर्त्स	लुंठित	महा	सघोष

ल	वर्त्स	पार्श्विक	अल्प	सघोष
ल्ह	वर्त्स	पार्श्विक	महा	सघोष
ळ	मूर्धा	पार्श्विक	अल्प	सघोष
फ़	दन्तोष्ठ	संघर्षी	अल्प	अघोष
व	दन्तोष्ठ	संघर्षी	अल्प	सघोष
व्ह	दन्तोष्ठ	संघर्षी	महा	सघोष
व़	द्वयोष्ठ	अर्धस्वर	अल्प	सघोष
श	वर्त्स-तालु	संघर्षी	अल्प	अघोष
श़	वर्त्स-तालु	संघर्षी	अल्प	सघोष
ष	मूर्धा	संघर्षी	अल्प	अघोष
ष़	मूर्धा	संघर्षी	अल्प	सघोष
स	वर्त्स	संघर्षी	अल्प	अघोष
ज़	वर्त्स	संघर्षी	अल्प	सघोष
स	दन्त	संघर्षी	अल्प	अघोष
:	काकल	संघर्षी	महा	अघोष
ह	काकल	संघर्षी	महा	सघोष
ड़	मूर्धा	उत्क्षिप्त	अल्प	सघोष
ढ़	मूर्धा	उत्क्षिप्त	महा	सघोष
क़	अलिजिह्वा	स्पर्श	अल्प	अघोष
ख़	कोमल तालु	संघर्षी	अल्प	अघोष
ग़	कोमल तालु	संघर्षी	अल्प	सघोष
घ़	कोमल तालु	संघर्षी	महा	सघोष
भ़	वर्त्स	संघर्षी	महा	सघोष
ट	वर्त्स	स्पर्श	अल्प	अघोष
ड्	वर्त्स	स्पर्श	अल्प	अघोष
न	दन्त्य	अनुनासिक	अल्प	सघोष

सारणी-23 : करण सूची (List of Articulators)

		निम्न करण (Lower Articulator)	उच्च करण (Upper Articulator)
(1)	द्वयोष्ठ्य bilabial	निम्न ओष्ठ lower lip	उच्च ओष्ठ upper lip
(2)	दन्तोष्ठ्य labiodental	निम्न ओष्ठ lower lip	उच्च दन्त upper teeth

(3)	दन्त्य dental	जिह्वानोक apex of tongue	उच्च दन्त upper teeth
(4)	वर्त्स्य alveolar	जिह्वानोक apex of tongue	वर्त्स alveola
(5)	मूर्धन्य cerebral	जिह्वानोक apex of tongue	मूर्धा cerebrum
(6)	वर्त्स तालव्य alveo-palatal	जिह्वाग्र front of tongue	वर्त्स और तालु अग्र alveola and far front of palate
(7)	तालव्य palatal	जिह्वा-पश्च back of tongue	कठोर तालु पश्च back of hard palate
(8)	कोमल तालव्य soft palatal	जिह्वा-पश्च back of tongue	कोमल तालु soft palate
(9)	कंठोष्ठ्य labio-velar	1 और 8 का संयुक्त प्रयत्न	
(10)	अलिजिह्व uvular	जिह्वा-पश्च back of tongue	अलिजिह्वा uvula
(11)	उपालिजिह्वा pharyngal	जिह्वा-मूल root of tongue	उपालिजिह्व-विवर pharynx
(12)	काकल्य glottal		स्वरयन्त्र larynx

भाग-घ : उच्चारण

12

उच्चारण-भेद

जलवायु का हमारे उच्चारण पर विशेष प्रभाव पड़ता है। एक ही शब्द को, शब्द को ही नहीं, एक अक्षर को भी, कई प्रकार उच्चारित किया जा सकता है। उत्तर प्रदेश में जब बच्चों को नागरी वर्णमाला और लिपि सिखाई जाती है, तो वह—

क ख ग घ ङ

का उच्चारण ऐसा करते हैं जिसे प्रायः स्वाभाविक कह सकते हैं। किंतु पंजाब में इन्हीं व्यंजनों का उच्चारण लगभग इस प्रकार का होता है—

का खा गा घा ङा

बंगाल में मुंह को गोल करके इनका उच्चारण प्रायः ऐसा करते हैं—

कौ खौ गौ घौ ङौ

उत्तर प्रदेश के पश्चिमोत्तर भाग में हमने कुछ लोगों को इन्हीं व्यंजनों का इस प्रकार का भी उच्चारण करते सुना है—

कै खै गै घै ङै

पश्चिमी उत्तर प्रदेश में लोग कहते हैं—

हम नहीं खाएंगे।

शाहजहाँपुर के आसपास के निवासी कहेंगे—

हम नाहीं खइहैं।

पूर्वी उत्तर प्रदेश वाले कहते हैं—

हम नाहीं खइबें।

इस पिछले वाक्य के भी रूप भेद हैं—

(1) हम नाहीं खाइब।

(2) हम न खाब।
(3) हम नाहीं खइबा।

उत्तर प्रदेश में एक कहावत है कि प्रत्येक बारह कोस पर बोली बदल जाती है। इसमें अत्युक्ति हो सकती है, किंतु बात सैद्धांतिक रूप से गलत नहीं है। हमारी भाषा, बोली और उच्चारण पर जलवायु का प्रभाव पड़ता है। इसके कारण भिन्न-भिन्न बोलियाँ, भाषाएँ और उच्चारण बनते हैं। यह तो रहा जल-वायु का प्रभाव। इसके अतिरिक्त प्रत्येक व्यक्ति के बोलने के ढंग में कोई विशे-षता होती है, कुछ निरालापन होता है। संसार के कोई भी दो व्यक्ति किसी भी एक शब्द को एक-सा उच्चारित नहीं करते, यद्यपि सामान्यत: अंतर इतना सूक्ष्म होता है कि उसे हमारे कान पकड़ नहीं पाते।

बाजार में निकल जाइए और भिन्न-भिन्न खोंचे वालों की बोलियों पर ध्यान दीजिए। दो आम वालों की आवाज स्पष्ट रूप से एक दूसरे से भिन्न दिखाई देगी। दो मूंगफली वालों के लहजे अलग-अलग होंगे। चाट-पकौड़ी वालों में से तो प्रत्येक की अदा ही निराली होती है। स्टेशनों पर जो लोग पूरी-तरकारी बेचते हैं, उन्हें पूरी का उच्चारण चार प्रकार से करते सुना है—

पूरी गरम
पूड़ी गरम
पौड़ी गरम
पौयड़ी गरम

सन् 1929 में आगरे में मैं एक मकान में बैठा हुआ था। बाहर से आवाज आई—"मर गया रे!"

हम लोग बाहर निकल आए। देखा कि एक व्यक्ति बच्चों के गुब्बारे बेच रहा है और जोर-जोर से आवाज लगा रहा है—यह लो गुब्बारे!

कुछ फेरी वाले तो वस्तु का नाम भी नहीं लेते, केवल प्रशंसात्मक विवरण ही देते हैं—"काले भँवर वाले!" यह सुनकर कोई नया व्यक्ति नहीं समझ सकता है कि फरेंदे (बड़ी जामुन) का विज्ञापन है।

खोंचे वालों की ध्वनियों के प्रकार में भी बड़ा अंतर होता है। कुछ की आवाज मृदु होती है, कुछ की कर्ण कटु।

प्रेमचंद अपनी कहानी 'आखिरी हीला' में लिखते हैं—

"उचित तो यह था कि यह खोंचे वाले ढोल, मंजीरों के साथ लोगों को अपनी चीजों की ओर आकर्षित करते, मगर इन औंधी अकल वालों को यह कहाँ सूझती है। ऐसे पैशाचिक स्वर निकालते हैं कि सुनने वालों के रोएँ खड़े हो जाते हैं।

बच्चे माँ की गोद में चिपट जाते हैं···"

बहुत बार केवल लहजा अथवा बलाघात देने से शब्द का अर्थ बदल जाता है। एक सीधा-सादा शब्द है—'अच्छा।' इसका सामान्य अर्थ तो इस वाक्य से द्योतित होता है—

(1) कृष्ण एक अच्छा लड़का है।

यहाँ 'अच्छा' के किसी भी भाग पर जोर नहीं दिया जाएगा। अब इसी शब्द के दूसरे अर्थों पर विचार कीजिए। प्रसंग का अर्थ भी बदल जाएगा, और बदले हुए अर्थ को व्यक्त करने के लिए ही शब्द का लहजा और बलाघात का स्थान भी बदल जाएगा।

(2) राम को निमोनिया हो गया था, अब कैसा है ?

—अच्छा है।

यहाँ अच्छा का अर्थ है, 'पहले से उत्तम।'

(3) अच्छा, तो आपका यह रूप भी है !

यहाँ अच्छा से अचरज के साथ-साथ नापसंदी का भाव मिश्रित है।

(4) अपने पड़ोसी को हैजा हो गया है।

—अच्छा !

यहाँ अचरज के साथ दुख मिश्रित भाव है।

ऐसे और भी बहुत से उदाहरण दिए जा सकते हैं।

उच्चारण दोष के कई कारण होते हैं। उनमें से मुख्य हैं आदत, प्रमाद और अज्ञान। मेरे एक मित्र हैं। उन्होंने बचपन में बहुत-सी भाषाओं के नाम सुने :

हिंदी, गुजराती, मराठी, बंगाली, पंजाबी, अंग्रेजी।

उनकी लड़कबुद्धि ने उन्हें यह बताया कि इसी वजन पर 'उर्दू' का नाम 'उर्दी' होना चाहिए। उसी दिन से वह 'उर्दी' कहने लगे। उनकी ऐसी आदत पड़ गई कि जीवन-भर उन्होंने उर्दू को 'उर्दी' ही कहा ! कभी भूलकर भी उनके मुंह से उर्दू नहीं निकलता था।

बचपन में मुझे मदरसे में एक मास्टर पढ़ाया करते थे, जो एक फुट को 'एक फिट' कहा करते थे। आज तक मेरी आदत एक फिट कहने की ही है। यद्यपि मेरे कई मित्र कई बार मुझे इस विषय में टोक चुके हैं।

एक लड़के की आदत थी कि 'लिखा' के बदले 'लिक्खा' लिखा करता था। मास्टर साहब उसे टोकते-टोकते थक गए किंतु उसकी आदत न बदली। एक दिन मास्टर साहब ने उसे दंड दिया कि पूरे 100 बार लिखो—'लिखो।'

लड़के ने 100 बार लिखा—'लिखा' पर अंत में जोड़ दिया—

"श्रीमान, मैंने पूरे 100 बार लिक्खा है, गिनकर देख लीजिए।"

उच्चारण की सबसे अधिक गलतियाँ अज्ञान के कारण होती हैं। बहुधा अपढ़ लोग, विशेषकर, स्त्रियाँ ब और व में भेद नहीं कर पातीं। कुछ गृहिणियाँ 'चीज-वस्तु' के स्थान पर चीज-बस्त कहती हैं। 'विषय' का उच्चारण मैंने इतने प्रकार का सुना है—विषय, विषे, विखे, बिखे।

उर्दू शब्द 'वक़्त' को भी हमने स्त्रियों को कई प्रकार से उच्चारित करते सुना है, मसलन, वक़त, वक्त, बख़्त, बखत, बख़त।

उच्चारण की इस प्रकार की अशुद्धियों की गिनती हजारों में पहुँचेगी। हम यहाँ केवल थोड़े-से दृष्टांत देते हैं—

शुद्ध उच्चारण	अशुद्ध उच्चारण
वजह	बजह, बजै
वज़न	वजन
जवाब	जबाब
विवाह	बिवाह, बिब्राह
वीर	बीर
वल्लभ	बल्लभ
वाह-वाह	बाब्बा

बहुत से लोग श और स में विवेक नहीं कर पाते। कहीं-कहीं तो इससे अर्थ का अनर्थ हो जाता है। 'बतासा ले' और 'बता साले' में आकाश-पाताल का अंतर है। पहला बतासे का विज्ञापन है, दूसरा एक गाली।

दो स्त्रियाँ बातें कर रही थीं। एक ने कहा कि ताजमहल 'शुंम मरमर' का बना हुआ है। दूसरी बोली, 'शुंम मरमर नहीं, शिगमरमर।' दोनों में विवाद होने लगा कि उक्त शब्द की वर्तनी और उच्चारण क्या है। एक तीसरी स्त्री उधर से आ निकली तो उसे पंच बनाया गया। उसने निर्णय दिया कि दोनों गलत हैं। वास्तविक शब्द है, 'सुंख मरमर।'

कुछ लोग 'साहब' को 'शाब' कहते हैं। महात्मा गाँधी का 'स' कभी बहुत कुछ 'श' ही होता था। उनकी प्रार्थना-सभाओं के कुछ उद्धरण इस प्रकार हैं—

"कुछ बातें आपको बताए देता हूँ। शब बातें तो मैं कहता नहीं।"

"यदि देश का राष्ट्रपति जवाहरलाल होवे तो अच्छा है, पर कोई किशान होवे तो और भी अच्छा है।"

अशुद्ध उच्चारणों की गिनती करना तो संभव नहीं है। यहाँ मैं कुछ शब्दों के दृष्टांत देता हूँ जो बचपन में सुने थे—

अशुद्ध रूप	शुद्ध रूप
मनिक्ख	मनुष्य
डिढ़	दृढ़
ये	यह
नँचो	निश्चय
पर्चो	परिचय
मर्जाद	मर्याद

हमने सब ऐसे भी दृष्टांत दिए हैं, जिनमें अशुद्ध उच्चारण से कोई शब्द बनता ही नहीं। 'विवाह' तो एक शब्द है, किंतु 'बिबाह' कोई शब्द नहीं है। किंतु कभी-कभी ऐसा भी होता है कि व के स्थान पर ब रख देने से दूसरा शब्द ही बन जाता है, जैसे—'वे' और 'बे' दोनों अलग-अलग शब्द हैं। इसी प्रकार—कोश, कोष, कोस।

तीनों शब्द एक दूसरे से भिन्न हैं, जिनके अलग अर्थ हैं। भाषाविज्ञान के शब्दों में ऐसे शब्द-युग्मों को लघुतमी युग्म कहते हैं। यदि विद्यार्थी इनकी वर्तनी और अर्थ याद कर लें तो बहुत-सी गलतियों से बच जाएँगे।

उक्त शब्दों के अधिकतर अर्थ 'मानक हिंदी कोश' पर आधारित हैं। यहाँ साधारणतः मुख्य अर्थ ही दिए गए हैं।

13

उदासीन स्वर

ह्रस्व अ और उदासीन अ

हिंदी में यदि किसी अक्षर के अंत में अ हो तो सामान्यतः उसका उच्चारण नहीं होता। हम इन शब्दों—

गप-शप, खाट-पाट, रुक-झुक

का उच्चारण इस प्रकार करते हैं—

गप्-शप्, खाट्-पाट्, रुक्-झुक्

किंतु कुछ स्थितियाँ ऐसी हैं, जिनमें उक्त स्वर का उच्चारण होता भी है। यहाँ हम ऐसी ही स्थितियों का विवेचन करेंगे—

(1) एक-वर्णी शब्दों में, जैसे—

न (नहीं) व (और)

(2) एक-वर्णी अक्षरों में जैसे—

चमक बताया मनचला अटपटा राजकीय

(3) अब हम एक विवादग्रस्त विषय छेड़ते हैं। प्रश्न यह है कि—

हाथ बैठ ईख

जैसे शब्दों में महाप्राण के पश्चात कोई स्वर है या नहीं। प्रत्येक स्पर्श अथवा स्पर्श संघर्षी व्यंजन के उच्चारण में हमारे उच्चारण-यंत्र की तीन स्थितियाँ होती हैं—

(1) वायु हमारे मुख के अंदर आती है।

(2) उक्त वायु के कारण अवरोध उत्पन्न होता है।

(3) अंत में वायु का उन्मोचन होता है। इसी को स्फोट कहते हैं। इसी स्फोट के कारण स्पर्श व्यंजन स्फोटक कहलाते हैं।

जब हम 'प' का उच्चारण करने को उद्धत होंगे, तब पहले-पहल थोड़ी-सी वायु हमारे मुख में आएगी। तत्पश्चात हमारे दोनों होंठ मिल जाएँगे। यदि हम होंठों को न खोलें तो तीसरी स्थिति नहीं आ पाएगी और 'प' का उच्चारण हो ही न पाएगा। किंतु यदि प के पहले कोई स्वर हो तो स्थिति बदल जाएगी। मान लीजिए हम 'कूप' कहना चाहते हैं तो 'प' के उच्चारण की तीसरी स्थिति तक पहुँचने से पहले ही सुनने वाला समझ लेगा कि हम 'प' का उच्चारण कर रहे हैं। उक्त दशा में हमारे मुँह से 'कूप्' निकलेगा। इस शब्द के अंत में कोई स्वर नहीं है। यह प के उच्चारण की अपूर्ण स्थिति है। जब वायु को उन्मोचन हो जाएगा और तीसरी स्थिति आ जाएगी तब हमारे मुँह से 'कूप' निकलेगा। यह शब्द स्वरांत है। इस शब्द के अंत में जो स्वर है, उसकी मात्रा ह्रस्व की मात्रा से भी छोटी है। इसे कुछ लेखक 'उदासीन अ' कहते हैं। इसी प्रकार—

ताक्   आग्   खाट्   खाद्

सब व्यंजनांत हैं। इन शब्दों के अंतिम व्यंजनों में उच्चारण की तीसरी स्थिति नहीं आ पाती। अतः इनके उच्चारण अपूर्ण हैं, किंतु—

ताक   आग   खाट   खाद

सब स्वरांत हैं। इन सबके अंतिम व्यंजनों में उच्चारण की तीसरी स्थिति भी आ जाती है। अतः इनके उच्चारण पूर्ण हैं।

हमने ऊपर जितने शब्द दिए हैं, सबके अंत में अल्पप्राण व्यंजन हैं। यदि इनके स्थान पर महाप्राण हो तो स्थिति भिन्न हो जाएगी। हम जान-बूझकर एक ऐसा शब्द ले रहे हैं जिसके अंत में दंतोष्ठ्य महाप्राण व्यंजन है, क्योंकि ऐसे व्यंजन के उच्चारण की स्थिति सरलता से समझ में आ जाती है। मान लीजिए हम—'कूफ' कहना चाहते हैं। यह तभी संभव है जब हम होंठों को (जो फ कहने के लिए बंद हुए हैं) खोल दें, अर्थात फ के उच्चारण की तीनों स्थितियाँ आ जाएँ। हम चाहे जितना प्रयत्न करें, 'कूफ' नहीं कह सकते। यदि होंठ नहीं खुलेंगे तो हमारे मुँह से 'कूप' निकलेगा, 'कूफ्' नहीं निकलेगा।

इन बातों से यह निष्कर्ष निकला कि यदि किसी शब्द के अंत में कोई महाप्राण व्यंजन हो तो वह शब्द स्वरांत होगा, अर्थात उसके अंत में उदासीन अ होगा। अतः इन शब्दों—

लाख   बाघ   रीछ   बूझ   बैठ   हाथ   बैध

के अंत में उदासीन अ है। हम कितना ही प्रयत्न करें, इन शब्दों—

लाख्   बाघ्   रीछ्   बूझ्   हाथ्   बैध्

का उच्चारण नहीं कर सकते। हम यह मानते हैं कि यह सिद्धांत द्वयोष्ठ्य व्यंजनों के संबंध में जितनी सरलता से समझ में आ जाता है, उतनी सरलता से अन्य

व्यंजनों के विषय में नहीं आता।

इस संदर्भ में डॉ० भोलानाथ तिवारी की पुस्तक 'भाषा विज्ञान', किताब महल, इलाहाबाद, षष्ठ्म संस्करण, 1967 पठनीय है। पृ० 343 पर आप लिखते हैं :

"शब्द के अंत में आने वाले स्पर्श व्यंजन (केवल अल्पप्राण, महाप्राण नहीं) इसी प्रकार अपूर्ण होते हैं, जैसे—

आप् ताक् पट् आदि।"

यह सिद्धांत तो वही है जो हमने ऊपर प्रतिपादित किया है, किंतु पृ० 381 और 383 पर आपने 'बैठ और 'ईख' इस प्रकार

बैठ् ईख्

लिखे हैं। हम नहीं समझते कि इन शब्दों के अंत में हल चिह्न किस प्रकार लगाया जा सकता है। यदि यह छापे की भूल नहीं है तो कहना पड़ेगा कि डॉ० तिवारी ने अपने सिद्धांत को स्वयं ही काट दिया है।

संभव है हमारे पूर्वजों का उच्चारण-यंत्र हमारे उच्चारण-यंत्र से भिन्न रहा हो। हम 'उपध्मानीय' जैसे शब्द का शुद्ध उच्चारण करने में असमर्थ हैं। हम कितना ही प्रयत्न करें। 'घ' के उच्चारण में एक हल्का-सा 'ध' निकल ही जाएगा। हम इन तीनों शब्दों—

उपद्मानीय उपदमानीय उपधमानीय

का उच्चारण कर सकते हैं, किंतु—

उपध्मानीय

का उच्चारण हमारे लिए संभव नहीं है।

(4) एक विवादग्रस्त प्रश्न यह भी है कि : दम्भ, रक्त, पन्थ, वन्द जैसे शब्दों के अंत में (अर्थात युक्ताक्षरों के बाद) कोई स्वर है या नहीं। यहाँ भी द्वयोष्ठ्य व्यंजन का उदाहरण लेना सुगत होगा। जब हम 'दम्भ' कहने के लिए होंठों को बंद करेंगे, तो जब तक होंठ दुबारा खोल नहीं देंगे, हमारे मुँह से 'भ' नहीं निकलेगा। हम केवल —'द्म' ही कह पाएँगे। इसका यह अर्थ है कि 'भ' के उच्चारण की तीनों स्थितियाँ आकर ही रहेंगी। अतएव यह मानना पड़ेगा कि 'दम्भ' के अंत में उदासीन 'अ' है।

इस विषय में अल्पप्राण और महाप्राण में कोई अंतर नहीं है। 'रक्त' कहने में, क् के उच्चारण के लिए हमारी जिह्वा कोमल तालु से मिलकर वायु-प्रवाह को बंद कर देती है। यदि हम वहीं पर रुक जाएँ तो हमारे मुँह से 'रक्' ही निकलेगा। 'त' कहने के लिए जिह्वानोक सामने वाले ऊपरी दाँतों से मिल जाती

है और तत्काल ही हट भी जाती है। यदि जीभ दाँतों से हटे नहीं तो 'त' का उच्चारण हो ही नहीं पाएगा। 'त' के उच्चारण की तीनों स्थितियाँ इतनी जल्दी आ जाती हैं कि उनका एक दूसरे से विभेद करना कठिन हो जाता है। किंतु 'रक्त' के अंत में उदासीन 'अ' है, इसमें कोई संदेह नहीं। यह विषय बहुत विवादग्रस्त है, इसलिए हम अपने समर्थन में कई अन्य लेखकों के विचारों का उल्लेख कर रहे हैं—

(क) डॉ० बाबूराम सक्सेना : 'ध्वनि—अनुरूप वर्तनी की समस्या' त्रैमासिक भाषा 1(3) (1961) 75-76। पृ० 76 पर आप लिखते हैं :

"हिंदी के परिनिष्ठित (मानक) रूप में शब्दों के अंत का अकार उच्चरित नहीं होता, केवल संयोग (संयुक्त व्यंजन) के उपरांत सुनाई पड़ता है, विशेषकर तत्सम शब्दों में, यथा—

राम बात किताब हार

आदि में, अंतिम अ का उच्चारण नहीं है, किंतु—

कृष्ण, प्रद्युम्न, आदि में है।"

(ख) डॉ० उदयनारायण तिवारी : 'हिंदी का उद्‌भव और विकास', भारती भंडार, लीडर प्रेस, प्रयाग, द्वितीय संस्करण सं० 2018। इसके पृ०319 पर आप लिखते हैं :

"परंतु एकाक्षरीय तथा पदांत में संयुक्त व्यंजन वाले शब्दों में पदांत अ स्वर उच्चरित होता है, यथा—

न, सभ्य, सत्य

शब्दों के उच्चारण में पदांत अ विद्यमान है।"

(ग) डॉ० भोलानाथ तिवारी ने भी अपनी पुस्तक 'हिंदी भाषा' के पृ० 21-22, भाग 2 में इसी प्रकार के विचार व्यक्त किए हैं, तिस पर भी आपने अपनी पुस्तक 'भाषा विज्ञान' के पृ० 383 पर यह शब्द—

अन्त्	अस्त्
अस्त्र्	इन्द्र्
कन्त्	पस्त्, वक्त्
शस्त्र्	वस्त्र्
क्षिप्र्	व्यस्त्
	स्वास्थ्य्

हल चिह्न लगाकर लिखे हैं। पृ० 381 पर आपने 'युद्ध्' भी इसी प्रकार लिखा है। हमारे विचार में इनमें से किसी भी शब्द के अंत में हल चिह्न नहीं लगना चाहिए।

यदि किसी युक्ताक्षर के अंत में—

र ल श ष स ह

में से कोई वर्ण हो तो भी उदासीन अ ही आएगा। यथा इन शब्दों में—

नम्र अम्ल वंश हर्ष कंस चिन्ह

के अंत में उदासीन अ है। किंतु थोड़े से मनन से पता चल जाएगा कि यदि युक्ताक्षर के अंत में य अथवा व हो तो अंतिम स्वर उदासीन अ नहीं, ह्रस्व अ होगा। यथा—

क्षम्य स्वास्थ्य पथ्य सभ्य सत्य अन्य काट्य

विश्व विल्व पक्व द्वंद्व

के अंत में ह्रस्व अ है। अतएव 'स्वास्थ्य' के अंत में हल चिह्न लगाना तो और भी अक्षम्य है।

14

कठिन उच्चारण

भाषा की उच्चारण-पद्धति जितनी सरल हो, उतना ही अच्छा। अधिकतर पश्चिमी भाषाओं की उच्चारण-प्रणाली बहुत कठिन है। हमारी नागरी लिपि और हिंदी भाषा में उच्चारण की कठिनाइयाँ इतनी नहीं हैं। तिस पर यह कहना गलत होगा कि इसकी उच्चारण-पद्धति में कोई उलझन है ही नहीं। हम इस लेख में इनमें से मुख्य-मुख्य कठिनाइयों का ही उल्लेख करेंगे।

जीवन में हम जितने व्यापार और कार्य-कलाप करते हैं, सब तर्क अथवा विज्ञान पर आधारित नहीं होते। मनुष्य का स्वभाव है कि वह सुविधा की ओर झुकता है। ग्रंथालय-विज्ञान का एक सिद्धांत है कि कोई पुस्तक वहाँ पर रखी जाए, इसकी कसौटी यह नहीं है कि उसका कहाँ पर रखना तर्कयुक्त होगा, वरन यह कि कहाँ पर रखने से पाठकों को उसे खोजने में सुविधा होगी।

दिल्ली से अलीगढ़ मोटरकार पर जाइए। रास्ते में किलोमीटर वाले मील-पत्थर पड़ेंगे। प्रत्येक पत्थर के दो पार्श्व होंगे—दिल्ली पार्श्व—अलीगढ़ पार्श्व। तर्क यह कहता है कि दिल्ली से उस पत्थर की दूरी दिल्ली-पार्श्व पर देनी चाहिए, और अलीगढ़ से उसके अलीगढ़ पार्श्व पर। किंतु होता है इसका उल्टा। कारण, दिल्ली से अलीगढ़ जाने वाला यह जानने के लिए अधिक उत्सुक होता है कि अलीगढ़ कितनी दूर रह गया है, यह नहीं कि दिल्ली कितनी दूर छूट गई।

और क्या हमारी काल-विभाजन पद्धति विज्ञान पर आधारित है? यदि ऐसा होता तो हमें अपने तिथि-पत्र का बार-बार संशोधन न करना पड़ता। यदि सूर्य के चारों ओर पृथ्वी के यथार्थ परिक्रमण काल को हमने अपनी इकाई माना होता तो इसमें दिनों की संख्या भिन्नात्मक (लगभग 365 $^1/_4$) न होकर पूर्णांकों में होती। और दिन के 24 घंटे ही क्यों रखे गए? फिर. घड़ियों में भी दिन के दो भाग 12-12 घंटे के क्यों किए गए? सुविधा के कारण ही न। यदि घड़ियों में 1 से 24 तक के घंटे बनाए गए होते, तो घड़ियों का आकार बढ़ जाता, उन्हें

बनाने में खर्च अधिक होता, और वे अधिक स्थान भी घेरतीं।

विधान सभाओं में स्पीकर (शाब्दिक अर्थ वक्ता) उसे कहते हैं जो सबसे कम बोलता है। रोमन कैथोलिक गिरजा में फादर (पिता) वह कहलाता है जो विवाह नहीं करता। आपके घर की नौकरानी मेड (कुआँरी) कहलाती है, चाहे विवाहित ही क्यों न हो।

ऐसे विरोधाभास आपको अपने चारों ओर दिखाई देंगे। मान लीजिए दिल्ली से एक रेलगाड़ी रात को 12·05 पर चलती है। एक यात्री को 14-15 तारीख की रात को उसी गाड़ी से जाना है। वह लगभग साढ़े ग्यारह बजे स्टेशन पर पहुँचता है और टिकट खरीदता है। उसके टिकट पर 12 तारीख पड़ी होगी, यद्यपि 12 तारीख आरंभ होने में अभी आधे घंटे का समय होता है।

मान लीजिए किसी छोटे स्टेशन पर दो गाड़ियों का मेल हो रहा हो जो विमुख दिशाओं से आ रही हैं। तर्क यह कहता है कि जो गाड़ी पहले आए, वही पहले छूटे। किंतु होता है बिलकुल उल्टा, क्योंकि रेलवे-तंत्र इसी में सुविधा मानता है कि बिलंब एक ही गाड़ी पर डाला जाए।

अब कोशों के शब्द-क्रम पर विचार कीजिए। हम यहाँ छः शब्द लेते हैं—

लकड़ा, लखना, लगना, लघु, लँगड़ा, लंगार।

तर्क यह कहता है कि अकारादि क्रम से ही शब्दों का विन्यास होना चाहिए, किंतु नई पद्धति के अनुसार होता यह है—

लँगड़ा, लंगार, लकड़ा, लखना, लगना, लघु।

इस पद्धति में शब्दों को ढूँढ़ने में सुविधा रहती है।

(1) अब हम अपने मुख्य विषय पर आते हैं। प्रश्न यह है कि—

आयी और गयी

लिखा जाए या—

आई और गई।

दस छोटे बच्चों को बिठा लीजिए, जिन्होंने अक्षर-ज्ञान आरंभ किया हो, और उन्हें उपर्युक्त दोनों शब्द लिखने को कहिए। उनमें से दस के दसों लिखेंगे—'आई' और 'गई'। कारण स्पष्ट है कि ये उच्चारण नैसर्गिक है जबकि 'आयी' और 'गयी' कहने में जिह्वा को परिश्रम करना पड़ता है। वैयाकरण यह तर्क देते हैं कि 'आया' से 'आयी' बनेगा और 'गया' से 'गयी', किंतु सुविधा-सिद्धांत के अनुसार इन शब्दों के उच्चारण 'आई' और 'गई' ही होगा।

पं० किशोरीदास वाजपेयी ने भी 'गये' और 'गयी' के आधुनिक रूपों 'गए' और 'गई' को ही वरीयता दी है। इसी प्रकार 'आए' और 'आई' को 'वरीयता' दी है। देखिए—

(क) 'हिंदी शब्द मीमांसा', हिमाचल एजेंसी, कनखल, (उ०प्र०) ; प्रथम संस्करण (1958), पृ० 26।

(ख) 'हिंदी की वर्तनी तथा शब्द-विश्लेषण', राजस्थान ग्रंथागार, नई दिल्ली, 898, प्रथम संस्करण (1968), पृ० 16

यह बड़ी प्रसन्नता की बात है कि वाजपेयी जी जैसे संस्कृत के प्रकांड पंडित ने इस विषय में ऐसी व्यवस्था दी है जो हिंदी को सरल बनाती है। सामान्यतः संस्कृतज्ञ, रूढ़िवादी होते हैं। इस प्रकार

लायी दिखायी चबायी

के स्थान पर सदैव

लाई दिखाई चबाई

लिखा जाएगा।

यहाँ तक तो केंद्रीय सरकार ने भी इस सिद्धांत का अनुमोदन कर दिया है। देखिए—

'देवनागरी लिपि तथा हिंदी वर्तनी का मानिकीकरण', केंद्रीय हिंदी निदेशालय, भारत सरकार (1983), पृ० 13-14।

किंतु फिर भी सरकार ने एक झमेला रहने ही दिया है। देखिए पृ० 14 : "जहाँ य श्रुतिमूलक व्याकरणिक परिवर्तन न होकर शब्द का ही मूल तत्त्व हो, वहाँ वैकल्पिक श्रुतिमूलक स्वरात्मक परिवर्तन की कतई आवश्यकता नहीं है। जैसे—

स्थायी अव्ययीभाव दायित्व आदि।

यहाँ—स्थाई, अव्यईभाव, दाइत्व नहीं लिखा जाएगा।

जहाँ तक श्रुति अनुरूप लेखन के सिद्धांत का प्रश्न है, वह तो दोनों स्थितियों में एक-सा लागू है। फिर वर्तनी में अंतर क्यों ? हम तो स्थाई और शाई लिखेंगे न कि स्थायी और शायी। यदि यह नियम बना लिया जाए कि जब कभी कोई शब्द स्वर अथवा व्यंजन दोनों के प्रयोग से लिखा जा सके, वहाँ स्वरयुक्त रूप को ही .रीयता दी जाए तो सारा झमेला ही मिट जाए। इसी में उच्चारण-सुख भी है।

इसी प्रकार आएगा, जाएगा, खाएगा लिखा जाएगा, न कि आयेगा, आवेगा, जायेगा, जावेगा, खायेगा, खावेगा।

(2) हिंदी के आधुनिक वैयाकरणों में कामताप्रसाद गुरु का विशेष महत्त्व है। आपका 'हिंदी व्याकरण', नागरी प्रचारिणी सभा, काशी (स० 2029) इस समय हमारे सम्मुख है। पृ० 29 पर आप लिखते हैं—

"दो महाप्राण व्यंजनों का उच्चारण एक साथ नहीं हो सकता, इसलिए उनके संयोग के पूर्व अल्पप्राण ही रहता है। जैसे—अच्छा, पत्थर, रक्खा।"

यही नियम हिंदी के अधिकतर अन्य व्याकरणों में भी दिया रहता है। तब फिर समझ में नहीं आता कि हमारे कोशों में ऐसे शब्द क्यों दिए जाते हैं जिनमें दो महाप्राण एक साथ आते हैं। हम यहाँ ऐसे शब्दों की सूची उनके अर्थों सहित देते हैं जो हमने 'मानक हिंदी कोश' से संकलित किए हैं जो कदाचित हिंदी के प्रतिष्ठित कोशों में से एक है—

अफ्फन = अर्पण	अफ्फना = अर्पण करना
उभ्भौ = उभय	गवख्ख = गवाक्ष
घुध्घु = घुग्घु	जख्ख = यक्ष
जमदद्ढ = जमा-डाढ	जुझ्झ = जूझ
झुझ्झ = युद्ध	ठठ्ठ = ठट्ठ
ठठ्ठा = ठट्य	ठढ्ढा = ठड़ा
डढ्ढ = दग्ध	डढ्ढना = दग्ध करना, तपाना, जलाना
ढढ्ढा = ढड्ढा	तथ्ये = तथैव
तिथ्थ = तिथि	दढ्ढ = दग्ध
दिघ्घ = दीर्घ	नथ्थ = नथ
परतछ्छ = प्रत्यक्ष	पुठ्ठ = पीठ
फिफ्फ = फेफड़ा	पुठ्ठी = पुट्ठी, बैलगाड़ी के पहिए के घेरे का वह भाग जिसमें आरा और गज घुसे रहते हैं।
भभ्भड़ = भब्भड़	
मथ्थ = माथा	
सझ्झ = 1. साध्य, 2. सह्य	सठ्ठो = ऊँट

व्याकरणों में 'शब्द' की परिभाषा इस प्रकार की मिलती है—शब्द = एक या अधिक अक्षरों से बनी हुई सार्थक ध्वनि।

यदि अक्षरों के किसी संयोग का हम उच्चारण ही न कर सकें तो उसे 'ध्वनि' कैसे कहेंगे। और यदि वह कोई ध्वनि ही नहीं है तो उसे 'शब्द' कैसे कहा जाएगा। अतएव, इस विवेचन के अनुसार उपरिलिखित सारे वर्ण समूह 'शब्द' ही नहीं हैं। मान लीजिए कोई यह चिन्ह—ओ्—बनाता है। क्या इसे हम 'शब्द' कह सकेंगे? यदि उपरिलिखित सारे 'शब्द' कोशों से निकाल दिए जाएँ तो विद्यार्थियों का बड़ा कल्याण हो जाए। यदि इन्हें रखना ही है तो इनकी वर्तनी बदल देनी चाहिए। हम 'पुठ्ठा' तो बोल ही नहीं सकते। जो बोलते हैं, वह 'पुट्ठा' है, अतएव इसी को इस शब्द की सही वर्तनी मान लेना चाहिए। इसी प्रकार शेष समस्त

शब्दों में भी प्रथम महाप्राण को अल्पप्राण में बदल देना चाहिए।

(3) एक समस्या ऐसे शब्दों के उच्चारण की है, जिनमें संस्कृत परंपरा के अनुसार द्वित्व व्यंजन दिए जाते हैं, जबकि बोलने में एक ही व्यंजन काम में आता है। हम किसी भी प्रकार 'आर्य्य' का शुद्ध उच्चारण नहीं कर सकते। जो हम बोलते हैं, वह 'आर्य' है। तब इस व्यंजन-द्वित्व को रखने की क्या आवश्यकता है। इस प्रकार के कुछ शब्द हम यहाँ देते हैं। साथ ही इन शब्दों की संशोधित वर्तनी भी देते हैं, अर्थात वह वर्तनी जो हमारे विचार में इन शब्दों की होनी चाहिए—

अशुद्ध	शुद्ध	अशुद्ध	शुद्ध
आर्त्तव	आर्तव	आवर्त्त	आवर्त
क्षय्य	क्षय	गतार्त्तवा	गतार्तवा
चर्य्या	चर्या	त्वक् क्षीरा	त्वक्षीरा
त्वकक्षीरी	त्वक्षीरी	हृक्क्षेप	हृक्षेप
धर्म्म	धर्म	नंद्द नेह	नंद
प्राज्र्जुन	प्रार्जुन	मूर्त्ति	मूर्ति
वर्म्मा	वर्मा	वृषपर्व्वा	वृषपर्वा
वृहन्निव	वृहंनिव	वैय्याकरण	वैयाकरण
शय्या	शैया	शर्क्करा	शर्करा
सुरार्द्दन	सुरार्दन	सुवर्च्चक	सुवर्चक

आदि अनेक शब्द लिखे जा सकते हैं।

यहाँ हमने केवल ऐसे ही शब्द दिए हैं, जिनका समावेश हिंदी के कोशों में हो चुका है। संस्कृत कोशों में और भी ऐसे बहुत-से शब्द होंगे। अब बहुत-से लेखक इन शब्दों को संशोधित रूप में लिखने लगे हैं। किंतु जो व्यक्ति संस्कृत की परंपरा में पले हैं, वे अब भी प्राचीन रूप में ही लिखना पसंद करते हैं।

कुछ शब्द ऐसे भी हैं, जिनमें बोलता केवल महाप्राण है किंतु महाप्राण के पहले लिखा जाता है एक अल्पप्राण भी, जैसे—'वर्द्धन' और 'स्पर्द्धा' में। हम तो इन शब्दों को 'वर्धन' और 'स्पर्धा' के रूप में लिखना पसंद करेंगे।

(4) किंतु समस्या केवल इस प्रकार के शब्दों की ही नहीं है, हिंदी के और भी बहुत-से शब्द हैं जिनका शुद्ध उच्चारण करना कठिन है। हम ऐसे शब्दों की एक सूची देते हैं। साथ ही उनकी ऐसी वर्तनी देते हैं, जो वास्तविक उच्चारण के अनुरूप है—

अशुद्ध	शुद्ध	अशुद्ध	शुद्ध
अरणयीय	= अरणीय	कंठ्यीकरण	= कंठीकरण
कवयित्री	= कवइत्री	कलृप्त	= क्लिप्त
क्षत्रियिका	= क्षत्रिइका	जत्रियी	= जत्रिई
क्षयिक	= क्षइक	क्षयित	= क्षइत
ज्ञयित्व	= ज्ञइत्व	क्षयिष्ण	क्षइषण
जयिष्णु	= जइष्णु	तंडुलीयिक	= तंडलीईक
तारयिता	= तारइता	ताक्ष्यी	= ताक्षी
तालव्यीकरण	= तालव्वीकरण	तृतीयी	= तृतीई
त्यग्नायि	= त्यग्नाई	क्ष्म्हना	= क्षमना
दमयिता	= दमइता	दयित	= दइत
दयित्नु	= दइत्नु	पतयिष्णु	= पतइष्णु
पारयिष्णु	= पारइष्णु	पालयिता	= पालइता
पाश्चात्यीकरण	= पाश्चात्तीकरण	पुरूषायित	= पुरुषाइत
मान्स्यिक	= मान्सिक	ययी	= यई
यियुक्षु	= इयक्षु	यियत्सु	= इयत्सु
यियाना	= इयाना	शार्ङ्ग	= शारंग
सामान्यीकरण	= सामान्नीकरण	सैन्यीकरण	= सैन्नीकरण
हैरण्यिक	= हैरण्णिक		

ऐसे युक्ताक्षरों के लिखने में विद्यार्थी प्रायः गलतियाँ किया करते हैं। 'ध्म' एक संयोग ऐसा है, जिसका उच्चारण हम आज तक नहीं कर पाए। हम यहाँ कुछ शब्द देते हैं जिनमें यह युक्ताक्षर प्रयुक्त होता है—

ध्मात, ध्मान, ध्मापत, उपध्मानीय।

हम 'ध्मान' कहने का कितना ही प्रयत्न करें, ध् के पश्चात उदासीन 'अ' निकल ही जाएगा।

(5) कभी-कभी तीन-तीन, चार-चार व्यंजन वर्ण इकट्ठे हो जाते हैं, जिनसे ऐसे जबड़ा-तोड़, युक्ताक्षर बनते हैं जिनके उच्चारण में जिह्वा को कलाबाजी खानी पड़ती है।

हम यहाँ कुछ उदाहरण देते हैं—

1. क्ष्मा 2. क्ष्वेड 3. क्ष्वेडा 4. तात्स्थ्य 5. त्सरू 6. त्सारूक 7. त्र्युंगुल 8. त्र्यंबक 9. दार्ढ्य 10. द्यष्ट 11. धृष्णबोजा 12. पार्श्व 13. विश्र्य 14. पित्र्या 15. पूहि्णंक 16. पृथकत्व 17. वह्निनी

18. वाह्ली 19. शीक्ष्य 20. दारिद्रय 21. सार्वड्य 22. स्स्न्धयक्ष 23. हृणि 24. हृषित 25. हृषीक 26. हृषीकेश 27. ह्रषु 28. हृष्ट 29. हृष्यका।

शिक्षकों के लिए

अध्यापकों को चाहिए कि ऐसे बहुत-से शब्द लेकर छात्रों से उनके लिखने का अभ्यास करा लें। यदि विद्यार्थी इतने कठिन संयुक्ताक्षर लिख सकेंगे तो सरल संयुक्ताक्षर लिखने में गलतियाँ नहीं करेंगे।

15

लिखने और बोलने में अंतर

इस संदर्भ में एक उदाहरण लीजिए—

(1) जब हम 'कल्याण' शब्द का उच्चारण करते हैं, तो केवल एक 'ल्' नहीं बोलते, दो 'ल् ल्' बोलते हैं। उच्चारण के अनुसार उक्त शब्द होना चाहिए—

कल्ल्याण ।

यह विशेषता केवल थोड़े-से ही शब्दों में नहीं है, वरन ऐसे सैकड़ों उदाहरण दिए जा सकते हैं । इस संबंध में यह लेख पठनीय है : डॉ. रमेशचंद्र मेहरोत्रा : 'हिंदी भाषा में जो लिखते हैं बोलते नहीं', मासिक सरिता, फरवरी (1957) पृ. 129-135 ।

उक्त लेख में डॉ. मेहरोत्रा लिखते हैं : 'नित्य', 'तथ्य', 'पार्थक्य', 'पक्व', 'तत्व' और 'नाट्य' जैसे उन सभी शब्दों में, जिनके मध्य या अंत में अर्धस्वर 'य' अथवा 'व' आया हो तथा उससे पूर्व कोई व्यंजन आया हो तो हलंत व्यंजन का उच्चारण लिखित रूप के अनुसार न करके, उसे द्वित्व बनाकर किया जाता है, उदाहरणार्थ—

'नित्तय', 'तत्थ्य', 'पार्थक्क्य', 'पक्क्व', 'तत्त्व', 'नाट्ट्य' ।

इतना और स्पष्ट कर देना चाहिए कि ऐसी स्थितियों में अल्पप्राण का तो द्वित्व हो जाता है, किंतु महाप्राण का द्वित्व नहीं होता, वरन उसी वर्ग का अल्पप्राण उसमें जुड़ जाता है, जैसे—

पथ्य = पत् + थ्य

माध्यम = माद् + ध्यम

किंतु यह नियम केवल य और व पर ही लागू नहीं होता, चारों अंतस्थों—

य, र, ल, व

पर प्रयोजित होता है, जैसे—

विक्रम =	विक्+क्रम
उपद्रव =	उपद्+द्रव
विप्लव =	विप्+प्लव
विक्लेद =	विक्+क्लेद

बहुत से विद्यार्थी इस ढंग के शब्दों की वर्तनी में गलतियाँ करते हैं, क्योंकि लिखने और बोलने में सामंजस्य नहीं बैठता।

(2) हिंदी भाषा में यदि किसी अक्षर के अंत में व्यंजन हो तो व्यंजन का अकार मूक हो जाता है, यद्यपि लिखने में पूरे स्वर-युक्त व्यंजन का प्रयोग होता है, जैसे—

शब्द	**उच्चारण**
करता	कर्ता
चलता	चल्ता
लकड़ी	लक्ड़ी

डॉ. मेहरोत्रा ने उक्त लेख में ऐसे अनेक उदाहरण दिए हैं।

(3) नागरी लिपि में सामान्यतः एक ध्वनि के लिए एक ही चिन्ह है, और एक चिन्ह साधारणतः एक ही ध्वनि का द्योतन करता है। किंतु इन नियमों के दो-चार अपवाद भी हैं। यहाँ हम उन्हीं का उल्लेख करेंगे।

हमने प्राचीन पुस्तकों में पढ़ा है कि 'अ' बारह प्रकार का होता है। हमें उन बारह प्रकारों का तो पता नहीं है, किंतु 'अ' के पाँच प्रकार के उच्चारण तो हमें स्पष्ट रूप से दिखाई दे रहे हैं। ये इस प्रकार हैं—

(क) 'अ' का सबसे अधिक प्रचलित उच्चारण तो इन शब्दों में दिखाई देता है—

चल, नमक, कपट, सरल।

इसे 'ह्रस्व अ' कहते हैं।

पहले शब्द में एक ह्रस्व 'अ' है, शेष तीनों शब्दों में दो-दो ह्रस्व 'अ' हैं। यही ध्वनि 'अ' की प्राकृतिक ध्वनि दिखाई देती है।

(ख) दूसरी श्रेणी में आता है 'उदासीन अ'। सामान्यतः यह ऐसे शब्दों के अंत में दिखाई देता है—

अम्ल, कष्ट, दन्त।

'कष्ट' के अंत में 'अ' विद्यमान है, किंतु इसकी मात्रा 'ह्रस्व अ' की मात्रा से कम है। इसे कुछ लेखक 'उदासीन अ' कहते हैं।

'अर्चन' में दो अ हैं, दोनों ह्रस्व। इस शब्द का विश्लेषण इस प्रकार होगा—

अ+र्+च्+अ+न्।

यदि हम इस शब्द के अंत में आ जोड़ दें तो 'अर्चना' बनेगा, जिसकी व्याकृति इस प्रकार होगी—

अ+र्+च्+अ+न्+आ।

इस शब्द में दो ह्रस्व अ हैं और दीर्घ आ।

अब तनिक 'अर्थ' पर विचार कीजिए। इसके अंत में एक उदासीन अ है। यदि हम उदासीन अ को 'अ' से निरूपित करें तो इस शब्द का विश्लेषण यह होगा—

अ+र्+च्+अ।

अब इस शब्द के अंत में 'ना' जोड़िए तो 'अर्चना' बनेगा, किंतु इसका उच्चारण नं. 1 वाले 'अर्चना' से भिन्न होगा। इसका विश्लेषण होगा—

अ+र्+च+अ+न+आ।

इस शब्द में एक ह्रस्व अ है, एक उदासीन अ और एक दीर्घ आ। ह्रस्व अ के पश्चात, अ की सबसे अधिक प्रचलित ध्वनि यही है।

(ग) जब अ के पश्चात ह आता है, तब अ का उच्चारण ऐसा हो जाता है, जैसा अंग्रेजी शब्दों—'

Men End Send

में 'e' का। उदाहरणस्वरूप इन शब्दों पर विचार करें—

कहना, गहना, बहक, नहरू।

इस ध्वनि के लिए नागरी लिपि में कोई स्वतंत्र चिन्ह नहीं है।

(घ) इन शब्दों पर विचार करें—

यह, दहली।

इनमें अ का उच्चारण ऐसा है जैसा ह्रस्व 'ए' का।

(ङ) सर्वनाम 'वह' में 'आ' का उच्चारण ऐसा है, जैसे लघु 'ओ' का।

अंग्रेजी में कहीं-कहीं यह ध्वनि दृष्टिगोचर होती है, जैसे—

obey anatomy

में 'o' की।

स्पष्ट है कि एक ही चिन्ह की पाँच प्रकार की ध्वनियों से विद्यार्थी कभी-कभी गलतियाँ कर जाते होंगे।

(4) अब स्वरों 'ऐ' और 'औ' तथा व्यंजन 'ण' के भी दो-दो उच्चारण हो गए हैं।

इस विषय में हम अपने विचार पिछले अध्यायों में विस्तार से व्यक्त कर चुके हैं।

यहाँ हम इतना ही कहेंगे कि ऐसे शब्द थोड़े होते हैं जिसमें ऋ का प्रयोग होता हो, और वे सब के सब संस्कृत के तत्सम शब्द होते हैं। ऐसे बहुत से शब्द लेकर विद्यार्थियों से लिखवाने चाहिए ताकि वे लोग इनकी वर्तनी में गलतियाँ न करें।

16

हलंत शब्द

श्री अजितलाल गुलाटी का निम्नलिखित लेख हमारे सम्मुख है—

'हिंदी अकार के लिए मात्रा-चिन्ह'; 'अनुवाद', संयुक्तांक (21-22) अगस्त 69, जनवरी 70, पृ. 72-79।

आपने इस लेख में एक बहुत महत्त्वपूर्ण विषय पर अपने विचार व्यक्त किए हैं। जैसा हम पिछले एक अध्याय में लिख चुके हैं, सामान्यतः जब कोई व्यंजन किसी अक्षर के अंत में आता है, तो मूक हो जाता है।

'सकल' और 'विभव' के अंत में सस्वर व्यंजन 'ल' और 'व' हैं, किंतु इन शब्दों का उच्चारण इस प्रकार 'सकल्', 'विभव्' का है। अब प्रश्न यह है कि ऐसे शब्दों को हल चिन्ह लगाकर लिखा जाए या नहीं।

केंद्र सरकार ने इस संबंध में एक वर्तनी समिति बनाई थी, जिसके निश्चय त्रैमासिक 'भाषा' के इस अंक में प्रकाशित हुए थे: वर्ष 5, अंक 2, दिसंबर 1965, पृ० 187-8।

वर्तनी समिति का निश्चय-10 इस प्रकार है—"संस्कृत मूलक तत्सम शब्दों की वर्तनी में सामान्यतः संस्कृत रूप लुप्त हो चुका है, उनमें उसको फिर से लगाने का यत्न न किया जाए, जैसे—'महान', 'विज्ञान' आदि में।"

इसके अतिरिक्त और कोई उपाय नहीं है। अब हिंदी के अधिकतर लेखक ऐसे शब्दों को बिना हल चिन्ह के लिखते हैं। इतना ही नहीं, अब तो लोग 'महान' से 'महानता' भी बनाने लगे हैं। अतः सुविधा इसी में है कि हम यह नियम बना लें कि जब कभी कोई व्यंजन किसी अक्षर के अंत में आएगा, उसका स्वरांश मूक हो जाएगा। अतएव हम—चंदन, राम, फूल लिखेंगे, किंतु इन्हें चंदन्, राम्, फूल् पढ़ेंगे।

परंतु जैसा कि हम पिछले एक अध्याय में कह चुके हैं, इस नियम के तीन अपवाद हैं, या यों कहिए कि तीन स्थितियाँ ऐसी हैं, जिनमें ऐसे व्यंजनों के अन्त्य अकार उच्चरित होंगे—

(क) यदि अक्षर स्वयं एक ही वर्ण से बना हो, जैसे—

सकल और बताशा में 'स' और 'ब'।

इसी प्रकार एकवर्णी शब्दों 'न' (नहीं) और 'व' (और) में।

(ख) संयुक्त व्यंजनों के अंत में, जैसे—

कष्ट और दुष्ट के अंत में 'ट', और किर्च के अंत में 'च'।

(ग) व्यंजन द्वित्व में, जैसे—

चित्त और मल्ल के अंत में।

यदि हम उच्चारण के उपरिलिखित नियम बना भी लें तो भी हमारी समस्या पूर्णतः हल नहीं होती। हम उन शब्द-युग्मों का विवेक किस प्रकार करेंगे, जिनमें से एक में अन्त्य 'अ' उच्चरित नहीं होता और दूसरे में होता है, जैसे—

जगत् और जगत में।

गुलाटी जी ने इस प्रसंग में बहुत-से प्रस्तावों का विवेचन किया है, किंतु फिर भी समस्या का कोई व्यावहारिक हल नहीं निकल पाया है। हम यहाँ दो-तीन सुझाव देते हैं, जिनसे अभी तो काम चल जाएगा—

1. सामान्यतः यदि कोई व्यंजन किसी अक्षर के अंत में, किंतु किसी शब्द के बीच में आए तो उसका अन्त्य 'अ' नहीं बोलेगा। ऐसे शब्दों की वर्तनी बदल दी जाए। इस प्रकार—करता चलता लकड़ी को क्रमशः कर्ता चल्ता लक्ड़ी लिखा जाए।

2. यदि कोई व्यंजन किसी शब्द के अंत में आए तो उसका अन्त्य स्वर 'अ' सामान्यतः उच्चरित नहीं होगा।

इस नियम के भी वही दो अपवाद हैं, जो ऊपर (ख) और (ग) में दिए गए हैं।

3. कुछ शब्द युग्म ऐसे हैं जिनमें अन्त्य सस्वर और स्वर-रहित (ह्रस्व अ) व्यंजन से अलग-अलग दो शब्द बनते हैं। ऐसे शब्दों की सूची हम यहाँ देते हैं। प्रारंभ में ही विद्यार्थी को इन शब्द युग्मों से परिचित करा दिया जाए। इसका परिणाम यह होगा कि विद्यार्थी यह समझ जाएगा कि उपरिलिखित नियम (2) सार्वत्रिक नहीं है। इस विषय में उसे विवेक से काम लेना होगा।

शब्द युग्म सूची

यहाँ शब्दों के केवल मुख्य अर्थ ही दिए गए हैं। इनमें से अधिकतर अर्थ 'मानक हिंदी कोश' से लिये गए हैं।

अलम् — अव्य० पर्याप्त, यथेष्ट।

अलम — पु० कष्ट, दुःख।

एक पात्	पु० विष्णु।
एक पात	वि० आकस्मिक।
चित्	स्त्री० विचार, अनुभूति।
चित	वि० चुनकर इकट्ठा किया हुआ।
चेत्	अव्य० यदि।
चेत	पु० चेतना, होश।
जगत्	वि० चेतन, जाग्रत। पु० संसार।
जगत	स्त्री० कुएँ के ऊपर का चबूतरा।
जबस्	पु० वेग।
जवस	पु० घास।
तत्	सर्व० वह, वही।
तत	पु० वायु, हवा।
तरस्	पु० बल, शक्ति।
तरस	पु० दया, करुणा।
तलित्	स्त्री० तड़ित, बिजली।
तलित	पु० तला हुआ।
दिक्	स्त्री० दिशा, ओर।
दिक	वि० तंग, परेशान, पु० क्षय रोग।
धुर्	स्त्री० अक्ष, गाड़ी के पहियों का धुरा।
धुर	अव्य० जो किसी स्थान की अंतिम सीमा सूचित करता है, जैसे धुर ऊपर।
परवान्	वि० पराधीन।
परवान	पु० प्रमाण, उपपति।
परिषद्	स्त्री० संस्था, सभा।
परिषद	पु० दरबारी।
परीक्षित्	पु० अभिमन्यु का पुत्र (महाभारत)
परीक्षित	भू० कृ० जिसकी परीक्षा (जांच) हो चुकी हो।
प्रतिपद्	स्त्री० मार्ग, रास्ता।
प्रतिपद	स्त्री० वही गाँव।
प्रतिश्रुत्	स्त्री० प्रतिध्वनि।
प्रतिश्रुत	भू० कृ० भली प्रकार सुना हुआ।
भिद्	वि० तोड़ने, फोड़ने या नष्ट करने वाला।
भिद	पु० भेद।

भूर्	पु० लोक।
भूर	वि० अधिक, बहुत, पु० बालू, रेत।
मान् महत्	वि० घमंडी।
मान महत	पु० प्रतिष्ठा, महत्ता।
मास्	पु० चंद्रमा।
मास	पु० महीना।
यत	सर्व० जो।
यत	वि० नियंत्रित।
रसवद्	वि० रस वाला।
रसवत	स्त्री० 1. रसौत। 2. दारू हल्दी।
वत्	अव्य० (क) तुल्य, समान जैसे सूर्यवत्। (ख) के अनुसार, जैसे परंपरावत्।
वत	अव्य० खेद।
वाक्	पु० (1) वाणी। (2) कथन।
वाक	पु० बगुलों का समूह।
वाच्	स्त्री० वाणी।
वाच	स्त्री० एक प्रकार की मछली।
वान्	प्रत्य० संपन्नता का सूचक, जैसे धनवान्।
वान	पु० गति।
विट्	पु० मल, विष्ठा।
विट	पु० लंपट।
विराट्	वि० बहुत बड़ा, जैसे विराट स्वरूप।
विराट	पु० मत्स्य देश का एक प्राचीन राजा।
विश्	स्त्री० (1) प्रजा (2) कन्या।
विश	पु० कमल की डंडी।
विषाद्	पु० विषपान करने वाले शिव।
विषाद	पु० दुःख।
शरत्	स्त्री० जाड़े की ऋतु।
शरत	स्त्री० शर्त।
संयत्	वि० सतत्, अविच्छिन्न।
संयत	वि० नियमित, मर्यादित।
सत्	वि० सच, सत्य।
सत	पु० सत्य आचरण।

सद्	वि० सत् का वह रूप जो उपसर्ग का काम देता है, जैसे सदुपदेश में।
सद	पु० सभा।
सन्	पु० वर्ष, साल।
सन	पु० एक पौधा, जिसकी छाल के रेशों से रस्सी बनती है।
सम्	अव्य० साथ-साथ जैसे सम्भाषण में।
सम	वि० बराबर, जैसे समतल में।
सुविद्	पु० विद्वान व्यक्ति।
सुविद	पु० अंतःपुर का रक्षक।
सोम-सुत्	वि० सोमरस निकालने वाला।
सोम-सुत	पु० चन्द्रमा का पुत्र, बुध।
स्वर्	पु० स्वर्ग।
स्वर	पु० कंठ-ध्वनि।

17

शब्द-सूचियाँ

ब-व के भेद पर आधारित शब्द-सूची

बदी	स्त्री० बुराई।
वदी	अव्य० चांद्र मास के कृष्ण पक्ष में।
बन्द	वि० जो खुला न हो।
वन्द	प्रत्य० जैसे 'खुदावन्द' में।
बरी	स्त्री० बुझे और पीटे हुए कंकड़ जो साधारणतः छत बनाने के काम में आते हैं।
वरी	स्त्री० वह सामान (गहने, कपड़े आदि) जो विवाह के पश्चात वर पक्ष की ओर से कन्या को दिया जाता है।
बर्तन	पु० खाने-पीने की सामग्री रखने के पात्र।
वर्तन	पु० इधर-उधर घूमना, चक्कर लगाना।
बल	पु० शक्ति।
वल	पु० बादल।
बलना	अ० जलना।
वलना	अ० घूमना या मुड़ना।
बली	वि० शक्तिशाली।
वली	स्त्री० पंक्ति, श्रेणी, अवली।
	पु० महात्मा।
बसी	अ० 'बसना' का भूतकाल।
वसी	पु० ऊदबिलाव।

बसीला	वि० बदबूदार।
वसीला	पु० साधन।
बहन	स्त्री० भगिनी।
वहन	पु० ले जाना (वाहन, गाड़ी)।
बहना	अ० किसी द्रव पदार्थ का नीचे की ओर चलना, जैसे पानी का बहना।
वहना	स० ढोना।
बही	स्त्री० हिसाब लिखने की लंबी पुस्तिका।
वही	सर्व० पूर्वोक्त, पहले वाला, जैसे—"हो तो वही न ?"
बहम	अव्य० साथ-साथ।
वहम	पु० भ्रम, झूठा संदेह।
बाज़ा	वि० कोई-कोई, जैसे बाज़ा आदमी।
वाज़ा	वि० मालूम, विदित।
बाजी	पु० बाजा बजाने वाला, बजनिया।
वाजी	पु० घोड़ा।
बाटी	स्त्री० उपलों पर सेंकी हुई एक प्रकार की गोल रोटी।
वाटी	स्त्री० इमारत।
बात	स्त्री० कथन, वचन।
वात	पु० वायु, हवा।
बाद	पु० छूट जो किसी वस्तु के मूल्य में से काटी जाती है।
वाद	पु० कथन, उक्ति।
बादी	वि० वायु का विकार उत्पन्न करने वाला, जैसे अरूई की तरकारी बादी होती है।
वादी	पु० न्यायालय में प्रथम पक्ष, मुद्दई।
बान	पु० खाट बुनने की मूंज।
वान	प्रत्य० जैसे गाड़ीवान।
बाप	पु० पिता।
वाप	पु० खेत।
बार	स्त्री० दफ़ा, जैसे तीसरी बार।
वार	पु० कालावधि सूचक शब्द, जैसे सोमवार।
बारी	स्त्री० पारी।
वारी	स्त्री० हाथी को बाँधने की ज़ंजीर।

बाल	पु० (1) बालक, बच्चा। (2) केश।
वाल	पु० (1) (घोड़े आदि की) पूंछ का बाल। (2) प्रत्यय, जैसे 'कोठीवाल'।
बालक	पु० लड़का, बच्चा।
वालक	पु० बालछड़।
बालना	स० जलाना।
वालना	स० डालना, जैसे आँखों में काजल वालना।
बाला	स्त्री० लड़की, बच्ची।
वाला	प्रत्य० जैसे चश्मे वाला, पान वाला।
बाली	स्त्री० कानों का एक आभूषण।
वाली	'वाला' प्रत्यय का स्त्री०, जैसे चश्मे वाली।
बास	स्त्री० गंध, बू।
वास	पु० किसी स्थान पर टिककर रहना, जैसे स्वर्गवास।
बासन	पु० बर्तन।
वासन	पु० बसना।
बासी	वि० खाद्य पदार्थ, जो दो-एक दिन पहले का बना हुआ हो।
वासी	वि० रहने वाला, जैसे दिल्लीवासी।
बाहन	पु० सफेदा नाम का वृक्ष।
वाहन	पु० सवारी, गाड़ी।
बाह्य	वि० बाहर का, बाहरी।
वाह्य	वि० जिसका वहन हो सके, जो ले जाया जा सके।
बिस्तर	पु० बिछाना।
विस्तर	पु० विस्तार, फैलाव।
बीसा	पु०-वि० बीस नाख़ूनों वाला।
वीसा	पु० वाज़ा, पार-पत्र पर लिखा जाने वाला लेख, जिसके बिना कोई यात्री अन्य देश में घुस नहीं सकता।
बे	अव्य० बिना, बग़ैर, जैसे बेईमान।
वे	सर्व० 'वह' का बहुवचन।
बेग	पु० थैला।
वेग	पु० गति की तेज़ी।

बेगवती	स्त्री० एक प्रकार का वर्णार्द्ध वृत्त, जिसके विषम पादों में 3 सगण, 1 गुरु और समपादों में 3 भगण और 2 गुरु होते हैं।
वेगवती	वि० तेज़ चलने वाली।
बेल	पु० एक फल जो पेट के लिए बहुत गुणकारी होता है। इसे 'अमरफल' भी कहते हैं। स्त्री० लता।
वेल	पु० उपवन।
बेला	पु० चमेली आदि की जाति का एक सुगंधित फूल।
वेला	स्त्री० नियम या निश्चित समय, जैसे उषा वेला, भोजन की वेला।
बेशक	अव्य० निःसंदेह।
वेशक	वि० प्रवेश करने वाला।
बैखरी	वि० गाय का एक प्रकार, जैसे नीलगाय, बैखरी गाय।
वैखरी	स्त्री० सरस्वती।
बैर	पु० बेर का पेड़ अथवा उसका फल।
वैर	पु० शत्रुता, लड़ाई।
बैसा	पु० औज़ारों की मूठ।
वैसा	वि० उस प्रकार का।
बोट	स्त्री० नाव, नौका।
वोट	पु० चुनाव में दिया जाने वाला मत।
ब्याज	पु० सूद।
व्याज	पु० छल, कपट।
अजीब	वि० विचित्र, विलक्षण।
अजीव	वि० जिसमें जीव न हो।
अरब	वि० सौ करोड़। पु० पश्चिमी एशिया का एक रेगिस्तानी देश।
अरव	वि० जिसमें शब्द न हो, चुप, मौन।
आँब	पु० आम का वृक्ष अथवा फूल।
आँव	स्त्री० लचीला मल, जो अपच के कारण पेट में पड़ जाता है।
कितेब	स्त्री० किताब, पुस्तक।
कितेव	पु० कैतव, छल, कपट।

जनाब	पु० महोदय, श्रीमान।
जनाव	पु० (1) सूचना देने की क्रिया या भाव। (2) प्रसव कराने की क्रिया या भाव।
तनाब	स्त्री० डोरी, रस्सी।
तनाव	पु० तने अथवा खिंचे होने की अवस्था या भाव।
तलब	स्त्री० प्राप्त करने की इच्छा।
तलव	पु० गवैया।
तलाब	पु० तालाब।
तलाव	पु० तलने की क्रिया या भाव।
ताब	स्त्री० (1) गरमी, ताप। (2) शक्ति, सामर्थ्य।
ताव	पु० आवेश, मनोवेग।
फरेब	पु० गीदड़।
फरेव	वि० धूर्त, चालाक।
लब	पु० होंठ।
लव	पु० बहुत थोड़ी मात्रा।
शराब	स्त्री० मदिरा।
शराव	पु० कुल्हड़।
सब	वि० कुल, पूरा-का-पूरा।
सव	पु० (1) पानी। (2) रस।
सराब	पु० मृगतृष्णा।
सराव	पु० मद्य पात्र।
सेब	पु० नाशपाती की जाति का एक फल।
सेव	पु० आटे, मैदे आदि का एक पकवान जो सूत के रूप में बनाया जाता है।
अबध	वि० जो मुक्त हो, बँधा हुआ न हो।
अवध	पु० अयोध्या नगरी के आसपास का प्रदेश। वि० जो मारने योग्य न हो।
अरबी	वि० अरब संबंधी।
अरवी	स्त्री० अरूई की तरकारी।
एतबार	पु० विश्वास, भरोसा।
एतवार	पु० रविवार।

कड़बा	पु० लोहे का गोल घेरा, जो हल के फाल के ऊपर लगाया जाता है।
कड़वा	वि० कड़ुआ, कटु।
चावना	स० दाँतों से कोई कड़ी चीज दबा-दबाकर खाना। चबाना।
चावना	स० चाहना।
लीबर	वि० मैल आदि से भरा हुआ, गँदला।
लीवर	पु० (1) खटका। (2) तिल्ली।
सारबान	पु० ऊँट चलाने वाला।
सारवान	वि० जिसमें कुछ सार या तत्त्व हो।
सुबह	स्त्री० सबेरा।
सुवह	वि० जो आसानी से उठाया या ले जाया जा सके।

श-ष-स के भेद पर आधारित शब्द-सूची

शक	पु० संदेह।
सक	पु० वीरता का कार्य।
शक्राशन	पु० भाँग।
शक्रासन	पु० इंद्र का आसन।
शराब	स्त्री० मदिरा।
सराब	पु० मृगतृष्णा।
शायर	पु० कवि।
सायर	पु० ऐसी भूमि जिसकी आय पर कर न लगता हो।
शाया	वि० प्रकट किया हुआ, प्रकाशित।
साया	पु० (1) परछाईं। (2) छोटा लहँगा।
शाल	(1) पु० साखू का पेड़। (2) स्त्री० गरम चादर।
साल	पु० वर्ष।
शाला	स्त्री० घर, गेह जैसे गोशाला।
साला	पु० पत्नी का भाई।

शाली	प्रत्य० जैसे 'भाग्यशाली'।
साली	स्त्री० पत्नी की बहन।
शाल्व	पु० एक प्राचीन देश।
साल्व	पु० पंजाब की एक प्राचीन जाति।
शाह	पु० महाराज, सम्राट।
साह	पु० महाजन।
शाही	वि० राजसी।
साही	स्त्री० सेई नाम का जन्तु, जिसके शरीर पर लंबे-खड़े काँटे होते हैं।
शिताब	अव्य० शीघ्र, झटपट।
सिताब	क्रि० वि० आसानी से।
शिला	स्त्री० चट्टान।
सिला	पु० फसल काटने के पश्चात खेत में बिखरे हुए बचे-खुचे अनाज के कण।
शीन	पु० उर्दू वर्णमाला का एक वर्ण, जिसका उच्चारण 'श' जैसा होता है।
सीन	पु० दृश्य।
शीर	पु० दूध।
सीर	स्त्री० खुदकाश्त (भूमि)।
शीरा	पु० चाश्नी।
सीरा	वि० शीतल, ठंडा।
शील	पु० शुभ व्यवहार, शिष्टाचार की प्रवृत्ति।
सील	स्त्री० सीड़, ठंडक।
शीशा	पु० दर्पण।
सीसा	पु० एक प्रकार की धातु, जो पेंसिलों में भरी जाती है।
शीशी	स्त्री० काँच की छोटी कुप्पी।
सीसी	स्त्री० सी-सी ध्वनि।
शुक्र	पु० सप्ताह का छठा दिन, शुक्रवार, जुम्मा।
सुक्र	पु० अग्नि।
शुभ्र	वि० सफ़ेद।
सुभ्र	पु० ज़मीन में बनाया हुआ बिल।
अदेश	पु० बुरा देश।
अदेस	पु० आदेश, आज्ञा।

अयश	पु० बदनामी।
अयस	पु० लोहा।
आभाष	पु० कहना, बोलना।
आभास	पु० (1) चमक। (2) भ्रम, अनुमान।
उदेश	पु० खोज, तलाश।
उदेस	पु० पता।
करीश	पु० गजराज।
करीष	पु० कंडा।
कलशी	स्त्री० छोटा कलश।
कलसी	स्त्री० छोटा कलसा।
कोश	पु० शब्द-संग्रह।
कोष	पु० भंडार, खजाना।
कोस	पु० दो मील की एक नाप।
गवेश	पु० गोस्वामी।
गवेष	पु० गवेषणा।
जोश	पु० (1) उफान, उबाल। (2) उत्साह।
जोष	पु० प्रेम।
ताश	पु० पत्तों का एक खेल।
तास	सर्व० 'तिस' का एक रूप।
तिमिश	पु० बबूल या खैर के प्रकार का एक वृक्ष।
तिमिष	पु० पेठा।
तैश	पु० क्रोध।
तैष	पु० चांद्र पौष मास।
तोश	वि० हिंसक।
तोष	पु० तृप्ति।
त्रपुषी	स्त्री० ककड़ी।
त्रपुसी	स्त्री० तरबूज के प्रकार की एक लता।
दाश	पु० मछुआ।
दास	पु० सेवक।
दोश	पु० (1) एक प्रकार का लाख जिसका उपयोग रंग बनाने में होता है। (2) कंघा।
दोष	पु० बुराई, खराबी।

धनेश	पु० धनाढ्य व्यक्ति।
धनेस	पु० लम्बी गरदन वाली एक चिड़िया।
नशा	पु० मादकता।
नसा	स्त्री० नाक।
नाश	पु० चौपट होने की अवस्था।
नास	स्त्री० सुँघनी।
निकाश	पु० दृश्य।
निकाष	पु० खुरचना।
निकास	पु० निकलने की क्रिया या भाव।
निराश	वि० हताश।
निरास	पु० (1) दूर हटाने की क्रिया या भाव। (2) रद्द करने की क्रिया या भाव।
निरीश	वि० नास्तिक।
निरीष	पु० हल का फाल।
निशा	स्त्री० रात।
निसा	स्त्री० तृप्ति।
निष्काश	पु० बाहर निकला हुआ भाग।
निष्काष	पु० दूध की खुरचन।
निष्कास	पु० बाहर निकालने की क्रिया या भाव।
परिमर्श	पु० परामर्श।
परिमर्ष	पु० ईर्ष्या।
परिवेश	पु० घेरा, परिधि।
परिवेष	पु० भोजन परसना।
पलाश	पु० ढाक, टेसू।
पलास	पु० एक मांसाहारी पक्षी।
पष	पु० पंख।
पस	पु० मवाद।
पाशी	जि० बहेलिया।
पासी	पु० एक जाति, जो ताड़ी का व्यापार करती है।
पुरिश	पु० जीव।
पुरिष	पु० मल, विष्ठा।

पुलिश	पु० ज्योतिष के एक प्राचीन विद्वान।
पुलिस	स्त्री० आरक्षिक।
पुष	वि० पोषक।
पुस	अव्य० 'पुस-पुस' ध्वनि।
पूर्णकोशा	स्त्री० एक प्रकार की लता।
पूर्णकोषा	स्त्री० कचौरी।
पोश	वि० ढकने वाला (आवरण) जैसे 'पलंगपोश'।
पोष	पु० पोषण।
पोस	पु० पोशाक।
प्रतिकश	वि० (घोड़ा) जो चाबुक से न डरे।
प्रतिकष	पु० नेता।
प्रवेश	पु० अंदर जाने की क्रिया या भाव।
प्रवेष	पु० परिवेश।
प्राश	पु० भोजन करने की क्रिया।
प्रास	पु० मार, गोचर।
बलाश	पु० कफ़।
बलास	पु० बरूना नाम का पौधा।
बेश	वि० अधिक।
बेस	स्त्री० वयस, अवस्था, उम्र।
मनशा	स्त्री० आशय।
मनसा	वि० मन का, मन-सम्बन्धी।
मर्श	पु० मनन।
मर्ष	पु० शांति।
मेष	पु० यज्ञ।
मेस	स्त्री० मूँछें निकलने से पहले उसके स्थान पर निकलने वाला रोआँ।
माश	पु० उरद।
माष	पु० शरीर पर होने वाला मसा।
मास	पु० महीना।
मिष	पु० छल, कपट।
मिस	अव्य० सम्बन्ध के विचार से, जैसे नाना के मिस 11 रुपए और दीजिए।

राश	पु० राशि, ढेर।
रास	स्त्री० कृष्णजी की बाललीलाओं का अभिनय।
राशी	वि० घूसखोर।
रासी	वि० खोटा, मिलावटी, जैसे चाँदी का रासी तार।
रिक्शा	पु० एक प्रकार का छोटा वाहन, जिसे मनुष्य खींचते हैं।
रिक्सा	स्त्री० लीख।
रूष	पु० रूख, पेड़।
रूस	पु० यूरोप का एक प्रसिद्ध देश, जिसका बहुत-सा भाग एशिया में भी है।
रेश	स्त्री० लम्बी दाढ़ी।
रेष	पु० हानि, क्षति।
लाश	स्त्री० शव, मृत, शरीर।
लाष	स्त्री० लाख, जिससे मुहर लगाई जाती है।
लास	पु० रस, शोरबा।
लाशा	वि० बहुत दुबला।
लासा	पु० चेंप, कोई लसीला पदार्थ।
लेश	पु० बहुत थोड़ा अंश।
लेष	पु० (1) लेश। (2) लेस।
लेस	स्त्री० कोई लसीला पदार्थ।
वेश	पु० प्रवेश।
वेष	पु० पोशाक।
वेस	स्त्री० वयस, उम्र।
विकाश	पु० प्रकाश।
विकास	पु० फैलना, बढ़ना।
विदिशा	स्त्री० दो दिशाओं के बीच का कोण।
विदिषा	स्त्री० भेलसा नगर का पुराना नाम।
विश	पु० कमल की डंडी।
विष	पु० जहर, हलाहल।
विस	पु० कमल।
वृश	पु० चूहा।
वृष	पु० साँड़।

संष	स्त्री० संख्या ।
संस	पु० संशय ।
सरेश	पु० सरेस ।
सरेष	वि० चतुर ।
सरेस	पु० एक चिपकाने वाला पदार्थ ।
सुदेश	पु० अच्छा देश ।
सुदेस	वि० सुंदर ।
हरिष	पु० हर्ष ।
हरिस	स्त्री० हल का वह लम्बा लट्ठा, जिसके एक सिरे पर फाल वाली लकड़ी और दूसरे सिरे पर जुआ अटका रहता है ।
हरीश	पु० बंदरों का राजा ।
हरीस	वि० लोभी ।
आशना	वि० परिचित ।
आषना	स० आखना, कहना ।
कुशली	वि० चतुर (स्त्री) ।
कुसली	स्त्री० आम की गुठली ।
चषक	पु० शराब का प्याला ।
चसक	स्त्री० कसक, टीस ।
नशाना	स० नष्ट करना ।
नसाना	स० खराब करना ।
नशीला	वि० मादक ।
नसीला	वि० नसे वाला ।
निरशन	वि० जिसने खाया न हो :
निरसन	पु० दूर हटाना ।
नैराश्य	पु० निराशा, ना-उम्मीदी ।
नैरास्य	पु० बाण चलाने का एक मंत्र ।
पुश्त	स्त्री० पीठ ।
पुस्त	स्त्री० पुस्तक ।
प्रश्न	पु० सवाल ।
प्रस्न	पु० नहाते समय शरीर पर जल डालने का पात्र ।

मत्स्याशन	वि० मछली खाने वाला ।
मत्स्यासन	पु० योग का एक आसन ।
मिश्र	वि० मिला हुआ, संयुक्त ।
मिस्र	पु० अफ्रीका का एक देश ।
विशद	वि० साफ़, स्वच्छ ।
विषद	पु० बादल ।
विशय	पु० संदेह, संशय ।
विषय	पु० कोई बात या चीज़ जिसके सम्बन्ध में कुछ सोचा या समझा जाय ।
विश्व	पु० ब्रह्माण्ड, सारी सृष्टि ।
विष्व	वि० हिंस्र ।

न-ण के भेद पर आधारित शब्द-सूची

अरमान	पु० लालसा ।
अरमाण	वि० अरुचिकर ।
गोफन	पु० एक प्रकार का छींके की शक्ल का जाल । इसमें कंकड़ आदि भरकर घुमाकर इस प्रकार चलाते हैं कि कंकड़ बड़े वेग से शिकार अथवा जानवर के लगते हैं ।
गोफण	स्त्री० फोड़े पर बाँधने की एक प्रकार की पट्टी ।
गौन	पु० खेत का वह अंश जो ढका रहता है और जिसमें बैल बाँधे जाते हैं ।
गौण	वि० जो मुख्य न हो, जिसका महत्त्व कम हो ।
धावन	पु० दौड़ जाना ।
धावण	पु० हरकारा, दूत ।
निर्मान	वि० असीम, अपार ।
निर्माण	पु० बनाने की क्रिया ।
निवान	पु० झील, तालाब ।
निवाण	स्त्री० नीची अथवा ढलवां भूमि ।

पुनर्नव — वि० जिसे नया रूप दे दिया गया हो।
पुनर्णव — पु० नाखून।
पूरन — पु० पूर जो समोसे, कचौरी आदि में भरा जाता है।
पूरण — पु० पूरा करने की क्रिया या भाव।
बान — स्त्री० आदत।
बाण — पु० तीर।
बाधन — पु० बाधा या रुकावट डालने की क्रिया या भाव।
बाघण — पु० बढ़ना।
बैन — पु० वचन।
बैण — पु० वह कारीगर जो बाँस की खपच्चियों से टोकरियाँ आदि बनाता है।
भान — पु० प्रकाश। भान होना—आभास होना।
भाण — पु० हास्य-प्रधान एकांकी।
मायन — पु० मातृका-पूजन सम्बन्धी एक कृत्य जो विवाह से पहले होता है।
मायण — पु० वेद का भाष्य करने वाला सायण ऋषि के पिता का नाम।
लोन — पु० नमक।
लोण — पु० लोनी साग।
सयन — पु० शयन, सोना।
सयण — पु० साजन।

ऋ-र-ड-ड़-ढ-ढ़-ण के भेद पर आधारित शब्द-सूची

अड़चन — स्त्री० रुकावट।
अरचन — पु० अर्चन।
अर्चन — पु० पूजा।
आँवड़ा — वि० गहरा।
आँवरा — पु० आँवला।
आँवला — पु० औषधोपयोगी एक फल जो खाने में कसैला होता है।

ऊजड़	वि० उजाड़।
ऊजर	वि० उजला।
कुंजड़	पु० गोंद।
कुंजर	पु० हाथी।
कौड़ी	स्त्री० घोंघे के प्रकार का एक समुद्री कीड़ा। इसका अस्थिकोश प्राचीन समय में एक बहुत छोटे सिक्के का काम देता था।
कौरी	स्त्री० गोद।
खुभड़ा	पु० फल, तरकारी का रेशेदार अंश, जो अखाद्य होता है।
खुभरा	पु० जड़ें।
गाड़ी	स्त्री० वाहन।
गारी	स्त्री० गाली, अपशब्द।
गादड़	वि० सुस्त।
गादर	वि० गदराया हुआ।
गोडा	पु० घुटना।
गोड़ा	पु० पलंग, तिपाई आदि का पावा।
गोड़ी	स्त्री० फल प्राप्ति की युक्ति।
गोणी	स्त्री० दोहरे टाट का बोरा।
गौड़	पु० ब्राह्मणों की एक उपजाति।
गौण	वि० जो मुख्य न हो, कम महत्त्व का।
गौर	वि० गोरा, सफेद।
घोड़ा	पु० एक चौपाया जो इक्के, ताँगे आदि खींचता है।
घोणा	स्त्री० नाक।
चिड़	स्त्री० चिड़िया, पक्षी।
चिढ़	स्त्री० वह बात जिसे सुनते ही कोई व्यक्ति नाक-भौं सिकोड़ता हो, जैसे कभी किसी की चिढ़ 'बैंगन' होती है।
चीड़	पु० एक प्रकार का देशी लोहा।
चीढ़	पु० एक प्रकार का पेड़ जिसकी लकड़ी इमारतों के बनाने में काम आती है।

जवाहड़	स्त्री० एक प्रकार की छोटी हड़।
जवाहर	पु० रत्न।
जोहड़	पु० बरसाती गड्ढा।
जौहर	पु० बहुमूल्य पत्थर।
दाड़ी	स्त्री० अनार।
दाढ़ी	स्त्री० पुरुषों की ठोढ़ी पर उगने वाले बाल।
धाकड़	वि० जिसकी धाक जमी हो।
धाकर	पु० कुलीन ब्राह्मण।
पनहड़ा	पु० वह पात्र जिसमें पान आदि धोने के लिए पानी रखा जाता है।
पनहरा	पु० पन-भरा, पानी भरने वाला, कहार।
पिछौड़ा	अव्य० पीछे की ओर।
पिछौरा	पु० मरदाना दुपट्टा।
पितृ-गृह	पु० माँ-बाप का घर।
पितृ-ग्रह	पु० नौ बाल-ग्रहों में से एक।
बाडी	स्त्री० अंग्रेजी ढंग की कुरती।
बाड़ी	स्त्री० (1) वाटिका। (2) घर।
बूड़ा	पु० वर्षा की बाड़।
बूढ़ा	पु० बुड्ढा, वृद्ध।
भाँगड़ा	पु० एक पंजाबी लोक-नृत्य।
भाँगरा	पु० भाँग के पौधों के रेशों से बुना हुआ कपड़ा।
भाँड़	पु० एक जाति जिसके सदस्य हास्यपूर्ण नकलें आदि करते हैं।
भाँड	पु० बरतन।
भाँण	पु० भानु, सूर्य।
भाड़	पु० भड़भूंजे की भट्ठी।
भाण	पु० हास्य-रस प्रधान एकांकी।
भागड़	स्त्री० (भागने की) जल्दी।
भागण	वि० भाग्यवान।
भूड़	स्त्री० (1) बलुई भूमि। (2) कुएँ का स्रोत।
भूण	पु० जल यात्रा।

मोड़ — पु० घुमाव।
मोण — पु० सूखा फल।
मोहाड़ — पु० तालाब का बाँध।
मोहार — पु० मधुमक्खी।
राढ़ा — स्त्री० कांति।
राणा — पु० राजा।
रोहण — पु० ऊपर चढ़ना।
रोहन — पु० एक प्रकार का वृक्ष।
लखण — पु० लक्ष्मण।
लखन — स्त्री० देखने की क्रिया या भाव।
लगण — पु० एक गाँठ जो पलक पर होती है।
लगन — स्त्री० (1) तत्परता। (2) शुभ मुहूर्त।
लाड़ — पु० दुलार।
लार — स्त्री० मुँह में से तार के समान निकलने वाली थूक।
श्रेढ़ी — स्त्री० ऐसी संख्याओं का अनुक्रम जो किसी विशिष्ट नियम के अनुसार घटती या बढ़ती है, जैसे—1,2, 2^2, 2^3
श्रेणी — स्त्री० (1) पंक्ति। (2) वर्ग।
साड़ी — स्त्री० जनानी धोती।
सारी — वि० सबकी सब, 'सारा' का स्त्री०।
सौंड़ — पु० रजाई, लिहाफ आदि।
सौंण — पु० शकुन।

परिशिष्ट-1

हिंदी-अंग्रेजी शब्दावली

अंतर्राष्ट्रीय ध्वनिक संघ	International Phonetic Association
अक्षर	Syllable
अक्षरमाला	Syllabury
अक्षर-विभाजन	Syllabucation
अनुनासन, नासिक्यकरण	Nasalisation
अनुनासिक	Nasal
अनुस्वार	Anuswar, nasal sound
अर्ध-विवृत	Half-open
अर्ध-संवृत	Half-close
अर्ध-स्वर	Semi-vowel
अलिजिह्वि, अलिजिह्वीय	Uvular
अल्पप्राण	Unaspirate
आक्षरिक	Syllabic
आघात यंत्र	Percussion instrument
उत्प्रेक्षित, उल्टित	Retroflex
उदासीन स्वर	Netural vowel
ऊष्म व्यंजन	Sibilant
ओष्ठ्य	Labial
कंठ्य	Guttural
कठोर तालु	Hard Palate
करण	Articulator
काकल्य	Glottal
कृष्ण ल	Dark L
कोमल तालु	Soft palate
घर्षण	Friction
टाइपराइटर, मुद्रलिख	Typewriter

टेप-अभिलेखक	Tape-recorder
तालव्य	Palatal
तालु, तालू	Palate
त्रिस्वर	Tripthong
दंत्योष्ठ्य	Labio-dental
दंत्य	Dental
दूर-मुद्रक	Teleprinter
द्वयोष्ठ्य	Bilabial
द्विस्वर	Diphthong
ध्वनि	Sound
नासिका-विवर	Nasal cavity
नासिक्यकरण, अनुनासन	Nasalisation
नासिक्य ध्वनि	Nasal sound
परिघटना	Phenomenon
पर्यावरण	Environment
पार्श्विक व्यंजन	Lateral consonant
महाप्राण	Aspirate
मान व्यंजन	Cardinal consonant
मान स्वर	Cardinal vowel
मुख विवर	Mouth cavity
मूर्धन्य	Cerebral
मौखिक ध्वनि	Oral sound
मौखिक-नासिक्य ध्वनि	Semi-nasal sound
लघुतमी युग्म	Minimai pair
लहरिल	Tilde
लुंठित	Rolled
वर्त्स-तालव्य	Alveo-palatal
वर्त्स्य	Alveolor
वर्ण	Letter, character
वर्णमाला	Alphabet
विवृत	Open
विवृत स्वर	Open vowel
व्यंजन	Consonant
शुक्ल ल	Bright clear L
शुद्ध नासिक्य ध्वनि	Pure nasal sound

श्वसन यंत्र	Respiratory system
संघर्षी	Fricative
संलम्ब	Trapezium
संवृत	Open
संवृत स्वर	Open vowel
सघोष	Voiced
सप्रवाह	Continuant
सहज अनुनासन	Instant nasalisation
स्पर्श-व्यंजन, स्फोटक	Plosive/explosive consonant
स्पर्श-संघर्षी	Affricate
स्फोटक, स्पर्श-व्यंजन	Plosive/explosive consonant
स्वर	Vowel
स्वर यंत्र	Larynx

परिशिष्ट-2

अंग्रेज़ी-हिंदी शब्दावली

Affricate	स्पर्श-संघर्षी
Alphabet	वर्णमाला
Alveolar	वर्त्स्य
Alveopalatal	वर्त्स्य तालव्य
Anuswar, nasal sound	अनुस्वार
Articulator	करण
Aspirate	महाप्राण
Bilabial	द्वयोष्ठ्य
Bright clear L	शुक्ल ल
Cardinal consonant	मान व्यंजन
Cardinal vowel	मान स्वर
Cerebral	मूर्धन्य
Character-letter	वर्ण
Clear bright L	शुक्ल ल
Close	संवृत
Close vowel	संवृत स्वर
Consonant	व्यंजन
Continuant	सप्रवाह
Dark L	कृष्ण ल
Dental	दंत्य
Diphthong	द्विस्वर
Environment	पर्यावरण
Explosive/ plosive consonant	स्पर्श व्यंजन/ स्फोटक

Fricative	संघर्षी
Glottal	काकल्य
Guttural	कंठ्य
Half-close	अर्ध-संवृत
Half-open	अर्ध-निवृत
Hard palate	कठोर तालु
Instant nasalisation	सहज अनुनासन
International Phonetic Association	अंतर्राष्ट्रीय ध्वनिकी संघ
Labial	ओष्ठ्य
Labio-dental	दंतोष्ठ्य
Larynx	स्वर-यंत्र
Lateral consonant	पार्श्विक व्यंजन
Letter, character	वर्ण
Minimal pair	लघुतमी युग्म
Mouth cavity	मुख विवर
Nasal cavity	नासिका विवर
Nasalisation	नासिक्यकरण, अनुनासन
Nasal sound	नासिका ध्वनि
Netural vowel	उदासीन स्वर
Open	विवृत
Open vowel	विवृत स्वर
Oral sound	मौखिक ध्वनि
Palatal	तालव्य
Palate	तालु, तालू
Percussion instrument	आघात यंत्र
Phenomenon	परिघटना
Plosive/explosive consonant	स्फोटक, स्पर्श व्यंजन
Respiratory system	श्वसन यंत्र
Pure nasal sound	शुद्ध नासिक्य ध्वनि
Retroflex	उत्प्रेक्षित, उल्टित
Rolled	लुंठित
Semi-nasal sound	मौखिक नासिक्य ध्वनि
Semi vowel	अर्ध-स्वर

Sibilant	ऊष्म
Soft palatall, velar	कोमल तालव्य
Sound	ध्वनि
Syllabury	अक्षरीमाला
Syllabic	आक्षरिक
Syllabication	अक्षर-विभाजन
Tape-recorder	टेप-अभिलेखक
Teleprinter	दूर-मुद्रक
Tilde	लहरिल
Trapezium	समलंब
Tripthong	त्रिस्वर
Typewriter	टाइपराइटर, मुद्रलिख
Unaspirate	अल्पप्राण
Uvular	अलिजिह्व-अलिजिह्वीय
Velar, soft palatal	कोमल तालव्य
Voiced	सघोष
Voiceless	अघोष
Vortex	वर्त्स
Vowel	स्वर

परिशिष्ट-3

अभिदेश सूची

1. अजीतलाल गुलाटी : योजक-चिह्न, त्रैमासिक 'अनुवाद' 5 (17-18), अगस्त 1968—जनवरी 1969
2. हिंदी अकार के लिए मात्रा-चिह्न, त्रैमासिक 'अनुवाद' (21-22), अगस्त 1969—जनवरी 1970
3. कमल मोहन० : खड़ी बोली हिंदी की कुछ विशेषताएँ, त्रैमासिक 'भाषा' 6 (2), दिसम्बर 1966 (26—35)
4. कामताप्रसाद गुरु : हिंदी व्याकरण, दसवाँ पुनर्मुद्रण, नागरी प्रचारिणी सभा, काशी (सं० 2029)
5. किशोरीदास वाजपेयी : अच्छी हिंदी का नमूना, जनवाणी प्रेस ऐंड पब्लिकेशंस लि०, वाराणसी घोष स्ट्रीट, कलकत्ता-7 (1948)
6. अच्छी हिंदी, हिमालय एजेंसी, कनखल (उत्तर प्रदेश), 1952
7. रामनारायण लाल : लेखन कला, इलाहाबाद (सं० 2006)
8. हिंदी शब्द और मीमांसा, हिमालय एजेंसी, कनखल (उत्तर प्रदेश), (1958)
9. हिंदी की वर्तनी और शब्द-विश्लेषण, राजधानी ग्रंथागार, नई दिल्ली-14 (1968)
10. हिंदी शब्दानुशासन (सुसंस्कृत और संवर्धित संस्करण), नागरी प्रचारिणी सभा, काशी (सं० 2023)
11. नुक्ता, नागरी और हिंदी, दैनिक 'आज' (22 दिसम्बर, 1968)
12. केंद्रीय हिंदी निदेशालय, शिक्षा मंत्रालय, भारत सरकार, त्रैमासिक 'भाषा' 5-2 (दिसम्बर 1965)

13. मानक, देवनागरी (1966)

14. गोलोक बिहारी : ध्वनि-विज्ञान, प्रेम बुक डिपो, हॉस्पिटल रोड, आगरा (1958)

15. गौरशंकर हीराचंद ओझा : भारतीय प्राचीन लिपि माला, राजपूताना संग्रहालय, अजमेर (सं० 1975)

16. न० च० जोगलेकर : देवनागरी लिपि-स्वरूप, विकास और समस्याएं, हिंदी साहित्य भंडार, अमीनाबाद, लखनऊ (सं० 2019)

17. धीरेंद्र वर्मा : हिंदी भाषा और लिपि, इंडियन प्रेस, प्रयाग (1954)

18. हिंदी भाषा का इतिहास, हिंदुस्तानी एकेडेमी, इलाहाबाद (1967), 57-63

19. पद्म सिंह शर्मा : हिंदी-उर्दू, हिंदुस्तानी एकेडेमी, प्रयाग (1951)

20. प्रेमचंद : मानसरोवर, भाग-1

21. ब्रजमोहन : नागरी लिपि—रूप और सुधार, शब्दलोक प्रकाशन, वाराणसी-2 (1968)

22. भोलानाथ तिवारी : भाषा विज्ञान, षष्ठम संस्करण, किताब महल, इलाहाबाद (1967), अध्याय-7

23. मुरलीधर श्रीवस्तव : शुद्ध अक्षरी कैसे सीखें, अध्याय-19, भारती भवन, पटना-1

24. रमापति शुक्ल : हिंदी की वर्तनी, शब्दलोक प्रकाशन, वाराणसी-2, (1969)

25. रमेशचंद्र महरोत्रा : हिंदी ध्वनिकी और ध्वनिमी, अध्याय-6, मुंशीराम मनोहरलाल, नई दिल्ली (1970)

26. रामचंद्र वर्मा : मानक हिंदी कोश, हिंदी साहित्य सम्मेलन, प्रयाग, (1963)

27. अच्छी हिंदी (तेरहवाँ सस्करण), साहित्य रत्नमाला, वाराणसी-2 (1967)

28. शिवप्रसाद रुद्र काशिकेय : नागरी में नुक्ता, दैनिक 'आज' वाराणसी, 24 नवम्बर, 1968

29. श्यामसुंदर दास : हिंदी भाषा, इंडियन प्रेस, प्रयाग (1954)

30. सीताराम चतुर्वेदी : भाषा की शिक्षा, हिंदी साहित्य कुटीर, वाराणसी, (सं० 1996)

31. Ministry of Education, Govt. of India, Report of the Hindi Typewriter and Teleprinter Committee (1958)

32. V.R. Apte's Sanskrit-English Dictionary (Edited by P.K. Gode and C.G. Karve), Prasad Prakashan, Poona (1957)

□□□